U0742135

陈孔祥◎著

当代大学生
社会主义信仰培育研究

DANGDAI DAXUESHENG

SHEHUIZHUYI XINYANG PEIYU YANJIU

安徽师范大学出版社

·芜湖·

图书在版编目(CIP)数据

当代大学生社会主义信仰培育研究 / 陈孔祥著 .— 芜湖：安徽师范大学出版社，2019.6
ISBN 978-7-5676-3878-5

Ⅰ.①当… Ⅱ.①陈… Ⅲ.①大学生 – 信仰 – 研究 – 中国 Ⅳ.①G641.2

中国版本图书馆CIP数据核字(2018)第279150号

当代大学生社会主义信仰培育研究　　　　　　　　　　　陈孔祥◎著

责任编辑：孔令清　丁　翔
装帧设计：丁奕奕
出版发行：安徽师范大学出版社
　　　　　芜湖市九华南路189号安徽师范大学花津校区
网　　　址：http://www.ahnupress.com/
发 行 部：0553-3883578　5910327　5910310(传真)
印　　刷：虎彩印艺股份有限公司
版　　次：2019年6月第1版
印　　次：2019年6月第1次印刷
规　　格：700 mm×1000 mm　1/16
印　　张：19.125
字　　数：335千字
书　　号：ISBN 978-7-5676-3878-5
定　　价：58.00元

前　言

　　社会主义信仰培育是贯彻党的教育方针，保证党的先进性和纯洁性，巩固党的执政思想根基，维护社会稳定和长治久安，坚定"四个自信"，实现中华民族伟大复兴的重大举措和战略保障。针对社会转型、多元发展、时代变革、观念多变带来的各种各样的信仰问题，社会主义信仰培育就成为理论研究的一个重大课题。

　　当代大学生社会主义信仰的形成和发展，事关中国特色社会主义建设能否顺利推进，事关我国"两个一百年"目标能否如期实现，事关党和国家的前途和命运。因此，当代大学生社会主义信仰的培育问题，出现在改革开放以来社会主义信仰培育研究中，并形成学界研究的一个热点，并非偶然，实属必然。

　　改革开放以来，当代大学生社会主义信仰培育研究已在社会主义信仰研究中受到了广泛重视，并被不断推进，主要集中在社会主义政治信仰培育、社会主义法律信仰培育、社会主义道德信仰培育和社会主义文化信仰培育四个方面。鉴于此，也考虑到当代大学生社会主义信仰培育的实践具有这四个方面的针对性，为便于分析问题，本课题研究以社会主义政治信仰培育、社会主义法律信仰培育、社会主义道德信仰培育、社会主义文化信仰培育作为四个维度，对当代大学生社会主义信仰培育进行整体研究。

　　上述"四个维度"的培育，从历史起点、逻辑起点、发展终点看，是以社会主义信仰培育为中心，相互依赖、相互支撑、相互交叉、相互融合而构成的一个统一整体，归根到底要服务于当代大学生社会主义信仰的形成和发展。因此，本课题研究以社会主义信仰培育为主线，以当代大学生为考察对象，紧紧围绕"四个维度"及其相互之间的关系，沿着分类研究的思路，通过"四个维度"培育研究的交叉整合，进而推动当代大学生社会主义信仰培育层次性、整体性的有效呈现。其意义主要体现在：第一，从大学生社会主义信仰培育的维度划分，为分类研究大学生社会主义信仰培育提供了重要参考；第二，从大学生社会主义政治信仰培育、社会主义法律信仰培育、社会主义道德信仰培育、社会主义文化信仰培育等方面明确大学生社会主义信仰培育的基本范畴，使大学生社会主义信仰培育研究有较为确定的内容和基础；第三，将研究拓展到政治学、社会学、法学、伦理学等诸多领域，涉及对社会主义信仰培育理论的多维度探讨，从而形成文中所说的几个"理论板块"，使大学生社会主义信仰培育理论体系大为完善；第四，对现实中的社会主义政治信仰培育、社会主义法律信仰培育、社会主义道德信仰培育、社会主义文化信仰培育进行分门别类的概括，从而为大学生社会主义政治信仰、社会主义法律信仰、社会主义道德信仰、社会主义文化信仰的培育提供思维构架；第五，把既有的大学生社会主义政治信仰培育、社会主义法律信仰培育、社会主义道德信仰培育和社会主义文化信仰培育作为事实，追问它们的本源，有助于打通这几个信仰培育的"殊路"阻隔，促使它们彼此联系成一个整体；第六，联系大学生社会主义信仰培育发展的"多极"趋势，从我国高校学生社会主义信仰全面培育的高度来整体规划大学生社会主义政治信仰培育、社会主义法律信仰培育、社会主义道德信仰培育和社会主义文化信仰培育，确保大学生社会主义信仰培育的完整性。

当代大学生社会主义信仰培育的多重维度是互相联通的。大学生社会主义政治信仰培育、法律信仰培育、道德信仰培育、文化信仰培育之间是密切相关、互通互补互融的。因此，开展当代大学生社会主义信仰培育，就不能凭经验办事，必须进行观点创新。一是大学生社会主义信仰培育存在多重维度，并且这种多重特性决定了它多项内容的构成，以及社会主义信仰培育的实践取向。二是大学生社会主义信仰培育需要多极思维，需要社会主义政治信仰培育、社会主义法律信仰培育、社会主义道德信仰培育、社会主义文化信仰培育的不断深化，以展示当代大学生社会主义信仰培育的层次性。三是大学生社会主义政治信仰培育、法律信仰培育、道德信仰培育、文化信仰培育是大学生社会主义信仰培育这一主线上的四个逻辑连接点，既有独特内容，又有内在逻辑。四是社会主义信仰培育的多重维度呈现出组合式而非分离式发展，这种组合式发展表现为社会主义信仰培育多重维度的"共同演进和共同生存"。五是我国高校学生社会主义信仰培育存在着侧重于某种培育，忽视其他培育的"碎片化"问题。因此，必须摈弃以往那种只见社会主义信仰"单极"培育、不见社会主义信仰"多极"培育的片面培育模式，必须改变先前那种没有长远计划、没有远期目标、没有全面规划的"碎片化"培育思维。六是主张构建"多"中之"一"，不是要倡导社会主义多种形态信仰培育的一种培育模式，而是意在推进社会主义多种形态信仰培育之间的价值整合。大学生社会主义政治信仰培育、社会主义法律信仰培育、社会主义道德信仰培育和社会主义文化信仰培育恰好沿着一条主线展开，这条主线即是社会主义核心价值观引领。七是大学生社会主义信仰培育是培养至真、至善、至美的大学生的"铸魂工程"，该工程虽然不是简单可以说清楚的问题，但与我国高校推出的"四大工程"，即社会主义政治铸魂工程、社会主义法律铸魂工程、社会主义道德铸魂工程、社会主义文化铸魂工程有着密切的联系。

目　　录

解读社会主义信仰培育的多重维度

社会转型的今天，社会主义信仰培育已成为极为重要的课题。围绕它的研究正在不断深入，形成了不少著述。目前，诸多所谓社会主义信仰培育的研究与成果，仍未厘清这样一个关键的问题，即社会主义信仰培育存在的多重维度问题，并且这种多重特性决定了它多项内容的构成，以及社会主义信仰培育的实践取向。因此，搞清楚社会主义信仰培育的多重维度及其实践要求，是进一步加强社会主义信仰培育研究的需要，对深入开展当代大学生社会主义信仰培育的研究也具有重要的意义。

一、社会主义信仰培育的多重维度

考察社会主义信仰培育的多重维度，首先需要了解和把握社会主义信仰的内涵。社会主义信仰内涵的界定，是对社会主义信仰内容理解的表征，进而影响我们对社会主义信仰及其培育的划分方式。由此，引出一个不可回避的问题，那就是社会主义信仰的概念问题。传统的观点，社会主义信仰被定义为社会主义政治信仰；在道德层面上，社会主义信仰被定义为社会主义道德信仰；也有人认为，社会主义信仰的概念中内含社会主义法律信仰。目前，社会主义信仰的定义已经发生变化，它的构成、形态、内容等正在变得更加丰富，社会主义文化信仰也成了社会主义信仰的一个组成部分。现代系统论认为，"系统的整体特性不能还原为孤立的组成部分，而整体特性又可以在组成部分和它们之间的关系中找到根据。"[①]据此，社会主义信仰可以看成是由多个既相互区别又相互联系的信仰形态所

[①] 李建锋,李愿.论现代系统论对整体与部分范畴的丰富和发展[J].理论导刊,2007(7):45.

构成的有机整体。其至少可分为社会主义政治信仰、社会主义法律信仰、社会主义道德信仰和社会主义文化信仰。对此，我们作一具体展开分析。

首先，自学界展开社会主义政治信仰、社会主义法律信仰、社会主义道德信仰、社会主义文化信仰的研究以来，得到了我国高校的积极回应。时至今日，大学生社会主义政治信仰、社会主义法律信仰、社会主义道德信仰、社会主义文化信仰培育，已经成为我国高校真实而客观的实践。突出表现为我国高校长期以来始终关注和重视大学生的社会主义政治信仰、法律信仰、道德信仰、文化信仰问题，并坚持发挥教育功能与资源优势，坚持推动大学生社会主义政治信仰、法律信仰、道德信仰、文化信仰的培育。

其次，在大学生社会主义政治信仰、法律信仰、道德信仰、文化信仰培育中，我国高校认真考虑大学生的社会主义政治信仰、法律信仰、道德信仰、文化信仰需求，凭借独特的资源优势与教育整合能力，积极开展大学生社会主义政治信仰、法律信仰、道德信仰、文化信仰培育工作，并将其纳入大学生社会主义信仰培育构架，不断完善既有框架使之发挥更积极的培育效果。因此，我们党和政府对我国高校在大学生社会主义政治信仰、法律信仰、道德信仰、文化信仰培育中的作用寄予厚望。

最后，我国高校承担大学生成长成才成功的重要职能，在大学生社会主义信仰形成与发展中扮演重要角色。在大学生社会主义信仰培育上，结合大学生社会主义政治信仰培育、法律信仰培育、道德信仰培育、文化信仰培育的联系性、整体性和大学生社会主义信仰培育的现状，我国高校应推动大学生社会主义信仰培育从"一"向"多"的转变，积极构建"多"中之"一"模式，以社会主义信仰培育为主线，从社会主义政治信仰、社会主义法律信仰、社会主义道德信仰、社会主义文化信仰四个维度，对大学生进行社会主义信仰培育，这符合我国高校对于强化大学生社会主义信仰培育的未来发展大势。随着社会主义信仰内涵的日趋丰富、外延的不断扩大，如今的大学生社会主义信仰培育已经从社会主义政治信仰培育，延伸到社会主义政治信仰培育、法律信仰培育、道德信仰培育、文化信仰培育。大学生社会主义政治信仰培育、法律信仰培育、道德信仰培育、文化信仰培育由此成为大学生社会主义信仰培育这一主线上的四个逻辑连接点，既有独特内容，又有内在逻辑。

正因为如此，在大学生社会主义信仰培育实践中，大学生社会主义政治信仰培育、法律信仰培育、道德信仰培育和文化信仰培育能引起学界的讨论，并得到了我国高校的关注与不断推进。有关大学生社会主义政治信仰、法律信仰、道德信仰、文化信仰培育的讨论一直持续到现在，还将继续下去。从中可以看出，社会主义政治信仰培育、法律信仰培育、道德信仰培育、文化信仰培育，对于社会主义信仰培育缺一不可。正是这些具有内在联系的多种形态信仰的培育，构成了社会主义信仰培育的层次类型。

然而，这里存在一个潜在的难题，即社会主义信仰培育的层次类型，并非局限于社会主义政治信仰培育、法律信仰培育、道德信仰培育和文化信仰培育四个层次。例如，我们很难说清社会主义信仰培育的结构在量上由几种类型的培育构成。为此，本文研究采取的做法是，基于对社会主义信仰培育的再认识，顺应学界对社会主义政治信仰培育、法律信仰培育、道德信仰培育、文化信仰培育的归纳，对接我国高校改革开放以来一直在进行的这几种培育的套路，从社会主义政治信仰培育、法律信仰培育、道德信仰培育和文化信仰培育研究切入，提出社会主义信仰培育的四个维度划分，从而使我们对社会主义信仰的培育有一个更加全面的认识，并在大学生社会主义政治信仰培育、法律信仰培育、道德信仰培育和文化信仰培育实践方面取得更大的成效。

我们认为，采取上述做法，划分出社会主义信仰培育的四个维度，是有理论依据和实践依据的。除了前文所述，从一定意义上说，改革开放以来，社会主义政治信仰培育、法律信仰培育、道德信仰培育、文化信仰培育"四位一体"，是最具有社会主义信仰培育特征的本源性传统，它是大学生社会主义信仰发展的给定条件，更是大学生社会主义信仰培育的重要基点。我国高校学生社会主义信仰培育实践也印证了这种判断，但大学生社会主义政治信仰培育、法律信仰培育、道德信仰培育和文化信仰培育，在大学生社会主义信仰培育中的作用更为明显。这一信仰培育传统具有特别大的惯性，我们党和国家都会出于接班人、建设者培养战略的需要，对高校进行相应培育作出政策性规划,并成为高校推进大学生社会主义政治信仰培育、法律信仰培育、道德信仰培育和文化信仰培育的巨大推力。不难看出,大学生社会主义政治信仰培育、法律信仰培育、道德信仰培育和文化信仰培育,是大学生社会主义信仰培育研究不可回避的主题。正是这些主题,确立了社会主义信仰培育维度的划分规则。

(一)社会主义政治信仰培育

社会主义政治信仰培育,是从社会主义政治信仰培育的实践出发,培育信仰主体的社会主义政治信仰,具体到大学生社会主义政治信仰培育,这一过程实质就是不断地强化社会主义政治理论、政治制度等并将其内化为大学生政治信仰的过程,进而对大学生政治信仰的形成与发展产生极为重要的影响。

大学生社会主义政治信仰培育旨在体现社会主义政治信仰对大学生的导向与感召;发挥社会主义政治信仰对大学生的精神凝聚作用;给定大学生政治行为的最终目标,"使其在一个统一动机的驱使下向着特定目标前进"[1];明确政治价值判断标准,为大学生提供判断社会主义理论、社会主义制度等的主观标准;设计大学生群体的政治发展终极走向或最后归宿,联结大学生形成一个拥有共同的理想信念、共同的价值目标、共同的价值追求、共同遵守的政治纪律、共同的政治价值取向的共同体。

(二)社会主义法律信仰培育

社会主义法律信仰培育作为社会主义信仰培育的一个维度,已成为学界研究、关注的热点问题。这种培育被社会逐步认同,是社会主义信仰培育的创新实践,正在成为一种新的社会主义信仰培育模式。

大学生社会主义法律信仰培育旨在设定大学生理性地信仰社会主义法律的理论前提;引导大学生严格遵循社会主义法律,自觉维护社会主义法律尊严;提高大学生的社会主义法律素养,以及对社会主义法律的理性的自觉的把握程度;增强大学生对社会主义法律的认同感,并使更多的大学

---

[1] 邱钰斌,林伯海.我国当代大学生政治信仰研究综述[J].中华文化论坛,2011(3):158.

生达到社会主义法律信仰境界；确认大学生的法律人格，如王玉梁的《理想 信念 信仰与价值观》所言："法治信仰对人格的塑造，我们首先可以注意到法治信仰中公平、公正、正义要素的作用，它在确认公平、公正、正义的主体人格。"①

（三）社会主义道德信仰培育

在大学生社会主义信仰培育中，社会主义道德信仰培育既是大学生精神凝练的方式，也是大学生道德行为由他律走向自律的保证，又是对大学生的存在和生活进行意义的设定，所谓"信仰对于至善的可达性必然是前提"②。

大学生社会主义道德信仰培育旨在引导大学生信服、敬畏社会主义道德规范、道德理想、道德目标；促使大学生有尊严的存在③，进而形成社会主义道德信仰；通过社会主义道德内化、正确的道德行为选择等途径，引导大学生达到社会主义道德自律的境界④；通过共同的道德理想、共同的价值追求、共同的价值评价标准的引领，实现大学生的精神凝练。

（四）社会主义文化信仰培育

此处的"文化"是指与政治、经济、社会等相对应的概念，包括与世界观、价值观、人生观等有关的意识形态文化。关于社会主义文化信仰，主要包括中国传统文化信仰、中华各民族文化信仰、红色文化信仰、中国特色社会主义文化信仰等。大学生社会主义文化信仰培育就是培育大学生形成这些信仰的过程，其内容为这些信仰培育所构成的整体。

大学生社会主义文化信仰培育旨在满足大学生对社会主义文化的新需要、新期待，吸引他们珍惜、守住并发扬社会主义文化的"精神家园"⑤；引导大学生树立对我国民族文化、科学文化、政治文化、学术文

---

① 王玉樑.理想 信念 信仰与价值观[M].西安:陕西人民出版社,2001:351.
② 康德.逻辑学讲义[M].许景行,译.北京:商务印书馆,1991:60.
③ 康德.单纯理性限度内的宗教[M].李秋零,译.北京:中国人民大学出版社,2003:92.
④ 黑格尔.精神现象学(下卷)[M].贺麟,王玖兴,译.北京:商务印书馆,1979:157.
⑤ 辛鸣."软实力"背后的"硬要求"——关于文化发展中三个基本问题的思考[J].学习时报,2011(10):2.

化、人本文化的正确认识与高度自信,使之成为大学生的文化需求和文化生活;促进大学生内化社会主义社会的规范、道德示范、价值要求、审美情趣等,使之成为大学生内在的行为准则,形成坚实的社会主义文化信仰内核,作用于大学生的文化生活,以及社会主义文化的传承、创新与发展。

二、社会主义信仰培育多重维度的分析框架

上述对社会主义信仰培育多重维度的划分,更多地属于"显功能"划分,即信仰培育的多重维度作用于社会主义信仰培育。然而,从内在联系上看,显性的信仰培育多重维度必然围绕于一种信仰,而且这些维度如果没有一条贯穿始终的主线连接,那么其必然是一些"碎片",不成系统,这些信仰必然有一条主线来贯穿,使之成为整体,这条主线就是社会主义信仰培育。另外,从信仰培育的实践来看,在信仰培育内容上,社会主义信仰培育存在着信仰培育的多重维度。因而,我们可用"一与多"模式,对社会主义信仰培育及其多重维度进行解剖。

(一)社会主义信仰的培育

"一与多"模式中的"一",是指"社会主义信仰培育"。社会主义信仰培育与可选择、可变通的信仰培育不同,它是一种相对固定、不可改变的培育,是特定民族、社会对特定民众所置身于其中的社会主义前景的向往与关怀。

大学生社会主义信仰培育是对大学生进行社会主义信仰培育的一种特有形式,它作用于社会主义转化为大学生理想信念和价值追求,致力于大学生对社会主义的信奉与遵行,为大学生社会主义信仰的生成、持有提供理论依据、现实基础、精神支撑与价值工具,具有信仰培育主体特有性、客体唯一性、依据主导性、方式独特性等典型特征。

首先,就信仰培育主体而言,大学生社会主义信仰培育要求大学生自觉、积极地参与。大学生参与社会主义信仰培育的过程应为社会主义信仰的认知—同化—内化的能动过程,所谓"没有个体意识的自愿参与,仅靠

与强制性制度结构相结合的伦理教育或灌输，并不能保证取得个体自主的积极行为的支撑"①。

其次，就信仰培育客体而言，大学生社会主义信仰培育强调社会主义信仰培育。社会主义信仰从信仰的主义、理论、目标、价值、制度等方面系统地明确并规定了大学生应该具备的世界观、人生观、价值观、理想信念、价值追求和行为选择模式。培育社会主义信仰自然是大学生信仰培育的根本。

再次，在信仰培育的依据上，大学生社会主义信仰培育主张社会主义主导价值与根本地位，即社会主义理论、思想、制度等作为大学生社会主义信仰培育的依据与导向，对于其他依据与导向具有统摄和支配地位。在大学生社会主义信仰培育这些依据与导向中，社会主义必然成为大学生确信的理论、思想、主张，成为大学生学习、工作、生活中的信条与不倦笃行。

最后，在信仰培育的方式上，大学生社会主义信仰培育主张社会主义共同理想在大学生理想信念的总体结构中具有最高地位，始终坚守社会主义意识形态的主阵地，始终围绕社会主义理想信念这一永恒主题，突出社会主义信仰的认知、同化与内化。

考察我国所实施的大学生社会主义信仰培育，可以发现主要有四大培育在起作用，即社会培育、学校培育、家庭培育和自我培育。这四个培育有同有异：相同之处在于它们所培育的信仰主体都是大学生，所培育的信仰客体都是社会主义信仰，所培育的信仰依据与导向都是社会主义，都对大学生社会主义信仰的生成、确立具有重要作用；相异之处在于它们的培育条件、培育环境、培育范围、培育机制、培育方式、培育渠道等方面都不尽相同。可以看出，大学生社会主义信仰培育是一项多方面的工程，它与社会培育密不可分，与学校培育关系密切，与家庭培育紧密联系，与自我培育不可分离。其中，社会培育是主要渠道，其效力作用于多种培育，直指家庭培育、学校培育、自我培育，一般以政府主导、政策引领、制度规范、舆论引导、环境优化保障实施；学校培育是主阵地，其效力仅作用

① 刘小枫.现代性社会理论绪论——现代性与现代中国[M].上海：上海三联书店,1998:521.

于学校内部、在校大学生群体，主要由学校通过思想政治教育、理想政治理论课教学、校园文化建设等多种形式保证实施；家庭教育是主要构成，其效力仅作用于家庭内部，通常由家长通过言传身教等形式对大学生个体实施教育；自我培育是重要途径，它分为大学生群体和大学生个体两种具体形式，其效力作用于大学生群体，也作用于大学生个体，与社会培育、家庭培育、学校培育相对应，一般以自我教育、自我管理、自我服务为主，分大学生群体与大学生个体"自我"实施。大学生社会主义信仰培育需要积极构建社会培育、家庭培育、学校培育、自我培育"四位一体"的培育网络，此是我国实施大学生社会主义信仰培育所形成的经验，也是给予我们培育大学生社会主义信仰的极为重要的启示。

（二）社会主义信仰培育的多重维度

"一与多"模式中的"多"，是指社会主义信仰培育的多重维度，彼此相互联系又互相区别。对于社会主义信仰的培育，信仰培育的多重维度具有全面性、针对性、适应性、直观性和应用性。如此，需要对社会主义概念作如下新解。

第一，在社会主义结构方面，既有政治社会主义、法律社会主义、道德社会主义，也有文化社会主义。这种观念主要是从结构角度来理解社会主义，因此可称之为结构社会主义观，而从这一观点看，政治社会主义、法律社会主义、道德社会主义、文化社会主义等又有各自的结构及各组成部分的主题。

第二，在社会主义内容方面，鉴于社会主义结构的多样性特征，社会主义所体现的"社会主义"不再限于"单极态"的社会主义，还可以体现"多极态"的社会主义。因此，从总体上说"社会主义"所体现的应当是社会主义框架内的社会主义"多极态"的有机组合，其内容具体包括社会主义政治、社会主义法律、社会主义道德、社会主义文化等。

第三，在社会主义形态方面，社会主义形态的划分依据主要是社会主义，而社会主义是社会主义政治、法律、道德、文化及其相互之间的关系与组合状况。依据社会主义的多极形态，社会主义社会所追求的价值目标在政治上、法律上、道德上、文化上，分别表现为社会主义政治、社会主义法律、社会主义道德和社会主义文化。

第四，在社会主义本质方面，社会主义的本质是一个有机整体，由社会主义政治、社会主义法律、社会主义道德、社会主义文化构成，呈现出层次性特点，需要从总体上把握社会主义本质，更需要从社会主义构成的相辅相成方面把握社会主义本质。

第五，在社会主义发展机制方面，鉴于社会主义形态的多样化、社会主义本质的层次性，社会主义的形成与发展应该综合考虑运用社会主义政治、法律、道德、文化的生成与发展机制。在机制设计上，追求社会主义政治、法律、道德、文化的生成与发展机制的内在联系与良性互动。

需要说明的问题是，社会主义的政治、法律、道德、文化等作为社会主义的不同表现形式，在社会主义发展进程中具有互补、互通、互融功能，且应相互联系、相互衔接。

互补功能。社会主义发展是一种理论，也是一种过程，从广义而言，可以视为社会主义政治、法律、道德、文化理想与价值观在社会主义社会中得以运用和体现的过程。社会主义发展需要社会主义政治、法律、道德、文化发展。因此，社会主义政治、法律、道德、文化均不可或缺。而这些形态由于都是社会主义的组成部分，相互之间都可以起到这种特有的作用。

互通功能。社会主义发展包含了多个层面及多个领域的文明和进步，但其核心的问题应该是政治、法律、道德、文化的社会主义进程以及由此带来的政治、法律、道德、文化的社会主义程度。社会主义发展中的政治、法律、道德、文化等层面及领域的文明与进步，正是由社会主义政治、法律、道德、文化等发展所共同推动并决定的，社会主义的政治、法律、道德、文化也因此相互衔接。

互融功能。社会主义发展不仅取决于特定时期、特定阶段的社会主义政治、法律、道德、文化现实状况，而且还取决于社会主义政治、法律、道德、文化发展对社会主义发展所能起到的不同程度影响。以这几方面产生的不同程度的影响，我们可以考虑将社会主义政治、法律、道德、文化等纳入社会主义发展的进程之中，进而实现社会主义多种形态发展的整合。

（三）社会主义信仰培育与社会主义信仰培育的多重维度

在社会主义信仰培育多重维度的逻辑下，社会主义信仰有效培育的显性结果是上述培育多重维度全面、整体收效。这也是社会主义信仰培育价值实现的社会表征。然而，这些信仰培育的多重维度，均是作为社会主义信仰培育的组成部分来实现各自的价值目标与理想追求。这一考虑可以从社会主义信仰的培育与社会主义信仰培育的多重维度相互关系这一问题上去寻找答案。

第一，社会主义信仰培育是社会主义信仰培育多重维度的核心。对于社会主义信仰培育的多重维度，社会主义信仰培育具有引领性、主导性，即在社会主义信仰培育引领、主导下，社会主义信仰培育的多重维度不会因为社会转型、环境变化而有所改变。此外，社会主义信仰培育是社会主义信仰培育多重维度的本位，社会主义信仰的多重维度在作用领域及发展目标上都是相互联系的，这种联系不是以社会成员有目的、有计划的设计及其实施体现出来的，而是通过社会主义信仰培育发展这种内在的核心进行整合。其外显即为社会主义信仰培育多重维度的发展。社会主义信仰培育无疑是社会主义信仰培育多重维度的核心问题。

第二，社会主义信仰培育的多重维度是社会主义信仰培育的不同侧面。社会主义信仰培育的多重维度所围绕的中心，必然就是社会主义信仰培育。所以，社会主义信仰培育的多重维度均作用、服务于社会主义信仰培育。社会主义信仰培育的多重维度对社会主义信仰培育的功能，是拓展和深化社会主义信仰培育空间的切入点，也是加强社会主义信仰培育的路径所在。而社会主义信仰培育则是对社会主义信仰培育多重维度的保证，是推进和强化社会主义信仰培育多重维度的落脚点，也是社会主义信仰培育的多重维度的根基所在。

第三，社会主义信仰培育需要社会主义信仰培育的多重维度。基于"一与多"模式的社会主义信仰培育，其内涵大概可以用一个等式来加以概括，即"社会主义信仰培育=社会主义政治信仰培育+社会主义法律信仰培育+社会主义道德信仰培育+社会主义文化信仰培育"。这种思维逻辑涉及的一个关键命题，即这些社会主义信仰培育的维度代表着社会主义信仰培育的本质规定性。正因为如此，才认定社会主义信仰培育的多重维度是社会主义信仰培育的构成；培育的社会主义多种形态信仰，都有助于培育社会主义信仰；培育社会主义信仰需要社会主义信仰培育的多重维度。

三、社会主义信仰培育多重维度的内在逻辑

社会主义信仰培育多重维度的一个命题是，社会主义信仰培育的多重维度并不意味着相互分离，而是彼此相互作用、互为条件。就是说，社会主义信仰培育的多重维度中任何一种维度信仰的培育，必然与其中的其他维度信仰的培育紧密相连。因此，社会主义信仰培育的多重维度呈现出组合式而非分离式发展。这种组合式发展表现为社会主义信仰培育多重维度的"共同演进和共同生存"，而且在内在关系上应是逻辑分明的。

（一）社会主义信仰培育多重维度的本质性逻辑

社会主义信仰培育的多重维度，是社会主义信仰培育的必经过程。这种信仰培育过程的关键在于，既坚持马克思主义关于社会主义政治、法律、道德、文化的基本原理，又根据我国社会转型赋予社会主义政治、法律、道德、文化等鲜明的时代特色。社会主义信仰培育的多重维度本质是社会主义政治信仰、法律信仰、道德信仰、文化信仰培育的统一。这一社会主义信仰培育多重维度的本质，突出表现为四大基本特征，即社会主义政治信仰培育是根本，社会主义法律信仰培育是保障，社会主义道德信仰培育是基础，社会主义文化信仰培育是灵魂。社会主义信仰培育的多重维度必须统筹兼顾、整体推进。

（二）社会主义信仰培育多重维度的同一性逻辑

社会主义信仰培育的多重维度最根本最深厚的根基在于社会主义信仰培育，最直接的动力在于培育社会主义信仰，即社会主义信仰培育在主导着、推动着社会主义信仰多重维度的培育。社会主义信仰多重维度培育的

过程，是培育社会主义多种形态信仰的过程；是培育社会主义信仰的多种形态，从而使社会主义信仰培育日趋多样、丰富、完整的过程；是培育社会主义信仰多种形态的过程，更是社会主义信仰培育不断得到加强的过程。社会主义信仰培育的多重维度始终致力于社会主义信仰培育。社会主义信仰培育的多重维度，只有围绕社会主义信仰展开，才能得到不断强化，并随着社会主义信仰培育的不断深入而与时俱进。

（三）社会主义信仰培育多重维度的差异性逻辑

社会主义信仰培育的多重维度是在社会主义信仰培育背景下回应社会主义政治信仰、法律信仰、道德信仰、文化信仰培育的结果。第一，社会主义信仰培育的多重维度包括社会主义多种形态信仰的培育；第二，社会主义多种形态信仰培育中的各种形态信仰培育都不是社会主义信仰培育的全部内容；第三，社会主义信仰培育的多重维度分别培育相应形态信仰而各不相同；第四，面对社会主义多种形态信仰，社会主义多重维度信仰培育的方式、机制、路径等往往也会有所区别；第五，社会主义信仰的培育需要我们具体地考察社会主义信仰培育多重维度相互之间的关系；第六，社会主义信仰的培育是以社会主义信仰培育的多重维度为基础而推进的。

（四）社会主义信仰培育多重维度的必然性逻辑

社会主义信仰培育是基于社会主义信仰培育多重维度的差异性、同一性、本质性展开的，以社会主义多种形态信仰为培育内容的、带有对这些形态信仰培育同等重要的关注，其任务就是实现这些形态信仰培育的统一。因此，对社会主义信仰培育的多重维度，都是社会主义信仰培育无法回避的命题。但是，这种不可回避并非是基于理论研究得出的结论，而是强化社会主义信仰培育不可回避的客观要求，也是强化社会主义信仰培育因势利导的必然选择，又是强化社会主义信仰培育势所必为的应对之策。另外，社会主义信仰的多重维度是社会主义信仰存在与发展的内在根据，这些根据内在规定着社会主义信仰是社会主义政治信仰、法律信仰、道德信仰、文化信仰等的组合，而不是其他信仰的组合。

（五）社会主义信仰培育多重维度的依赖性逻辑

社会主义信仰培育的多重维度独立存在，各具功能，又相互依赖，从而达到发展的协调一致，是保证社会主义信仰培育不断完善的前提。社会主义信仰培育的不断完善，正是在这些信仰培育彼此作用、相互协调所形成的合力中达到的。其中的道理，我们可以通过以下三点了解：一是社会主义多种形态信仰培育，都是社会主义信仰培育的构成要件，它们在社会主义信仰培育中分别作为框架内的一个组成部分，处在独有的位置，拥有特有的功能；二是社会主义信仰培育的框架从本质上说是社会主义信仰培育多重维度一体化的培育框架，具体地说，在这里它包括社会主义政治信仰、法律信仰、道德信仰和文化信仰培育四个维度，是将四个维度有机结合起来的以社会主义信仰培育为中心的培育框架；三是社会主义信仰培育的多重维度对社会主义信仰培育的功能，既相互分立，又相互依赖，既相互制约，又相互促进，共同作用于社会主义信仰的培育。

四、社会主义信仰培育多重维度的实践要求

将社会主义信仰培育划分为社会主义政治信仰培育、社会主义法律信仰培育、社会主义道德信仰培育和社会主义文化信仰培育，看起来更加具体化、模型化，但实际上，这种培育模型真正的意义，还是在于它能对现实中的社会主义政治信仰培育、社会主义法律信仰培育、社会主义道德信仰培育、社会主义文化信仰培育进行分门别类的概括，从而为社会主义政治信仰、社会主义法律信仰、社会主义道德信仰、社会主义文化信仰的培育提供思维构架。而思维构架的应用，则是要用某种或某些方式方法，把思维构架还原到现实的实践分析中去。为此，我们还要了解社会主义信仰多重维度对于大学生社会主义信仰培育的实践要求。

（一）社会主义信仰培育中的统筹兼顾

培育大学生社会主义信仰，是培养中国特色社会主义事业接班人、建设者的国家战略，对于我国来说具有重大、深远的意义。它是我国高校学

生社会主义信仰培育体系化、具体化的综合过程，彰显着我国高校教育和引导大学生形成和发展社会主义信仰的高度自觉和积极作为。从技术层面看，大学生社会主义信仰培育需要多极思维，需要社会主义政治信仰培育、社会主义法律信仰培育、社会主义道德信仰培育、社会主义文化信仰培育的不断的逐一深化，以展示大学生社会主义信仰培育的层次性；从价值层面看，大学生社会主义信仰培育需要统筹兼顾社会主义政治信仰培育、社会主义法律信仰培育、社会主义道德信仰培育和社会主义文化信仰培育，需要呈现这几种培育并进、共进的格局，以全面培育大学生社会主义信仰。前者，我们可以称之为"分层培育"；后者，我们可以称之为"综合培育"。无论是"分层培育"，还是"综合培育"，"多极"培育的思维不可缺少。社会主义信仰"多极"思维缺少的弊端是明显的。大学生社会主义信仰培育中的"单极"培育，曾一度导致信仰培育意识形态化，把信仰培育变成程式的标准化、教育的教条化。改变这一状况，涉及对大学生社会主义信仰"单极"培育的思维进行调整，涉及大学生社会主义信仰"多极"培育思维下的社会主义信仰培育层次的划分。而大学生社会主义信仰培育的层次划分，必然涉及社会主义政治信仰培育、社会主义法律信仰培育、社会主义道德信仰培育、社会主义文化信仰培育等内容，在大学生社会主义信仰培育方面，这四种形态信仰培育兼顾，比较以往无疑更加需要。

（二）社会主义多种形态信仰培育的整体规划

从整体视角出发，以整体性视角来关注大学生社会主义信仰培育，是我国高校大学生社会主义信仰培育的一个重要特征。梳理、考察我国高校学生社会主义信仰培育的整体性思维，对于我国高校确定大学生社会主义信仰培育的理论构架与实践方向，具有十分重要的价值。应用信仰培育的整体性思维，促进大学生社会主义信仰培育的全面展开，定会成为我国高校的共同做法。全面深化大学生社会主义政治信仰培育、社会主义法律信仰培育、社会主义道德信仰培育和社会主义文化信仰培育，是我国高校实现大学生社会主义信仰培育目标的措施所在，我们必须矫正那种只注重社会主义信仰的"单极"培育，不重视社会主义信仰的"多极"培育方式，在整体规划层面，要对大学生社会主义信仰的"多极"培育具有整体性的实施方案。如今，我国高校所面临的大学生社会主义信仰培育问题，已到了非解决不可的地步。就大学生社会主义信仰培育的进路来说，我国高校学生社会主义信仰培育存在着忽视大学生社会主义政治信仰培育、社会主义法律信仰培育、社会主义道德信仰培育、社会主义文化信仰培育的分层规划问题；而就具体的大学生社会主义政治信仰培育、社会主义法律信仰培育、社会主义道德信仰培育和社会主义文化信仰培育来看，我国高校学生社会主义信仰培育存在着侧重于某种培育，忽视其他培育的"碎片化"问题。因此，必须摈弃以往那种只见社会主义信仰"单极"培育、不见社会主义信仰"多极"培育的片面培育模式，必须改变先前那种没有长远计划、没有远期目标、没有全面规划的"碎片化"培育思维，要联系大学生社会主义信仰培育发展的"多极"趋势，从我国高校学生社会主义信仰全面培育的高度来整体规划大学生社会主义政治信仰培育、社会主义法律信仰培育、社会主义道德信仰培育和社会主义文化信仰培育，以确保这些培育的完整性，以及相互之间的整体性。从这一角度看，大学生社会主义信仰培育要探索培育的"一总四分"方案，在培育的总体方案下，紧紧围绕大学生社会主义政治信仰培育、社会主义法律信仰培育、社会主义道德信仰培育和社会主义文化信仰培育展开，寻求大学生社会主义信仰培育的整体突破。从这一要求考察大学生社会主义信仰培育，当务之急是解决好大学生社会主义政治信仰培育、社会主义法律信仰培育、社会主义道德信仰培育、社会主义文化信仰培育的功能划界问题，以此为基础，制订出"一总四分"方案。

（三）构建"多"中之"一"：社会主义核心价值观引领

主张构建"多"中之"一"，不是要倡导社会主义多种形态信仰培育的一种培育模式，而是意在推进社会主义多种形态信仰培育之间的价值整合。大学生社会主义政治信仰培育、社会主义法律信仰培育、社会主义道德信仰培育和社会主义文化信仰培育并不是"四张皮"。从我国高校大学生社会主义政治信仰培育、社会主义法律信仰培育、社会主义道德信仰培育、社会主义文化信仰培育相互之间关系的演进看，四者恰好沿着一条主线展开，这条主线就是社会主义信仰培育过程中的社会主义核心价值观引领。大学生社会主义政治信仰培育、社会主义法律信仰培育、社会主义道德信仰培育和社会主义文化信仰培育，在社会主义核心价值引领下具有价值取向的一致性。社会主义核心价值观的引领，可以为大学生社会主义政治信仰培育、社会主义法律信仰培育、社会主义道德信仰培育和社会主义文化信仰培育定下基调，提供理论指导，确定价值取向，而且有助于大学生社会主义政治信仰培育、社会主义法律信仰培育、社会主义道德信仰培育和社会主义文化信仰培育，以社会主义价值取向构成它们共同的逻辑起点、终极目标。值得注意的问题是，社会主义核心价值观并不是"现成的公式"，据之可以推断社会主义政治信仰培育、社会主义法律信仰培育、社会主义道德信仰培育和社会主义文化信仰培育的运行轨迹。在社会主义信仰培育的运行轨迹中，引领是社会主义核心价值观的引领，是在社会主义核心价值观的引领活动中生成的对大学生社会主义政治信仰培育、社会主义法律信仰培育、社会主义道德信仰培育和社会主义文化信仰培育的引领。社会主义核心价值观引领中最基本的要求可以概括为以下六个方面：第一，引领的目标是为了促进大学生社会主义信仰的形成和发展；第二，应该从大学生社会主义信仰培育作为一个整体的角度来看待大学生社会主义政治信仰培育、社会主义法律信仰培育、社会主义道德信仰培育、社会主义文化信仰培育的社会主义核心价值引领；第三，在理解引领的基础时，我们应该看到社会主义政治信仰培育、社会主义法律信仰培育、社会主义道德信仰培育、社会主义文化信仰培育共同的社会主义特质；第四，强调培育过程的方向性，保持大学生社会主义政治信仰培育、社会主义法律信仰培育、社会主义道德信仰培育、社会主义文化信仰培育的社会主义价值取向不变；第五，把既有的大学生社会主义政治信仰培育、社会主义法律信仰培育、社会主义道德信仰培育和社会主义文化信仰培育作为事实，去追问它们的本源；第六，打通大学生社会主义政治信仰培育、社会主义法律信仰培育、社会主义道德信仰培育、社会主义文化信仰培育的

"殊路"阻隔，促使它们彼此联系成一个整体。

（四）注重"铸魂工程"的逻辑展开

改革开放以来，我国学界对大学生社会主义信仰培育的论述，主要集中在四个方面，分别是社会主义政治信仰培育、社会主义法律信仰培育、社会主义道德信仰培育和社会主义文化信仰培育。我国高校进行的大学生社会主义信仰培育实践并不是仅仅局限于社会主义政治信仰培育，而是包括社会主义政治信仰培育、社会主义法律信仰培育、社会主义道德信仰培育和社会主义文化信仰培育这四个组成部分。不仅仅是因为这四个培育存在有机的内在联系，分别构成社会主义信仰培育的组成部分；更重要的是，当大学生社会主义信仰形成和发展时，从这四个培育独特的地位和作用，都可以看出它们有着净化大学生灵魂的相同之处，而此灵魂的塑造是大学生社会主义信仰培育万万不可缺少的。对此，我们可以这么理解，即大学生社会主义信仰培育是培养至真、至善、至美的大学生的"铸魂工程"，该工程虽然不是简单可以说清楚的问题，但与我国高校推出的"四大工程"，即社会主义政治铸魂工程、社会主义法律铸魂工程、社会主义道德铸魂工程、社会主义文化铸魂工程有着密切的联系。据此，我们可以看出，大学生社会主义信仰培育的四种倾向：政治铸魂、法律铸魂、道德铸魂、文化铸魂。首先，从社会主义政治上铸魂。试图通过社会主义政治信仰培育，促进大学生社会主义政治信仰的形成和发展。其中最重要的内容就是大学生远大理想的树立、大学生社会主义信念的确立、大学生对中国特色社会主义的认同与大学生投身中国特色社会主义伟大事业积极作用的发挥。其次，从社会主义法律上铸魂。关键就是发挥高校的优势与作用，对大学生的社会主义法律信仰进行培育，由高校主导，扩大学生的参与面，加强社会主义法律教育，重视权利意识、守法精神的培育，增强法律价值的体验，使学生对社会主义法律充满崇敬、依恋和尊重，进而转化为自己的行动。再次，从社会主义道德上铸魂。强化大学生社会主义道德信仰培育，并将其纳入学校教育的组成部分，已成为我国高校的重要举措。我国高校为了规范大学生的道德行为、培养大学生的道德情感、提高大学生的道德素质、健全大学生的道德人格，特别重视大学生的社会主义道德信仰培育，迄今为止已采取了很多措施，并取得了良好的效果，使得大学生不断领悟社会主义道德知识、体验社会主义道德价值、遵从社会主义道德原则、敬畏社会主义道德规范，从而形成社会主义的道德习惯，构建社会主义的道德人格。最后，从社会主义文化上铸魂。必然要体现在大学生社会主义文化信仰培育上，譬如，如何增强大学生的社会主义文化认知，如何培养大学生的社会主义文化情感，如何巩固大学生的社会主义文化意志，如何培养大学生的社会主义核心价值观，等等。因此，大学生社会主义文化信仰培育应始终成为我国高校学生社会主义信仰培育的一种常态。

第一章　大学生社会主义信仰培育的思维方式

第一节　大学生社会主义政治信仰培育的思维方式

社会主义信仰中一个重要的维度就是社会主义政治信仰，它不但随着社会主义社会的发展而发展，而且对丰富、完善社会主义信仰产生了重大影响。对于社会主义政治信仰，学术界的研究早已开展并取得一定成果。而社会主义政治信仰的理论支持有哪些，学术界的研究迄今仍处在泛泛而谈的状态，没有进行深入、系统的讨论。就此问题进行深入的研究，不仅可以弥补既有研究的不足，而且可为大学生社会主义政治信仰培育研究找到新的理论依据与思维视域。

一、社会主义信仰的政治性命题

社会主义政治信仰是一个包含社会主义政治理论、政治制度、政治理想、政治观念等政治形态的综合观念，基本标志是社会主义信仰的政治理性、政治安慰。这种社会主义信仰的政治性命题，丰富和发展了社会主义信仰的内涵与外延，为社会主义信仰的形成与发展提供了政治方向、精神动力和智力支持。社会主义信仰的政治性是从社会主义政治的角度关注社会主义信仰，强调社会主义信仰的政治认知、政治行为等政治特性。它以政治科学为根本前提，以政治认同为重要基础，以政治民主为必要条件，以政治理性为理性遵循，以政治理想为发展模式，以政治合法性为政治秩序观，以政治规范为行为指南，以政治终极关怀为理想追求。于是，政治科学、政治认同、政治民主、政治理性、政治理想、政治合法性、政治规范、政治终极关怀都成了社会主义信仰政治性的表现。

众多的政治学家以著书立说的形式表达政治的科学性诉求。例如，"政治学之父"亚里士多德出版了《政治学》《尼科马科斯的伦理学》等，他研究了人性和人的道德问题，提出研究必须立法；约翰·洛克发表了两篇《政府论》，他运用经验主义方法建立了他的政治科学，赋予人道德、政治上的权利和义务；黑格尔则出版了《法哲学》，将思辨哲学、伦理学、社会历史理论运用于政治学领域，构建了《法哲学》体系。19世纪40年代以来，在理论和实践上，马克思主义的政治科学得到不断丰富和完善，恩格斯、列宁、斯大林、毛泽东、邓小平、江泽民、胡锦涛、习近平等为此做出了巨大贡献。事实上，这种趋势在《共产党宣言》中也得到了印证。《共产党宣言》从理论和实践来说，既是科学社会主义在政治上的重要文献，又是共产党的政治纲领，被长期遵守与践行[①]。所以马克思主义政治科学，我们可以称它是实践唯物主义政治科学。以实践唯物主义政治科学为理论视域，政治的科学化是长期以来政治发展的重要诉求和趋势，其科学性主要体现在政治认识、政治方法、政治理论、政治决策、政治研究、政治行为、政治制度等方面。

阿尔蒙德和西德尼·维巴对意大利、墨西哥、德国、美国、英国五个国家公民的政治态度进行比较研究，揭示了这五个国家公民各自不同的政治认识、政治情感、政治追求，被认为是西方学界中首先明确论述政治认同的研究。该研究的重大作用在于启发、推动、促进西方越来越多的学者从不同的视角理解、诠释政治认同，如韦伯的政治认同的合法性基础，夸克的政治认同的合法性条件，哈贝马斯的政治系统合法或被认同，罗尔斯的制度认同和非制度认同等，凡此种种，不胜枚举。国内学者对政治认同的研究，同西方学者论述的角度是相似的，也形成了关于政治认同研究的丰硕成果。李培林等人所著的《社会冲突与阶级意识——当代中国社会矛盾问题研究》中，就有关于政治认同的社会学层面的分析；闵琦的《中国

---

① 张文喜.历史唯物主义视境与"科学的"政治观[J].江西社会科学,2005(7):24-25.

政治文化——民主政治难产的社会心理因素》中，能够看出政治文化领域内的政治认同。政治认同如今已成为一种范式。王惠岩的《当代政治学基本理论》将之界定为对于政治系统、政治观念、政治原则的深度认同①。这种认识范式，把政治信仰描述成一种由政治认知向政治情感转化，再到政治行为倾向形成的过程，整个过程由政治认知、政治情感生成、政治行为产生构成。所谓政治认同性，是指民众对于政治的一种情感或态度，表现为一种政治信念和态度。它以心理和实践为属性，注重的是政治主体的主观价值评价和政治认同客体的行为实践。

所谓政治民主性，是指政治的民主特质。对此，列宁认为，政治民主是一种历史范畴，政治权利为广大人民共同占有，人民真正平等地、普遍地、自觉地参与一切国家事务。科恩在《论民主》中将这种民主特质理解为"民主是一种社会管理体制，在该体制中社会成员大体上能直接或间接地参与或可以参与影响全体成员的决策"②。罗伯特·达尔著的《论民主》则将民主概述为有效的参与、投票的平等、充分的知情、对议程的最终控制、成年人的公民资格③五项标准。以上对政治的民主特质的理解，有同有异。其中，有三个共同点值得关注：其一，突出了政治民主的公平、平等、自由、理性的价值指向；其二，强调了政治民主的公民与政府的双向互动；其三，指出了政治民主的关键因素除了平等参与、平等讨论，还包括共同决策和共同负责。显然，这些表达特别强调政治民主的"八性"特征，即政治民主的正义性、平等性、参与性、互动性、程序性、公开性、法制性和约束性。这八个特征是政治民主存在的内在要求，又是政治民主存在的现实表现，也是社会主义政治民主存在的内在要求与现实表现。比较而言，社会主义政治民主还有特殊的规定，即社会主义政治民主不是极少数人的民主，而是绝大多数人的民主，是真正为人民服务的民主。实质上，社会主义政治民主是社会主义国家制度和国家形式的统一。从广义上来看，它是社会主义国家制度；从狭义上来说，它是社会主义民主政治体制。

① 王惠岩.当代政治学基本理论[M].北京:高等教育出版社,2001:98.
② 科恩.论民主[M].聂崇信,朱秀贤,译.北京:商务印书馆,1988:10.
③ 罗伯特·达尔.论民主[M].李柏光,林猛,译.北京:商务印书馆,1999:43.

德国社会学家马克斯·韦伯最先研究政治合法性问题，指出政治价值分配的权威性与合法性，认为"最普遍的合法性形式是合法的信念，即形式上正确的制定，且以人们习惯的方式制定所含有的默认"①。哈贝马斯也认为"合法性意味着某种政治秩序被认可的价值——这个定义强调了合法性乃是某种可争论的有效性要求，统治秩序的稳定性也依赖于自身（至少）在事实上的被承认"②。国内学者对政治合法性问题也进行了研究，代表性的论述在胡伟的《合法性问题研究：政治学研究的新视角》、马宝成的《政治合法性研究》、虞维华和张洪根的《社会转型时期的合法性研究》等中均有涉及，强调政治统治依据传统或公认的准则才能得到人们的认同和支持。总之，政治合法性是指围绕公共权力而展开的、政府运用公共权力而进行的、执政者在既定范围内有权使用的资源的分配。

美国政治学家戴维·伊斯顿分析了政治系统运行中的社会支持命题——政治共同体、典则和当局的支持与制约③。戴维·伊斯顿对于"政治合法性"的论述，基于政治系统视角，强调政治性内涵中的合理性。学术界对政治合理性进行了深入的探讨，马克斯·韦伯、哈贝马斯等人有较大贡献。马克斯·韦伯在《新教伦理与资本主义精神》《学术与政治》《经济与社会》等多部著作中论述了合理性问题，认为合理性包括目的合理性和价值合理性，强调现代社会诊断的合理性分析工具。哈贝马斯对于合理性的探讨，赞成谨慎的普遍主义，通过对"合理态度"的批判，提出了理论理性的真理性、交往行动的规范性等思想。据此，我们可以更加深入地了解政治合理性的普遍政治内涵。这些学界公认的大师对于政治合理性的讨论为我们把握政治的合理性提供了依据。政治合理性指的是一般性政治行动要以一种普遍适用的道德伦理规范为正当性理由，在实践中秉持一种普世的友善观念行事④。

政治理想性主要涉及政治性理想。柏拉图是较早关注政治性理想的思想家，他通过《理想国》对"道德的理想""政治的理想"进行了揭示，

① 马克斯·韦伯.论经济与社会中的法律[M].张乃根,译.北京:中国大百科全书出版社,1998:10.
② 哈贝马斯.交往与社会进化[M].张博树,译.重庆:重庆出版社,1989:184.
③ 戴维·伊斯顿.政治生活的系统分析[M].王浦劬,等译.北京:华夏出版社,1989:311.
④ 郑敬高,顾豪.政治合理性及其限度[J].中共青岛市委党校,青岛行政学院学报,2010(1):31.

并设计出"一种理想的实现了至善的正义国家"①。从此至今，学者们对政治性理想问题作了多视角研究。卢梭梳理了实现政治性理想的"社会契约"模式，并对"公意"思想作了解说；费希特阐明了他的"理想王国"的政治理想，并强调该理想的"自由"基础；国内吴大英、杨海蛟通过政治信仰的分析，提出政治信仰的理想性问题，指出"政治信仰是指人们对理想的政治制度和过程、政治目标或理想的政治境界所持有的态度、信念或价值观，往往表现为一种系统化的知识体系（政治主观形态）"②。这些研究成果表明，政治理想性蕴含了政治性理想的内涵，其实现需要以下因素：应然的理想社会模式，必然的政治理想样板，实现理想目标的现实运动，一系列保证社会统一、稳定、和谐的制度。

有关政治的终极关怀，既有的文献从多个方面进行研究，分别提出了各自的思想。张岱年将这些思想概括为归依上帝的终极关怀、返归本原的终极关怀、发扬人生之道的终极关怀等三种类型③。三者分别以宗教信仰、世界本原、儒家的伦理道德为基础。后者是中国儒学的终极关怀，与马克思主义的终极关怀及其终极目标具有共通、相通之处，为研究社会主义政治的终极关怀提供了分析工具。而马克思主义的终极关怀则"以现实的人类社会为始点，把共产主义作为人类信仰的价值目标……是一种最终实现了科学理性与科学信仰有机统一的终极关怀"④。因此，马克思主义的终极关怀思想自然而然地成为研究社会主义政治的终极关怀的根本思想与方法。赋予社会主义政治的终极关怀以马克思主义的分析视角，借鉴儒学的终极关怀思想，社会主义政治的终极关怀体现出对社会主义政治行为、社会主义政治制度、社会主义政治文化、社会主义政治价值的终极关怀。

二、社会主义政治信仰培育的理论基础

社会主义信仰政治性命题确立了社会主义政治信仰的八大特质。顺此

① 刘向晖.对西方理想主义政治观的理性思考[J].华北电力大学学报(社会科学版),2002(1):68.
② 杨海蛟,等.政治意识论[M].太原:山西教育出版社,2001:313.
③ 张岱年.中国哲学关于终极关怀的思考[J].社会科学战线,1993(1):95.
④ 李祥永.儒学终极关怀思想与信仰重建[J].中共山西省直机关党校学报,2011(5):34.

而进，以政治合法性、政治合理性、政治理想性、政治认同性、政治终极性关怀、政治科学性、政治思想性、政治民主性为维度来评断社会主义政治信仰，成为目前理解社会主义政治信仰的基本理论范式。这既体现社会主义政治信仰的政治性特质，又显示社会主义政治信仰的不同。由此可以看出其中蕴含的对社会主义政治信仰培育的系列理论揭示。

第一，政治科学理论。政治科学是研究政治现象的科学，该科学注重对现实政治行为的考察，支点理论主要包括行为主义、制度主义、马克思主义等。行为主义理论是从心理学的角度对个体所受刺激和反应及其需求、认知变量进行研究所得出的理论，大致可分为三类，即早期行为主义、新行为主义、新的新行为主义。制度主义有新旧之分，旧制度主义是关于政党、议会、法庭制度等正式制度的理解，新制度主义则是研究包括规则、组织、规范和观念、资本、规制在内的正式和非正式制度的理论。马克思主义理论以辩证唯物主义和历史唯物主义为基础，关注的是物质和意识辩证关系、社会存在和社会意识辩证关系等命题。此外，在长期的发展历程中，政治科学还发展众多理论，如社会正义与权利理论、女权主义政治理论、理性选择主义、民主社会主义、社群主义、市场社会主义、后现代主义等。

第二，政治认同理论。加布里埃尔·A.阿尔蒙德、小G.宾厄姆·鲍威尔的《比较政治学——体系、过程和政策》、L.W.派伊的《政治、人格和国家建设：缅甸寻求认同》、戴维·伊斯顿的《政治生活的系统分析》都体现出社会认同的思想。作为这种研究背景的回应及国内社会主义政治建设的需要，具有本国特点的社会认同理论也逐渐形成、发展。马振清对政治认同的研究较为系统，他的代表作《中国公民政治社会化问题研究》较为深刻地表述了政治认同的概念、作用、内容、效果和障碍；董明研究的"私营企业主阶层的形成发展与我国政治稳定和发展的关系研究"课题，对政治认同的理解予以关注和涉及，强调政治认同包括社会转型期出现的私营企业主阶层的政治认同。其他研究成果有郭正林的《家族的集体主义：乡村社会的政治文化认同》、于建嵘的《中国的政治现实和我的梦想》等。这些研究虽然视角不同、方法各异、各有侧重，但都体现出政治意识、政治心理、政治实践的共同性思想。由此观之，政治认同理论是一种把政治意识、政治心理与政治实践联系起来，研究政治社会化过程中人们的政治态度、政治目标和政治行为的理论[1]。

第三，民主政治理论。分析政治的民主性有多种理论，遵从政治民主研究传统，可从民主政治理论入手。民主政治理论是民主政治研究中所体现的政治民主思想、观念等的系统化论述，也是讨论政治的民主性必不可少的理论。而社会主义民主政治理论反映了社会主义政治的民主性研究成果，集中体现了社会主义民主政治建设的思想，国内学者对这一理论进行了深入研究。有学者认为"社会主义民主政治理论具有鲜明的中国历史特色，与中国的古代、近代、现代和当代历史有密切的联系"[2]。也有学者认为社会主义民主政治理论是社会主义核心政治价值观，对谋求政治生活的民主化、稳态化影响深刻。学者们从不同视角研究了社会主义民主政治，虽然对其讨论有所差异，但都认为它既体现社会主义国家国体，又体现国家形式，有着社会主义特色；社会主义民主政治以马克思主义民主理论为依据，基于社会主义建设、发展实践，通过系统地论述社会主义民主的理论问题，集中体现社会主义政治文明。社会主义民主政治是随着社会主义国家的出现而出现的，是建立在社会主义经济基础之上，为社会主义国家及其人民利益服务的。

第四，政治合法性理论。政治合法性理论的形成，来自马克斯·韦伯等对政治合法性的研究。该理论历经诸多思想家、理论家的演绎，主要由两大理论组成，一是经验主义合法性理论，二是规范主义合法性理论。哈贝马斯认为这两种理论都有局限性，他强调应将两者结合起来以符合价值规范的要求。同时，他还从世俗化的价值观、理性的法则、抽象权利的观念、主权思想和民族意识五个方面详尽阐释了现代国家的合法性，指出"合法性意味着某种政治秩序被认可的价值"[3]。与之相应，很多思想家、理论家，如法国的让－马克·夸克等认识到"合法性这一观念首先并且特

---

[1] 孔德永.当代中国社会政治认同问题研究刍议[J].中国石油大学学报(社会科学版),2007,23(2):39-44.

[2] 杨仁厚.中国社会主义民主政治理论的历史特色探讨[J].贵州社会科学,2009(9):66.

[3] 哈贝马斯.交往与社会进化[M].张博树,译.重庆:重庆出版社,1989:184.

别地涉及统治权利。合法性即是对统治权利的承认"①。国内有学者受此影响，对政治合法性做了具体研究，把政治合法性划分为合利益性、合道德性、合法律性三个方面，从横向和纵向两个角度可以测定政治合法性的基础。横向主要考察合利益性、合道德性和合法律性；纵向则考察这三个方面在不同时期的特征。

第五，政治合理性理论。政治合理性理论起源于合理性问题研究，20世纪马克斯·韦伯的《新教伦理与资本主义精神》、哈贝马斯的《交往与社会进化》等著作，体现了鲜明的合理性视角、合理性意识和合理性诉求，奠定了政治合理性理论的基本向度。学术界对政治合理性的研究大体上体现出两种范式，一种是应然思辨的范式，另一种是实然历史的范式。如周少来的《政治合理性研究的两种范式比较》指出，"政治合理性问题的研究有两种基本的范式，一是应然思辨的范式：即从'正义'、'自由'等普遍应然价值出发，在一般普适的意义上思辨逻辑地推演为什么需要政治和国家的问题，这以柏拉图和洛克为代表；二是实然历史的范式：即依据人类社会的政治发展历史，揭示人类历史上政治和国家出现的条件和规律，这以马克思主义政治学说为代表"②。显然，政治合理性研究是一种跨学科的研究，它吸收了哲学、政治学、社会学、历史学等学科的有益成果，但又区别于这些学科研究的问题。政治合理性理论关注的是对政治和国家产生的历史合理性的认识，对政治和国家未来与发展的实践合理性的领会，并综合运用哲学、政治学、社会学、历史学等学科开展多学科研究。

第六，理想政治模式理论。理想政治模式理论是研究国家制度、政治制度以及政治运作方式的一种理论。政治理想主义、政治理性主义、政治和平主义、民主政治理论、自由民主理论等，都是狭义的理想政治模式类型。这几种类型既有存在的合理性，也有其不可忽视的局限性，由于狭义的理想政治模式受到反省与质疑，所以又出现了许多不同的政治理想并存互动的理想政治模式，如柏拉图、亚里士多德、康德、费希特、黑格尔等人的政治理想。纵观各种理想政治模式，最具影响力、最成熟、对后世影

① 让-马克·夸克.合法性与政治[M].佟心平,王远飞,译.北京:中央编译出版社,2002:12.
② 周少来.政治合理性研究的两种范式比较[J].探索,2005(1):52.

响最大的是马克思政治理想。鉴于此，马克思政治理想成为构成社会主义理想政治模式的关键范畴。其主要内容可归纳为两大关联的板块：一个是实现共产主义、解放全人类的远大理想，另一个是社会成员充分自由发展的直接目标。这种理想政治模式是一种理论化的政治理想，是政治理想的一种系统化、哲理化、价值化的呈现方式[①]。

第七，终极关怀理论。所谓终极关怀理论，是指讨论以终极关怀为主题的思想体系。20世纪，德裔美国哲学家、神学家保罗·蒂里希提出"终极关怀"这一概念后，有关"终极关怀"的讨论兴起，且形成了多种思想体系。与上文提到的三种终极关怀相比，马克思主义的终极关怀是对终极关怀的终极存在、终极解释和终极价值的研究，注重终极关怀是马克思主义的一个突出特点。在其思想中，以上三者之间的关系"并不是此消彼长、依次更迭的，而是互为前提、始终并存的"[②]。马克思主义的终极关怀思想总体上是现实性的，突出地表现在其撰写的论著对"现实关怀"的经典表达。马克思的《1844年经济学哲学手稿》《共产党宣言》等论著中就有对"总体的人""全面、自由发展的人""自由个性"等的深刻表述。因此，马克思主义的终极关怀思想表现了理想、现实的终极关怀，构成了完整的政治终极关怀思想体系。

三、大学生社会主义政治信仰培育的多维视角

大学生社会主义政治信仰培育，需要整体性、系统性的理论视角，需要在社会主义政治信仰培育的支撑理论体系中达成。简言之，社会主义政治信仰培育的理论基础中蕴涵着该信仰培育的思维特质。因此，大学生社会主义政治信仰的思维视角应以政治科学理论、政治认同理论、民主政治理论、政治合法性理论、政治合理性理论、理想政治模式理论、终极关怀理论为视角，并在此基础上充分、全面地整合，基于不同视角得出不同结论。

---

① 张分田.统治思想视野的中国传统理想政治模式理论[J].天津师范大学学报(社会科学版),2010(2):1.

② 孙正聿.终极存在、终极解释和终极价值——作为终极关怀的本体论[J].社会科学战线,1991(4):7.

第一，政治科学理论的视角。即采用行为主义、制度主义、马克思主义等政治科学理论的视角来培育社会主义政治信仰。在这些理论视域中，社会主义政治信仰通常会以行为主义、制度主义、马克思主义等理论为客体。对这些客体加以考察，我们可以发现政治科学理论在社会主义政治信仰培育上的一些运用。以行为主义为例，以行为主义为客体的社会主义政治信仰通常是以社会主义政治行为为出发点和分析的基本单元的信仰，这种信仰很少关注政治制度，即使关注法律、制度，也只针对社会而不针对信仰者自身，对信仰者而言，信仰的当然是行为主义。从这一角度出发，社会主义政治信仰要凸显主体的政治行为和行为互动，体现其共同追求的政治理论目标，能满足他们的共同政治诉求或公平公正公开处理他们之间的政治利益分配。

第二，政治认同理论的视角。这一理论对政治认同做了严密的论证。该理论认为，政治认同是政治信仰的基础，其背后一定存在着认同者对政治认同的感觉和感情，认同者这种感觉和感情是在参与政治劳动分工的过程中形成的，它寄托着认同者的精神对认同政治的最高关注。对此，张荣明对其下了定义："所谓政治信仰，是对既定的政治形态的价值认同，是对政治的终极关怀。它反映了一种政治理性，也反映了一种政治安慰。"[1]故而政治信仰的实践表现在于既定的政治形态与特有的心理基础之间持续的呼应，当既定的政治形态被社会成员认同、接受、推崇的时候，政治信仰就会形成、发展。这种实践表现的背后是权力动作的政治化与社会成员的社会化的互动。因此，在政治认同理论视阈下，大学生社会主义政治信仰培育除了关注社会主义国家既定的政治形态和既定的政治形态的心理基础、大学生接受既定的政治形态的特定形式外，还必须关注国家权力动作的政治化与大学生社会化的互动过程。

第三，民主政治理论的视角。民主政治理论是政治民主研究的理论成果，也是政治信仰培育的一种理论指向。在一定程度上，政治民主和政治信仰理论都是讨论民主政治理论和实践问题而进行理论研究的成果。前者厘清了民主与政治的关系，后者构建了以此为基础的信仰范式。可以说，

---

[1] 张荣明.权利的谎言——中国传统的政治宗教[M].台北:星定石文化,2001:2.

社会主义国家建设、发展所孕育的社会主义民主政治理论，早已成为社会成员确立社会主义民主思想、民主观念的逻辑起点。正是在这个意义上，社会主义政治信仰就是社会成员对社会主义民主政治的意识，社会主义民主思想、民主观念就是社会主义政治信仰支配下的正确行为。就大学生社会主义政治信仰培育而言，大学生社会主义政治信仰培育对于社会主义民主政治，必须作出符合社会主义民主政治发展规律的注解，让大学生对社会主义民主政治的发展方向、价值理想、终极关怀深信不疑。同时需要做好以下五方面分析：一是社会主义民主政治影响下的社会主义政治信仰因素分析；二是社会主义民主政治功能下的社会主义政治信仰价值分析；三是社会主义民主政治导向下的社会主义政治信仰前景分析；四是社会主义民主政治作用下的社会主义政治信仰认知分析；五是社会主义民主政治能量下的社会主义政治信仰情感分析。

第四，政治合法性理论的视角。依据该理论看，政府的终极权威与公众的政治义务关系密切，在政府实行合法统治的背景下，促使公众同意、支持政府的政治统治；在公众履行政治义务的背景下，公众同意、支持提高了政府统治系统的合法化程度。正如利普塞特所说，任何政治系统，若具有能形成并维护一种使其成员确信现行政治制度对于该社会最为适当的信念，即具有政治的合法性。从这一理念视角看，在政府层面，政治信仰的形成、发展需要政府通过合法性政治统治来保证社会民众对政府政治统治的依附性情感；在社会公众层面，则通过对政治共同体的归属和认同对现行政治秩序进行维护，将社会公众的政治认知、政治情感逐步向政治意志、政治信仰转变。因此，社会主义政治合法性信仰将是大学生社会主义政治信仰培育的重要方面，大学生社会主义政治信仰通过政治合法运行来强化，政治合法运行的重点在于：执行被大学生认同的政治制度；建立被大学生认可的统治秩序；遵循被大学生遵从的政治规范；履行被大学生接受的政治义务；坚守被大学生推崇的政治信念。

第五，政治合理性理论的视角。政治合理性理论表明了如下一些看法：一是政治目标的合理性，即通过正确的目标设计，确立起目标明确、理想远大、可以预期、体现终极关怀的政治目标，并促使其成为社会理想；二是政治行为的正当性，即通过有效的教育、管理、服务、传播，使道德伦理得以普及并使其成为社会成员的行为规范；三是政治理论的真理性，即在核心价值观的支配下，以科学理论作为政治文化、政治制度等的依据，将之确定为特定的意识形态。可以看到，政治合理性理论讨论了诸如政治目标、政治行为、政治过程、政治理论等多个方面的合理性问题，但核心问题是政治的合理化进程及程度。由此看来，大学生社会主义政治信仰反映的是由于政治信仰的发展对道德伦理、社会理想、特定的理论等提出的必然要求，具体地说，是对所希望实现的社会政治理想的信仰，是对构成信仰理论基础的基本理论的信仰，是对大学生遵从的道德伦理规范的信仰。

第六，理想政治模式理论的视角。前文对理想政治的几种范式做了大致梳理，获得社会主义政治理想以马克思主义政治理想为归依的认识。马克思主义政治理想是马克思主义理论体系的重要组成部分，该政治理想以解放全人类、实现共产主义、社会个体自由充分发展为社会发展的终极目标。正如马克思所说："代替那存在着阶级和阶级对立的资产阶级旧社会的，将是这样一个联合体，在那里，每个人的自由发展是一切人的自由发展的条件。"[①]将该思想应用于大学生社会主义政治信仰培育，无论是将思想视为方法直接引用，还是转化为实践，皆涉及以下研究思维：一是相对于其他信仰培育来说，社会主义政治信仰培育具有足够的政治资源，坚守马克思主义政治理想，更有助于大学生社会主义政治信仰的培育；二是大学生社会主义政治信仰以共产主义信仰为主，而共产主义信仰是有深刻内涵和具体形态的；三是共产主义信仰与社会主义信仰、共产党领导紧密联系，相互交融，大学生只有树立牢固的社会主义信念，长期坚持共产党的领导，才能坚定社会主义信仰。进行共产主义信仰培育，必须执着铸就社会主义信念，坚定共产党人自信。

第七，终极关怀理论的视角。终极关怀理论存在着相应的社会政治关切，其中，政治终极关怀思想导向及其政治立场，必然会深刻影响人们的政治认知、政治情感和政治选择。基于不同的政治立场和价值取向，可以

[①] 马克思恩格斯选集(第四卷)[M].北京:人民出版社,2012:647.

划清相应的政治终极关怀思想。通过对以上思想的分析，能够看到马克思主义终极关怀思想的政治性、完整性和科学性。社会主义政治信仰研究无疑蕴含着马克思主义终极关怀的思想范式。以马克思主义终极关怀的思想范式为坐标所揭示的社会主义政治信仰研究特征，同时也是提示社会主义政治信仰研究必须以马克思主义终极关怀思想为资源。从马克思主义终极关怀思想体系出发，我们可以在大学生社会主义政治信仰培育中实现培育的四大目标。一是把大学生社会主义政治信仰置于马克思主义终极关怀的视野内，对大学生社会主义政治信仰培育进行社会主义政治终极关怀信仰培育。二是政治终极关怀仍是一个有待认识的信仰客体，大学生社会主义政治信仰培育将对这种客观信仰进行"客观"呈现。三是研究大学生社会主义政治信仰中的政治系列问题，将这些问题在终极关怀视野下予以转换、矫正、化解，并提供问题的分析工具。四是大学生社会主义政治终极关怀具有时代特色，富有时代内涵，大学生社会主义政治信仰培育将通过应用发展的马克思主义终极关怀思想，实现培育的与时俱进。

第二节　大学生社会主义法律信仰培育的思维方式

社会主义法律信仰培育引起学术界关注，越来越多的人主持或参与相关课题研究，从而极大推进了社会主义信仰的培育研究，也大大拓宽了社会主义信仰的内涵与外延，从而使社会主义法律信仰成为社会主义信仰的构成。

毋庸置疑的是，大学生社会主义法律信仰培育研究迄今未能尽善。悉心研究既有成果就会发现，大学生社会主义法律信仰培育研究的理论依据在既有研究中都没有厘清。正是在这个意义上，厘清大学生社会主义法律信仰培育依据的系列理论，是必要的。

一、社会主义信仰的法律性命题

社会主义信仰的法律性命题，指的是社会主义法律信仰法律性各种要求及其转化的实践过程。而社会主义法律信仰法律性各种要求及其转化的实践过程，就是发现社会主义信仰的法律性根据的证明。因此，社会主义信仰的法律性命题必须正视、梳理、回答社会主义信仰法律性各种要求及其转化的实践过程。有关研究虽然观点不尽相同，也不可能每一个结论都与社会主义信仰法律性各种要求一一对应，但无一例外，社会主义法律信仰始终是研究的主题。梳理这些研究成果，我们可以看出，法律的权威性、正义性、效益性、强制性、合法性、行为性、推理性、论证性等已成为相关研究的关键词、高频词。社会主义信仰的法律性要求，显然存在至少八种既相互联系又互相区别的属性，即法律的权威性、正义性、效益性、强制性、合法性、行为性、推理性和论证性。

关于法律的权威性，并没有统一的说法，但长期以来始终是学界关注的话题。学者们就"法律的权威性"的意义发表了不同的看法，如沃克在《牛津法律大辞典》中提出了法律权威的依据，认为"一种法律制度或体系以及其中的每项原则或规则……该原则和规范本身显示出了它们是有权威性的原则和规范，我们就可称它们是有权威的"[①]。孙笑侠则从法律的内在、外在权威的角度进行了意义界定，强调法律外在权威的国家性、责任性和强制性，内在权威的习惯性、利导性和程序性。所谓"法律的权威性"是指国家制定和认可，由强制力保证实施，被人们广泛信服和认同，表现出至上性和最高权威性，是基于人们发自内心地服从法律、爱护法律、捍卫法律所确立的法律至上的地位，即使是权力也由法律支配。

哈罗德·J.伯尔曼则重点从法律的神圣性方面探讨了法律的正义性，指出"法律要促成对其自身神圣性的信仰，它以各种方式要求人们服从，不但诉诸他们的物质的、客观的、有限的和合理的利益，而且还向他们对

---

① 戴维·M.沃克.牛津法律大辞典[M].北京社会与科技发展研究所,译.北京:光明日报出版社,1988:73.

超越社会功利的真理、正义的信仰呼唤"①。法律的正义性观点历来受到关注，罗马法学家们也因此被人称道。罗马法学家最先研究法律，首次指出法是"善良和公正的艺术""最高的理性"，第一次把法律与公平、正义等量齐观②。总之，法律的正义性具有公平、正义的属性，体现秩序、自由等特性。对于法律信仰而言，法律的正义性是法律得到信仰的必备要素。

有关法律的效益性研究，一直受到研究者的关注。在我国有关法律效益性的研究，主要是围绕法律收益与法律成本之比展开的。例如，杨海坤、章志远将法律效益性概括为"法律收益——法律成本"。在《非诉讼纠纷解决机制研究》一书中，范愉把法律收益界定为"通过法律对权利、义务和责任的确认、分配、救济，促进实现社会资源的最佳配置，满足法律主体的最大需要和利益"③。此外，还有不少学者对法律的效益性都有研究。有的学者提出了法律的"外部效益"和"内部效益"概念，同时将法律的外部效益分为法律的经济效益、政治效益、社会效益、生态效益等，内部效益分为立法效益、执法效益、司法效益、守法效益等。所谓法律的效益性，主要指法律资源的配置与利用及其收益的过程。

法律的强制性特征最早来源于法国人博丹的论述。博丹认为，主权作为统治国民的绝对权力，不受任何限制和法律约束④；法律是主权者意见的体现，是对公民的命令⑤。之后，很多学者沿着法律强制性这一思路对法律展开研究，并提出各自具有代表性的学说，如霍布斯的"命令说"、奥斯丁的"强制论"等。但迄今为止，学术界对法律的强制性仍是仁者见仁，智者见智。一般认为，法律的强制性一方面强调法律的命令性，即"国家的理性和命令"。这种命令是"主权者的命令，主权者的意志"，是对原先有义务服从的人发布的命令；至于国法则只是加上了发布命令的人

---

① 哈罗德·J.伯尔曼.法律与宗教[M].梁治平，译.北京:生活·读书·新知三联书店,1991:78.
② 刘建军,等.信仰的呼唤——社会主义市场经济条件下的信仰问题研究[M].北京:人民出版社,2011:132.
③ 范愉.非诉讼纠纷解决机制研究[M].北京:中国人民大学出版,2000:405.
④ K.A.莫基切夫.政治学说史(上)[M].中国社会科学院法学研究所编译室，译.北京:中国社会科学出版社,1979:152.
⑤ 王哲.西方政治法律学说史[M].北京:北京大学出版社,1988:103.

的名称[①]。另一方面强调法律的工具性，即法律的强制性有助于法律运行，使法律成为人们的行为规则和共同的生活准则，维辛斯基将之表述为："法是为国家政权批准的、并由国家政权以强制方式加以保证的行为规则或规范。"[②]

研究法律的信仰，必然涉及合法性问题。关于法律的合法性，学者们在研究中形成了三种法学流派：一是以奥斯丁为代表的法律实证主义；二是以康德、黑格尔为代表的哲理法学；三是以胡果、萨维尼为代表的历史法学。由此可见，对于法律的合法性，学术界一直没有一致的看法。其中哈贝马斯的《在事实与规范之间》对法律合法性的研究已受到学界更多的关注，如卢曼、伯恩斯坦、米歇尔·曼等都对哈贝马斯所作的研究进行了深入的探讨。综合既有研究得出的结论，我们会发现：第一，所谓"法律的合法性"，自然不等于政治的合法性，法律合法性以政治合法性为前提，而政治合法性则以法律合法性为限度；第二，"法律的合法性"也不能等于法律的合理性；第三，所谓的"法律的合法性"，是指作为法律的合理性的目标、政治合法性的限度而言的；第四，"法律的合法性"并不排斥法律行为的合法性。法律的合法性也体现在法律行为中。我国的法律合法性理论强调，符合法律规定的法律行为才是合法行为。

法律的行为性解读模式将自由追求法效果的行为或"设定权利和义务的行为"视为法律行为。法律行为概念的提出最早在1748年，德国启蒙时期法学家奈特尔布来德将之定义为"设定权利和义务的行为"。对于法律行为，很多学者从不同的视角提出了看法，例如，胡果在1805年提出了"设权行为"；海瑟在1807年从设权的意思表示行为角度提出了法律行为的"意思表示"属性；阿加尔柯夫从法律的角度，视法律行为为"合法行为"；布拉图西则从规范的角度认为法律是一种"规范"，用之可规范正面与反面行为。基于对法律的行为性的论述，我们可以看出法律的行为性有意思表示、设权行为、合法行为、规范行为等四个构成要素。

法律推理的概念据张保生断定萌芽于公元1—2世纪的初期，形成于公

① 霍布斯.利维坦[M].黎思复,黎廷弼,译.北京:商务印书馆,1996:198.
② 周永坤.论法律的强制性与正当性[J].法学,1998(7):19.

元11—12世纪的中世纪①。法律推理的形成与发展，也引发学者对法律推理的研究热潮。法律推理作为论题已受到法律理论和法律哲学的广泛关注，被认为是最具有活力的论题之一。学界对此研究也从未间断，不仅推出数不胜数的论著、译著，而且做出了说明和评价。沈宗灵认为"法律推理在法律适用过程中就是一个从已查证属实的事实和已确定适用的法律规定出发推论出判决或裁定的过程"②。张保生认为，法律推理是特定主体在法律实践中，从已知的前提材料合乎逻辑的推想和论证新法律结论的思维活动。从中可以看出，法律推理的法律属性和法律属性的推理特征，即立法、执法、守法、司法、法律实施、法律监督、法律援助、法律教育中的法律，通过特定主体如法官、律师、陪审团等的思维活动，其属性呈现推理特征，拥有立法推理、执法推理、司法推理、大众法律推理等推理形式。

在各种理性的实践活动中比较，法律和法律决定有这样一个特点，它的逻辑层次和理性的讨论程序决定了它是一种对正当理由、合法行为的论证。有关立法意见、法律表述、法律学说、法律陈述的正确性和正当性都需要通过一定的根据和理由来证明，这是法律实践活动不同于其他实践活动的特点。法律活动主体和主体的法律交往活动有不同的法律主张和法律行为，不言而喻，对法律活动主体的法律主张和法律行为其合理性、合法性需要通过法律论证去分析、解释，才有可能更准确地说明和研判。法律论证成为我国学界讨论的热点问题无疑有其必然性。有的学者把法律论证概括为"有益于法律的论证"和"法律适用论证"；有的学者将法律论证理解为"法律适用中的论证"；也有的学者把法律论证解释为关于法律规范的论证、关于案件事实的论证和将法律规范与案件事实结合起来得出裁判结论的论证。由于这些意见不一致，所以引起国内关注法律论证的人们发表论文、出版论著，进行广泛的讨论。

---

① 张保生.法律推理活动和学说的历史考察[J].烟台大学学报(哲学社会科学版),1999(2):20-28.
② 沈宗灵.法律推理与法律适用[J].法学,1988(5):1.

二、社会主义法律信仰培育的理论基础

社会主义信仰的法律性命题揭示了社会主义法律信仰客体的八大特质，包括法律的权威性、正义性、效益性、强制性、合法性、行为性、推理性和论证性。这八大特质不会因为社会主义法律信仰的发展而改变，而会在这个信仰的不同发展阶段中持续存在直至固化。正因为如此，社会主义法律信仰的不同特质被研究后形成的理论是不同而又相互联系的。由此，我们可以得到社会主义信仰培育依据的理论。

第一，法律权威理论。法律权威理论来源于拉兹的"优先性命题"、菲尼斯的"感激互惠说"、马克斯·韦伯的"传统权威、感召权威和法理权威"、哈特的"行为人主观认同"、韦基奥的"暴力威胁理论"。这些学说指出了法律权威源于"两种力量"：一是法律权威的内在力量，突出表现为法律的公信力、凝聚力和威慑力；二是法律权威的外在力量，主要表现为国家强制力、习惯作用力、社会控制力。法律权威的"场域"，即是这两种力量内外作用的结果，包括四个方面：一是法律至重。应依法治国，如此可促进社会文明进步，可保证国家长治久安。二是法律至上。在这个意义上，法律是国家之根本，其中国家权力机关制定、政权保证尤为重要。三是法律至威。这其中的真谛在于确认和保护公民的平等地位，限制和取消那些超越法律之上、之外的特权。四是法律至信。正如邓小平所言"必要的法律设施，加上全党的思想政治工作、报刊宣传和学校教育的配合，就可以形成全党全军全民的共同行动准则"[①]。

第二，马克思、恩格斯的法正义观。马克思、恩格斯的法正义观是辩证的"正义与法观"。这个思想形成于两个角度，一是法哲学的角度，二是部门法学的角度。法哲学的角度就是正义与法在哲学层面的特征，表现为正义与法的对立与统一。部门法学的角度是正义与法在部门法中的特征，表现为正义与法的特殊性、针对性。两者均可以反映马克思、恩格斯的法正义思想。马克思、恩格斯关于法哲学角度的正义与法关系的经典表述出现在他们论著中，如恩格斯的《论住宅问题》等。马克思、恩格斯关

---

① 邓小平文选(第二卷)[M].北京:人民出版社,1994:371.

于正义与部门法学角度的经典表述对应刑法学、民法学等部门法则，并各有侧重。马克思、恩格斯对正义与法关系的系列表述，如"衡量什么算自然法和什么不是自然法的尺度，则是法本身的最抽象的表现，即公平"①等，确实非常清楚地揭示了正义与法的关系，用之可以分析正义与法的对立统一关系，也可以分析不同部门法领域正义与法的一般与特殊关系。

第三，法律效益理论。法律效益理论中的法律效率、法律效果、法律成本、法律收益是法律效益不可分割的四个方面。法律效益理论的内容也因此非常丰富。其中既反映了立法者制定法律的主观愿望与法律实施后的客观结果之间的比值，也反映了人们运用法律手段追求社会正义、秩序、自由以及促进社会良性运行和变迁所产生的社会效应；既体现了法律成本与法律收益的关系，更体现了法律效益评价的方法。全面认识和把握法律效益理论，应当立足于以下四个维度：一是法律效率的维度。法律效率的高低与法律效益的高低成正比。二是法律效果的维度。法律活动所产生的社会效应，即对既有社会行为和社会关系的维护、调整与改进，构成了法律效益的社会效益。三是法律成本的维度。法律成本是衡量法律效益非常重要的指标。四是法律收益的维度。通过法律成本与法律收益的比较，可以得出法律效益的评价。

第四，法律国家强制性理论。长期以来国内外对法律内在特征的讨论有增无减，部分讨论集中于法律的国家强制性。西方法律国家强制性理论始于博丹，经过霍布斯、奥斯丁发展，到19世纪末20世纪初达到完善。我国法律国家强制性理论来源于西方，受到维辛斯基等学者法学理论的影响，强调法律是革命的工具、实现政治目的手段，体现统治阶级意志，具有阶级性和国家强制性。法律国家强制性理论以"法律是主权者的命令"为核心主张，以"法律由国家强制力保证实施"为法律的基本特征，其核心是国家强制力。理解这一理论还需要我们重视学术界对法律国家强制性与日俱增的质疑与争论，这种质疑与争论试图重新定位法律的国家强制性，其中不少提法值得我们关注，例如，要将"法律由国家强制力保证实施"与"法律具有国家强制性"相互区别；法律国家强制性不是法律的一

---

① 马克思恩格斯选集(第三卷)［M].北京:人民出版社,1995:211.

个本质属性，而是法律的一个重要特征；国家强制力是法律实施极为重要的工具，但不是法律实施唯一的手段等。

第五，法律合法性理论。法律的合法性理论正式成型于近代，并在19世纪得到空前发展。其中20世纪70年代卢曼与哈贝马斯长达数十年之久的争论最受学界瞩目。卢曼和哈贝马斯是当代德国两位著名的社会理论家，他们对法律合法性问题的争论，揭示了法律合法性的多重意义。对此，学者们主要有四个方面的理解：一是法律的"自我合法化"。持这种观点的学者杜健荣认为"立法并不是无中生有的创造，而毋宁是一种通过程序的选择"[1]。二是通过商谈的合法性。有学者认为所有旨在满足每个参与者利益的规范，对其普遍遵循所产生的结果与副作用，均能为所有受影响的相关不经强制而加以接受。三是从合法性到有效性。持这一观点的学者认为有效性的概念更适合于处理系统的复杂性和它所获得的实际决定之间的差异。四是重塑法律的合法性。即程序主义法律范式的重新建构，其"集中于认识论和方法论问题，试图从认识论和方法论角度为社会批判理论奠定基础"[2]。

第六，法律行为理论。法律行为理论最终被以立法的形式确定是德国于1896年制定的《德国民法典》。该法典通过对法律行为能力、法律行为有效成立的条件、法律行为的解释规则、处分行为与负担行为等的表达与规定，构建并建立了法律行为理论体系。学者们为此提供了理论依据与分析工具。维尔纳·弗卢梅从制度角度对法律行为进行研究，所著的《法律行为论》称：所有专题论述都围绕私法自治这一主题展开，以期澄清私法自治的独特价值。唐纳德·布莱克从法律的量与法律的样式角度对法律行为进行研究，所著《法律的动作行为》将法律置于社会结构中进行分析，社会生活被分为分层、形态、文化、组织性、社会控制等五个方面，这五个方面作为一组普遍变量，凭借特有的衡量指标，可以预测等级性分配。卡尔·拉伦茨根据不同标准对法律行为进行研究，所著《法学方法论》深刻揭示了法律行为的各种形态，提出并建立了法律行为的分类理论。

---

[1] 杜健荣.法律合法性理论的现代走向——以卢曼/哈贝马斯之争为线索[J].云南大学学报(法学版),2012,25(5):82.
[2] 艾四林.哈贝马斯思想评析[J].清华大学学报(哲学社会科学版),2001,16(3):6.

　　第七，法律推理理论。学界存在着多种法律推理理论，如果我们以法律理论学派角度加以概括的话，可分为形式主义的法律推理理论、现实主义法学的法律推理理论、新实用主义法学的法律推理理论和新分析法学的法律推理理论四种。形式主义的法律推理理论是第一个制度形态的法律推理理论，其以英国奥斯丁开创的分析法学为代表，这种理论强调法律推理的基础、标准和方法。现实主义法学的法律推理理论以美国的弗兰克、霍姆斯为代表，视"法律的生命并不在于逻辑而在于经验"，而经验是有如下具体内容的："可感知的时代必要性，盛行的道德理论和政治理论、公共政策的直觉知识（无论是公开宣称的还是无意识的），甚至法官及其同胞所共有的偏见等等。"[①]新实用主义法学的法律推理理论的代表人物是佩雷尔曼、波斯纳，认为法律推理实为法律内容的实质性推理，这种推理主要是实践推理，或为"实践理性"的法律推理。新分析法学的法律推理理论存在明显缺陷，因此倍受批评，但提出并运用于实践的实证分析方法却得到了学界广泛的关注。这一理论的代表人物有哈特、拉兹、麦考密克等。

　　第八，法律论证理论。法律论证理论是法学研究的一个领域。该领域研究的理论基础可以分为三个层面：一是解释层面的法律论证理论，二是哲学层面的法律论证理论，三是逻辑语言层面的法律论证理论。解释层面的法律论证理论是从解释学角度对法律论证问题进行研究所得出的理论，是关于自然科学方法的运用、法律规范的阐明、世俗法律的诠释。哲学层面的法律论证理论基础是康德的"实践理性"与"实践理性"的再发现，即法律制度、法律规范、法律道德、法律推理等作为问题的存在是可以通过法律辩论、法的推论、法律议论等方式，被客观、真实、公正地表达、描述、探讨、决定的。逻辑语言层面的法律论证理论则是以逻辑语言分析为基础对法律论证问题进行研究产生的理论，这一理论早期偏重政法、道德和法律论辩，后来依赖于法律论证的品质和法律论证的结构[②]。此外，法律论证理论在近一个世纪的发展历程中，还从法学的理论的角度发展出众多理论，如麦考密克的裁判确证论、阿列克西的法律论证理论、阿尔尼

① 小奥利弗·温德尔·霍姆斯.普通法[M].冉昊,姚中秋,译.北京:中国政法大学出版社,2006:43.
② 焦宝乾.法律论证理论的兴起及其思想背景[J].河南省政治管理干部学院学报,2004(8):42-45,54.

奥的法律解释确证论、佩策尼克的法律转化理论等。

三、大学生社会主义法律信仰培育的多维视角

在社会主义法律信仰的发展过程中，我们可以清楚地看到法律信仰理论基础的多种理论模式，此种模式的构成就是前文所说的各种理论。综合这些理论而成的多种理论模式，对于社会主义法律信仰的解释力会更强，因为这些理论都是社会主义法律信仰存在的依据，分别作用于社会主义法律信仰的形成与发展。而且这些理论中任何一种对于社会主义法律信仰的解释往往是不到位的，社会主义法律信仰的形成与发展需要这些理论的综合运用。从中可以看出，对这些理论视野里的社会主义法律信仰进行深入、综合的理论阐述，是大学生社会主义法律信仰研究的重要内容，也是大学生社会主义法律信仰培育的思维方式。

第一，法律权威理论的视角。这种视角认为，社会主义法律信仰与社会主义法律权威因素密切相关，这使得社会主义社会形成相对稳定、具有特色的法律信仰。社会主义法律权威因素，是社会主义法律信仰得以长期、持久存在的关键要素，具体表现为社会主义国家制定和认可、社会主义国家强制力保证实施、被社会主义社会主体广泛信服和认同。整体来说，这三个表现密不可分，相互影响，缺一不可，共同构成了社会主义法律信仰主体与社会主义法律信仰客体良好互动的基础与内容。就大学生而言，则共同构成了大学生与社会主义法律信仰良好的互动与内容：其一，社会主义国家制定和认可，反映出社会主义法律的合法性权威，它使得大学生社会主义法律信仰成为必需并不断发展；其二，社会主义国家强制力保证实施，体现出社会主义法律的现实性权威，它使得大学生信仰社会主义法律成为必然并且从中受益；其三，被大学生广泛信服和认同，突显出大学生对于社会主义法律的信任与遵从。对于社会主义法律信仰的情感认同从根本上源于大学生对社会主义法律的信服与认同。

第二，马克思、恩格斯的法正义观的视角。在大学生社会主义法律信仰研究和培育中，马克思、恩格斯的法正义观及其思维方式一直起到了重要作用。马克思、恩格斯关于正义与法关系问题的思考，也成为大学生社

会主义法律信仰研究与培育的一个主题。值得注意的是，马克思、恩格斯关于正义与法关系的思考引出了一种思维取向：法哲学与部门法两个层面两种视角的正义与法"关系说"。按照马克思、恩格斯的法与正义关系思维，社会主义法律信仰培育既要采取法正义的法哲学和部门法视角的"关系说"，又要把这种关系提升到"实践说"或把这种实践提升到"关系说"高度。这种"关系—实践说"或"实践—关系说"是社会主义信仰培育的一种理论形态，从内容上看，它代表着大学生社会主义法律信仰培育的一种思维方式，即从理论思维转向理论与实践结合思维，体现着大学生与社会主义法律信仰的统一；同时又意味着社会主义法律信仰培育要坚实社会主义法律信仰导向价值的正义性原则。

　　第三，法律效益理论的视角。即从法律效益的角度来看待大学生社会主义法律信仰，对于大学生社会主义法律信仰的培育，注重法律效益对法律信仰意的论证。从大学生社会主义法律信仰的发展来看，在现实的层面上来说，大学生社会主义法律信仰确实存在很多影响因素。社会主义法律效益当然是其中极为重要的因素，在这样一种背景下，学术界、理论界更关注的是社会主义法律效益理论在这个坐标体系中的功能与价值。这种理论对于大学生社会主义法律信仰的非常意义在于，通过社会主义法律的"内部效益"和"外部效益"探索大学生社会主义法律信仰的根源，以此彰显大学生对社会主义法律信仰的最大需求和利益、社会主义法律信仰对法律资源的最大配置与利用。循着这个思路可以判断，社会主义法律效益理论具有丰富的内涵和特有的视野，并且在社会主义法律的利用和收益中推动大学生社会主义法律信仰的形成与发展。由此，学术界关于"法律必须被信仰，否则它将形同虚设"[①]"法律之为主体的信仰对象，必须反映主体的情感寄托和内心需求"[②]等的看法在大学生中得到了最真切的现实回响。

　　第四，法律国家强制性理论的视角。强调法律具有国家强制性的法律国家强制性理论，是学术界、理论界、政治界对法学理论的丰富与发展。据此可以推断，法律国家强制性理论是在法律的强制性特征层面，对法学

---

① 哈罗德·J.伯尔曼.法律与宗教[M].梁治平,译.北京:中国政法大学出版社,2003:3.
② 谢晖.法律信仰的理念和基础[M].济南:山东人民出版社,1997:8.

理论起到补充和完善作用。而这一推断，又完全可以在社会主义国家立法、执法过程中得到历史印证。将此理论应用于大学生社会主义法律信仰培育，需要关注以下三个问题：一是社会主义国家法律对大学生社会主义法律信仰的内在动力问题，即社会主义国家法律对大学生社会主义法律信仰的内在关联；二是大学生对社会主义国家法律的信念问题，即大学生对社会主义国家法律的自主选择；三是大学生与社会主义国家法律的关系问题，即增强大学生对社会主义国家法律的体验、认知和评价，增加社会主义国家法律对大学生的情感寄托与内心需要。从这一角度看，社会主义法律被大学生信仰，关键在于社会主义国家制定、认可的法律能够被大学生认同、推崇，能够被大学生信服、拜从，并且始终保持法律的善良、公平与正义。

第五，法律合法性理论的视角。法律合法性理论，是近现代学界对法律合法性问题的讨论中发展起来的一种理论。这个理论在中国得到重视是一个过程，这一过程首先由一些学者受到法律合法性理论的启发或针对法律合法性问题讨论开启。他们发表的赞同或质疑的看法，无疑丰富发展了法律合法性理论。法律合法性理论是法律信仰中的一个重要理论，当然也是社会主义法律信仰中的一个重要理论。该理论强调的是制定、认可法律的政府合法，政府立法、执法的形式合法，政府制定、人们遵守的法律实质合理。其对大学生社会主义法律信仰培育具有两方面的意义。从知、情、意层面来说，这种强调可以实现大学生对社会主义法律的合法性、正当性的认同与信服。对于大学生社会主义法律信仰来说，这种强调可以阐释大学生社会主义法律信仰的合法性、合理性基础。从这一角度出发，只有那些合法、合理、正当，并符合大学生所信奉、追求的法律精神，才会被大学生信仰。

第六，法律行为理论的视角。法律行为理论中相关各方都具有行为性思想，在行为性之下认同法律的合法、合理、规范、有效，对于理解社会主义法律信仰及其形成与发展都具有重要意义。在社会主义法律信仰中，法律的合法、合理、正当、规范成为最基本的要求，基于法律行为理论的社会主义法律信仰更强调对意思表示、设权行为、合法行为、规范行为的认同与信服。它强调意思表示、设权行为、合法行为、规范行为四个方面之间的一致、依赖与不可分离。以此为视角，大学生社会主义法律信仰形成与发展之路实际上是法律行为性认同、信奉的过程，是意思表示、设权行为、合法行为、规范行为互相影响，共同作用，使大学生社会主义法律信仰形成与发展的过程。在这一过程中，意思表示、设权行为、合法行为、规范行为都是大学生社会主义法律信仰生成的要素，四个方面的行为共同促使着大学生对社会主义法律的认同、信服。但在此过程中，四个方面的行为又彼此存在，每个行为的作用与影响均不可忽视。

第七，法律推理理论的视角。法律推理理论能成为大学生社会主义法律信仰培育的理论依据，不仅是因为法律推理理论是论证社会主义法律推理性问题的理论，更是因为法律推理本身就是社会主义法律被大学生广泛认同的一大要素。法律推理的四种理论，无论是形式主义的法律推理理论、现实主义法学的法律推理理论、新实用主义法学的法律推理理论，还是新分析法学的法律推理理论，都已取得诸多研究成果。这四个方面的研究成果，虽然观点相互区别，但进一步抽象概括，都是以法律推理性为基础，同时又通过法律逻辑、法律经验、法律实践、法律规则等来丰富法律推理性的内涵，从而形成不断发展的法律推理理论。基于此，社会主义法律信仰包含着社会主义法律推理的实现，这实际上是法律推理理论的应用，它使社会主义法律推理更趋准确具体。社会主义法律推理作为反映社会主义法律的推理性本质，体现立法、执法、司法、守法的推理要求，结果成为大学生广泛认可而对大学生行为产生深刻影响的法律规范。

第八，法律论证理论的视角。法律论证理论应用在大学生社会主义法律信仰培育中具有重要意义，社会主义法律信仰培育通过法律论证理论的应用可更全面、更深入。法律论证理论对社会主义法律信仰培育之所以重要，是因为它特别适用于大学生社会主义法律信仰培育以下几种情况：大学生盲目信仰法律信仰问题；大学生法律信仰认同的实现问题；大学生法律知识教育的问题；大学生法律信仰的养成问题；大学生法律宣传的加强问题；大学生法律素养的提升问题；大学生法律信仰功能、载体、效果评估等展开问题；大学生法律信仰的深层次原因问题。而法律论证理论在大学生社会主义法律信仰培育中的应用，往往也会碰到这些问题。法律论证理论对于大学生社会主义法律信仰培育的重要作用，应该是今后大学生社会主义法律信仰培育中需要发挥和强化的重要方面。

第三节　大学生社会主义道德信仰培育的思维方式

社会主义道德信仰是社会主义信仰的重要组成部分，也是多年来理论研究的热点。对于社会主义道德信仰，学者们所作研究主要围绕社会主义道德信仰的概念、构成、功能、危机、教育等方面展开，虽已取得积极成果，但也存在一个明显不足，即社会主义道德信仰培育研究依据的理论并没有得到厘清，以至理论分析基础薄弱，因此难以对社会主义道德信仰培育做出令人信服的说明。鉴于此，本节试图运用文献研究方法，从社会主义信仰的道德性命题解释开始，逻辑地说明大学生社会主义道德信仰培育的理论依据与思维方式。

一、社会主义信仰的道德性命题

社会主义信仰的道德性命题是对社会主义道德的集中表述，以对社会主义道德信仰的内容、本质、构成及其发展规律的理解为核心。它不仅是人们道德认知的理性逻辑起点，而且又为道德情感与道德行为倾向确定了基调。它体现出的道德性要求不仅局限于道德理论、道德法则的笃信，还包括对道德的理想性、阶级性、现实性、超越性、继承性的认同。于是，道德理论性、法则性、理想性、阶级性、现实性、超越性、继承性等成为社会主义道德信仰的道德性要求。

李德顺理解道德信仰以道德目标和道德理论为根据，认为道德信仰"是对某种道德目标及其理论的信服和崇拜"[①]。道德目标及其理论就是

[①] 李德顺.价值学大辞典[M].北京:中国人民大学出版社,1995:90.

"道德目标"和"道德理论"，这就意味着道德信仰是以道德目标和道德理论为对象的。在此问题上，魏长领也认为道德目标与道德理论是道德信仰的客体。但关于道德信仰的客体，魏长领则与李德顺的观点相似却不相同，认为"道德信仰是对道德理想目标的确认和笃信，是对应该做个什么样的人的设定，是对道德理想人格的设定，是对现实的超越"[①]，因而主张道德信仰的对象还包括"人为的设定性"。这一界定虽然存在问题，却指出了道德信仰的理论基础或根据，反映出道德的理论性特征。综合李德顺和魏长领关于道德信仰的看法，可以说，道德理论性是道德信仰不可或缺的规定性。

道德法则性是以对道德法则的敬畏、信奉为前提的。在《实践理性批判》一书中，康德清楚地表明了"对道德法则的敬重是唯一而同时无可置疑的道德动力，并且这种情感除了仅仅出于这个根据的客体之外就不指向任何客体"[②]。在康德看来，道德信仰寻求的是"道德律"，所谓"道德律"，就是道德规范、训条、规律，而康德改变了这一理论视域。康德把道德律视之为善良的意志、绝对的命令、意志自律，这些意志、命令、自律构成了纯粹实践理性。正是在这个意义上，康德强调，"有两样东西，我们愈经常愈持久地加以思索，它们就愈使心灵充满日新月异、有加无已的景仰和敬畏：在我之上的星空和居我心中的道德法则"[③]。

道德的理想性是由道德的发展性决定的。道德的发展性源于人类社会自古至今对道德理想的追求，尤其表现为从全人类道德进步的高度所揭示的社会主义和共产主义道德理想。社会主义和共产主义道德理想是反映全人类精神文明成果，体现社会变革要求的最进步的道德理想，"代表着现状的变革，代表着未来的那种道德"[④]。社会主义和共产主义道德理想又可以具体化为社会主义道德体系和共产主义道德体系，这两个体系之间是共产主义道德发展中的两个阶段的道德体系关系，也是统一中的区别关系。因此共产主义社会的道德理想在社会主义社会发展阶段，可用"社会

① 魏长领.道德信仰简论[J].伦理学研究,2003(4):103.
② 康德.实践理性批判[M].韩水法,译.北京:商务印书馆,1999:77.
③ 康德.实践理性批判[M].韩水法,译.北京:商务印书馆,1999:177.
④ 马克思恩格斯选集(第三卷)[M].北京:人民出版社,1972:132-133.

主义道德理想"这一概念来表达。

关于道德的阶级性，恩格斯在《反杜林论》中认为，所有以往的道德论，归根到底都是社会当时经济状况的产物。而因为直到现在，社会是在阶级对立之中发展，所以道德始终是阶级的道德。国内外持这一观点的学者对于道德阶级性分析具有一致性，不论是国外普罗霍罗娃的《道德的阶级性》、巴廷宁的《历史中的人》、姆切德洛夫的《关于共产主义文明的形成问题》等，还是国内学者在特定的社会制度条件下对道德的阶级性展开的研究，都包含着道德的阶级性讨论，但在道德阶级性的理解上存在分歧。总之，道德的阶级性是"道德的社会性在阶级社会中的具体表现；不具有阶级性的道德，在阶级社会中是不存在的"[①]。

道德的现实性是黄明理、荆学民等研究的重要论题，正是他们的研究，"道德现实性"成了道德信仰的特质。2006年，黄明理出版了专著《社会主义道德信仰研究》，对"道德现实性"作了分析，认为"道德信仰通常被理解为非理性，但它不同于宗教信仰就在于，它具有现实性"。该书强调，道德信仰"只有在理性的基础上才能被准确地把握，离开了理性内容的道德信仰就是愚昧、迷信"。荆学民对"道德现实性"持相同的态度，他的《社会转型与信仰重建》主张道德信仰的现实生活走向，认为"实用信仰和道德信仰构成了人类世俗信仰的两个基本层面"。黄明理和荆学民的观点相同，具有两个基本特征：一是它们都同原本主义的道德现实性有某种继承关系；二是它们都指出了"道德信仰"的道德现实性特征。因此，道德信仰应该从"现实实践中寻求人性和人生追求的根据"[②]。

道德超越性是道德信仰研究领域的重要概念，根据黄明理、李德友的阐释，它是超越人的既然存在，具有不可论证性，指向一个难以对象化、也不可能完全对象化的未来或未然之物。它的基点有两个：一是超越性，指超越"实然之我""自然之我"，向"应然之我""社会之我"转化；二是超验性，就是道德理想目标这一道德信仰对象直指非经验的存在状态，它所包括的思想非实证可以化解。[③]正是如此，道德信仰才具有道德超越

① 石梁人.试论道德的阶级性和继承性[J].哲学研究,1963(6):6.
② 荆学民.道德信仰及其当代意义[J].求是学刊,2007,34(1):40.
③ 黄明理,李德友.论道德信仰及其意义[J].教学与研究,2004(8):83-87.

性，人们意识到道德信仰就是一种"精神实践活动""精神超越载体"，从而自觉选择追求与超越的道德境界。与此相关，道德超越性也为道德信仰的内涵、功能、本质等的讨论提供了另一蹊径，从道德超越性角度把握道德信仰，进而揭示其超越性特质，深入地分析道德信仰与社会主义道德信仰。

道德的继承性本质上是依靠人类社会道德关系，遵循道德发展的规律，继承道德遗产。恩格斯指出，我们只能得出这样的结论，即人们自觉地或不自觉地，归根到底总是从他们阶级地位所依据的实际关系中——就是说从生产和交换所依以进行的经济关系中，汲取自己的道德观念。列宁则在《国家与革命》一文中坚定地认为，"人们既然摆脱了资本主义奴隶制……也就会逐渐习惯于遵守数百年来人们就知道的、数千年来在一切处世格言上所反复谈到的、起码的公共生活规则。"尽管恩格斯、列宁没有直接提出道德继承性的概念，但道德领域的继承同样是建立新的道德体系之必须，这意味着赋予新的内容对社会不同阶段的道德概念和道德规范进行利用和吸收。与道德的阶级性相联系，道德的继承性因为道德继承的阶级划分，而具有它的具体的阶级内涵。鉴于道德存在着不同性质的道德，所以道德的继承更需要批判继承。

二、社会主义道德信仰培育的理论基础

社会主义信仰的道德性就体现在其理论性、法则性、理想性、阶级性、现实性、超越性和继承性上。正是基于道德的这些特征，社会主义道德信仰才得到其存在的理由——理论性、法则性、理想性、阶级性、现实性、超越性、继承性的关切。学者们对此进行了积极的讨论与研究，进而做出对社会主义道德信仰培育研究的理论建树。

第一，马克思主义道德观。社会主义道德的理论性研究，主要是按照马克思主义的道德观对道德的理论性问题进行分析研究。马克思主义道德观是马克思和恩格斯在撰写《德意志意识形态》时提出的，并首次提出了道德的意识形态本质认识论。之后的《政治动态——欧洲缺粮》《政府在财政问题上的失败——马车夫——俄国问题》等文章中论述了具体的道德

问题，进一步阐述了这个以历史唯物论为基础的马克思主义道德观。马克思主义道德观具有三个维度：其一，道德的阶级性维度。马克思主义道德观"不是抽象空洞的道德观，而是革命的、建立在实践批判基础上的无产阶级道德观"[①]。其二，道德的普适性维度。马克思主义道德观将人类的自由解放事业定为追求的理想与目标，可以通过人的全面发展和人的思想解放来追求自由、人类共同体及自我实现，实现人类潜能的最大化发展。其三，道德的实践性维度。马克思主义道德观既分清无产阶级道德与资本主义道德之间质的区别，又考虑经济批判与道德批判之间的联系，在此基础上，通过"建立在经济批判基础之上的道德批判"[②]，转化为无产阶级的道德实践。

第二，道德规范理论。在道德法则体系中，道德规范居于核心地位。道德法则性研究过程实际上就是学界对道德规范进行认识的过程。就是说，道德规范理论或道德规范说是道德法则性研究过程中道德规范认识运动的主要形式。西方道德规范理论中的道德规范，都包含集体道德、自主道德和神性道德规范；国内道德规范理论中的道德规范，则包含传统道德、民族道德、社会道德、法律社会等规范。国内与西方道德规范理论论及的道德规范，既有不同之处，又有共同之点。其不同点在于阶级划分以及不同的道德取向；共同点是两者的层级结构均大致分为道德准则、道德范畴和道德原则三个层级。更为重要的是，国内道德规范理论较西方道德理论，是道德规范理论与实践发展过程中更为优越与成熟的道德规范理论，具体体现在：一是社会的道德准则体现社会主义道德具体要求，表现为社会主义道德规范体系中的"普遍道德规范"；二是道德范畴反映社会主义具体道德的要求，表现为社会主义道德规范体系中的"重大道德规范"；三是道德原则呈现社会主义根本性道德要求，表现为社会主义道德规范体系中的"基本道德规范"[③]。

第三，道德理想主义。道德理想主义从形成起，就以道德的理想追求

---

① 任帅军.马克思道德观意蕴及其启示[J].武汉科技大学学报(社会科学版),2013,15(5):503.
② 任帅军.马克思道德观意蕴及其启示[J].武汉科技大学学报(社会科学版),2013,15(5):503.
③ 韩东屏.道德准则、道德范畴、道德原则——论道德规范系统的层级结构[J].河南师范大学学报(哲学社会科学版),2011,38(3):3.

成为一种具有思想性、针对性、普及性的伦理道德思想，不仅作为"终极关怀"和"终极价值"主导着古代、近代社会道德理想的发展方向，而且成为现代、当代社会的道德意识及其相应的行为规范。前者表现为传统道德理想主义，被称为"极端的道德理想主义"或"审美的乌托邦"。后者则表现为当代新道德理想主义，被称为"市场经济条件下的新理想主义"。无疑，在道德理想主义由传统道德理想主义向新道德理想主义的转变过程中，新道德理想主义成功地取代了传统道德理想主义。现代、当代社会道德理想强调要从古代、近代的道德理想走向现代、当代社会的道德理想，其重要意义就在于通过这种超越，不仅克服社会中理想与现实的二元对立，也切实为现代、当代人们悬设了一个道德理想，"希望给世人一份警示，一个航标"[①]。

第四，道德的阶级本质观。马克思主义创始人在对道德的阶级性进行研究时，就已经揭示了道德的阶级本质。恩格斯早就指出，道德"或者为统治阶级的统治和利益辩护，或者当被压迫阶级变得足够强大时，代表被压迫者对这个统治的反抗和他们的未来利益"[②]。社会主义道德的阶级本质是由道德的阶级性决定的，但这并不是说道德的阶级本质只表现为阶级性特征，而是阶级性与全人类性的统一。正如达尼连科的《道德分析的方法论基础——关于道德的阶级性和全人类性的研究》所分析："劳动人民的道德整个来说同历史的全人类道德内容是和谐的，它是全人类道德内容的基本部分。"[③]因此，道德的阶级本质观认为，"道德的阶级本质是基本的、主要的，全人类本质是次要的、从属的"[④]，道德的阶级本质与道德的全人类本质相互联系，不可分割。列宁对此作了理论论证，他在《青年团的任务》中指出"我们的道德完全服从无产阶级阶级斗争的利益。我们的道德是从无产阶级阶级斗争的利益中引申出来的"[⑤]。而在《国家与革命》里则强调"起码的公共生活规则"是"数百年来人们就知道的、数千

---

① 沈慧芳.现代性反思与当代道德理想主义重构[J].东南学术,2010(6):34.

② 恩格斯.反杜林论[M].吴黎平,译.北京:人民出版社,1956:96.

③ N.达尼连科.道德分析的方法论基础——关于道德的阶级性和全人类性的研究[J].张路,译.哲学科学,1979(1):18.

④ 金可溪.从道德的阶级本质观到全人类本质观[J].青海社会科学,1992(6):53.

⑤ 列宁选集(第四卷)[M].北京:人民出版社,2012:289.

年来在一切处世格言上反复谈到的"。

第五，现实主义理论中的道德观。现实主义理论由卡尔、摩根索、沃尔兹先后提出直至自成体系。世界公认卡尔奠定了国际关系学现实主义理论的基础，摩根索建立了现实主义理论思想大厦，沃尔兹完善了现实主义的科学体系[①]。现实主义一经提出就成为重要的国际关系理论流派，而且持续发展，涌现出多种分支理论，如古典现实主义、结构现实主义、防御现实主义、进攻现实主义、新现实主义等。该理论不仅从现实主义的角度揭示了国际关系的延续性、社会变迁的普遍性，以及国际政治的发展规律，而且证实了现实主义道德观的继承与发展的重大意义。该理论强调对理想主义道德的批判，即批判建构"利益和谐"的理想主义道德观，证明现实主义道德观的不可或缺；对道德标准的划分，人们不同的道德观念存在于同一事件或不同阶层之中，普通民众与统治者、普遍的道义原则与特定国家的道德要求、无产阶级的道德观念与特权阶层的道德观念，都体现出不同的道德标准；对国际社会的客观现实的如实反映，面对国家的利益诉求和规范诉求，国际社会可以用两种方式为国际社会的和平、发展提供支持，即关注国家"自助""自我防护"，以民主手段保证全人类普遍利益。

第六，超越性理论中的道德观。马斯洛于1967年、1969年先后发表了《自我实现及其超越》《超越性动机论：价值生活的生物学根基》和《超越的种种含义》《Z理论》，以超越性动机理论解释以宇宙为中心的超个人或超人本心理学，开创了"超人本心理学"研究先河。以超越性理论分析健康型和非健康型的自我实现，以及种种超越的动机与需求，标志着超越性需要理论的成熟。虽然超越性需要理论是人本主义心理学的一种动机理论，其基础自然是人类较高层次的心理，但人类较高层次的心理动机却反映了人类超越于地球上其他生物的道德性特征。可以说，从超越性理论诞生起，就存在三种道德要求，一种关注道德的自律性，一种关注道德的利他性，一种关注道德的发展性。前者如康德、马克思等，他们研究道德的价值和社会历史根据；中者如孔德、威尔逊等，他们研究人类利他的内

---

① 秦亚青.现实主义理论的发展及其批判[J].国际政治科学,2005(2):138-166,4.

在、外在本性；后者如皮亚杰、科尔伯格等，他们研究道德发展及其模式。其中，道德的自律性依据马克思的自律观，强调的是自律与他律的统一；道德的利他性可分为亲缘利他性、互惠利他性、纯粹利他性三种形式；道德的发展中最为需要的是高层次的道德责任感部分，也就是马斯洛所讲的"第六种需要"。

第七，道德继承性思想。长期以来，学界对道德继承性的理论探讨大多集中于能否继承和如何继承。在此方面，国内学界历史上两次大争论引人注目。经过20世纪50年代末至60年代初、20世纪70年代至今两次大争论，道德的批判继承观不仅为学者广泛接受，而且得到迅速传播，成为道德继承研究的理论依据。道德批判继承观的内涵就是道德具有随社会历史阶段，从前一个社会至后一个社会的发展属性。这种属性广泛存在于恩格斯的《反杜林论》所论述的封建贵族、资产阶级、无产阶级等现代社会三个阶段之中。道德继承性思想不仅反映了道德发展的内在规律，而且体现了道德"具有由它的先驱者传给它而它便由以出发的特定的思想资料作为前提"[1]，反映了对立统一这一事物发展的根本规律。其有如下特点：一是人类社会有五个阶段，即原始社会、奴隶社会、封建社会、资本主义社会和社会主义社会，存在五种特殊的道德；二是这五种道德存在于人类社会五个阶段，具有许多共同之处，"必然是或多或少地互相一致的"[2]；三是道德发展的五个阶段之间，即从原始社会到奴隶社会，到封建社会，到资本主义社会，到社会主义社会，都是质的飞跃；四是道德发展在认识的五个阶段上，都包含着批判——继承——再批判——再继承的循环与深化过程。

三、大学生社会主义道德信仰培育的多维视角

上述几种理论相互联结、彼此独立，由此构成的多重思维是学术界全面了解、深入分析大学生社会主义道德信仰培育的普遍方式。以下几种培育视角正是这种思维的方式写照，抑或表达方式。

---

[1] 马克思恩格斯选集(第三十七卷)[M].北京：人民出版社,1971:490.
[2] 马克思恩格斯选集(第三卷)[M].北京：人民出版社,2012:471.

第一，马克思主义道德观视角。马克思主义道德观是社会主义道德追求、道德立场、道德实践的理论表现。如马克思所说，"哲学家们只是用不同的方式解释世界，而问题在于改变世界"①。虽然这句话主要精神讲的是社会实践问题，但笔者认为同样强调社会主义道德的追求、立场与实践，即消灭剥削人的资本主义制度，实现全人类的自由和解放。所以，可称社会主义道德信仰是为实现社会主义道德追求、确立社会主义道德立场、践行和弘扬社会主义道德奠定基础的依赖。正如马克思、恩格斯在《共产党宣言》中所指出的，"过去的一切运动都是少数人的或者为少数人谋利益的运动。无产阶级运动是绝大多数人的、为绝大多数人谋利益的独立的运动。"基于这一视角的大学生社会主义道德信仰与大学生社会主义道德理想成正相关关系。大学生社会主义道德信仰不仅是大学生对社会主义道德的确认和笃信，而且还是一种社会主义道德实践精神，它在坚定大学生的社会主义道德信念的同时，也确立了大学生的社会主义道德理想目标。

第二，道德规范理论视角。道德规范理论因为与道德信仰联系密切，以及与传统道德规范、民族道德规范、社会道德规范、法律社会规范的内在联系，成为大学生社会主义道德信仰培育的视角。此视角可说明两个问题：一是社会主义道德规范理论，是一种建立在社会主义道德规范基础上的话语体系，它随着社会主义的发展进程向纵深推进而获得大学生的广泛推崇；二是正因为社会道德规范获得大学生广泛推崇的必然性，最终不仅使得它成为大学生认同的社会高级存在方式，而且更重要的是，这种规范作为一种方式的高级存在，使得大学生社会主义道德信仰最终成为大学生的精神追求。如此，大学生社会主义道德信仰在社会主义道德规范层面，无疑具有双重性：一方面，大学生社会主义道德信仰以社会主义道德规范为客体，大学生信仰社会主义道德就是大学生服从社会主义道德规范；另一方面，大学生社会主义道德信仰作为大学生信仰社会主义道德的规范，"给变幻莫测的人生寻找终极的生活意义"②。如此，也可以看出社会主义

---

① 马克思恩格斯文集(第一卷)[M].北京:人民出版社,2012:140.
② 任建东.信仰 理性 道德[J].唐都学刊,2000,16(1):12.

道德规范的双重性，即社会主义道德规范既是一种道德法则，也是一种道德理想。

第三，道德理想主义视角。道德理想主义所关切、回答和解决的问题是道德理想的道德状况，即道德理想是什么、为什么的问题，涉及道德的理想、道德理想与现实的关系、道德实践、道德理想人格等问题，还涉及如何看待、对待历史与现实的道德状况等问题。此种思想的形成与发展对大学生社会主义道德信仰培育非常重要，不仅有助于深入理解、认识和把握社会主义道德理想的深刻内涵，而且有助于明确社会主义道德理想实践的环节、重点和目标。道德理想主义成为大学生社会主义道德信仰培育的理论基础，还因大学生社会主义道德信仰与大学生道德理想密切关联。大学生社会主义道德理想是大学生社会主义道德信仰的具体落实，实现大学生社会主义道德理想的过程也是大学生社会主义道德信仰的具体实践过程。因此，大学生社会主义道德信仰培育要明确大学生社会主义道德理想的合理性，明确把大学生社会主义道德理想置于社会主义道德信仰培育的范围，发现具体、特殊、多样、阶段性的道德理想，重视研究历史、现实和变动的大学生社会主义道德理想的形成与发展规律。从这一点上理解，大学生社会主义道德信仰追求的实际就是大学生社会主义道德理想，大学生社会主义道德信仰培育实际就是强调大学生社会主义道德理想培育，这无疑是大学生对社会主义道德理想的认可与呼唤。

第四，道德的阶级本质观视角。道德的阶级本质观，是人们对道德本质所持有的看法。道德的阶级本质是维护阶级统治和利益的过程，其立论基础是道德的阶级性，用以说明不同阶级的道德标准与要求，表达不同阶级对道德的不同追问及理想道德的追求。如果从无产阶级角度看，从道德的社会主义意义看，道德的阶级本质就具有唯一性，尽管社会主义道德的阶级本质也是全人类性的。因为社会主义道德是在无产阶级斗争的利益中产生，又在社会主义国家满足、维护、巩固广大人民的利益中呈现，于是，社会主义道德的社会主义本质日趋固化、凸显，成为社会主义道德研究与实践的一种主流价值观，强化为人民服务、集体主义、诚实守信。培育社会主义公民基本道德观，维护广大人民的根本利益和长远利益，成为社会主义道德实践的主要目标。在这种意义上，社会主义道德研究既关注社会主义社会的道德需要，又关注广大人民的社会主义道德要求。基于此，大学生社会主义道德信仰培育需要兼顾国家层面、社会层面和个人层面的道德研究，既要说明国家层面、社会层面、个人层面的社会主义道德，又要将三个层面的道德要求区别开来。

第五，现实主义理论中的道德观视角。我们在研究社会主义道德信仰时，"社会主义道德的现实性特征"的表达是其重要内容，它是反映社会主义道德信仰的要件。现实主义理论中的道德观，对此作了精辟的阐释，持此观点的学者们认为，社会主义道德信仰是由社会主义社会存在决定的，反映在社会主义道德生活实践中，表现为社会主义道德的可行性与有效性。这种思想下，对社会主义道德体系的形成、发展和完善的寻求，成为大学生社会主义道德信仰的主要动力源。另外，大学生社会主义道德信仰形成、发展于社会主义社会，就与社会主义社会经济、政治、文化状况以及人们的思想水平相适应。这种适应一是考虑大学生社会主义道德信仰与社会主义政治、文化等信仰的横向关联；二是考虑大学生社会主义道德信仰形成与发展在社会主义社会不同阶段上的纵向关联。这两种特殊的关联，决定了大学生社会主义道德信仰与社会主义社会发展不同阶段，以及社会主义社会不同阶段的经济、政治、文化等大学生社会主义道德信仰影响因素的密切关系。因此，大学生社会主义道德信仰培育，需要分析社会主义道德不同阶段发展的长度，还要思考社会主义社会经济、政治、文化等同时影响社会主义道德发展的深度。

第六，超越性理论中的道德观视角。道德自律、道德他律、道德责任等概念的基础，既来自超越性理论中的道德思想，也来自超越性理论中的道德思想转化的实践。而超越性理论中的道德思想在社会主义道德形成与发展中或多或少地被接纳、实施，更加彰显出超越性理论中的道德观的时代价值。因此，进行大学生社会主义道德信仰培育，必须考虑超越性理论的道德观的视角。基于此，我们必须看到，超越性理论中的道德观关注的道德自律、道德他律和道德责任是大学生社会主义道德信仰培育的三个必要的、缺一不可的概念和要素。我们还应该看到，社会主义道德不仅注重社会主义道德自律、社会主义道德他律，更注重社会主义道德责任。因此，对于大学生社会主义道德信仰培育，首先，必须包含社会主义道德自律、道德他律、道德责任上的考虑与思考；其次，社会主义道德信仰培育中的社会主义道德自律、道德他律、道德责任之间存在明显的一致性，社会主义道德自律、道德他律、道德责任不能简单地理解各自独立的存在，而应成为彼此依赖、贯通的整体；最后，社会主义道德信仰培育，要考虑到社会主义道德自律、道德他律因素，更要考虑到社会主义道德责任因素，社会主义道德责任因素对大学生社会主义道德信仰培育更加重要。

第七，道德继承性思想视角。随着道德继承性思想的形成与传播，我们开始意识到我国社会主义道德与原始社会道德、奴隶社会道德、封建社会道德这四者的关联性。通过查究我国原始社会、奴隶社会、封建社会道德，我们不仅能够认识到我国社会主义道德发展的内在规律，而且能够弄清它与我国原始社会、奴隶社会、封建社会道德的本质区别。因此要研究社会主义道德，培育社会主义道德信仰，必须基于对道德继承性思想的理解与把握，并将其作为社会主义道德信仰的研究与培育的依据。据此，我国社会主义道德乃是我国社会道德发展的结果，是批判继承我国原始社会、奴隶社会、封建社会道德的应有之意。就此而言，我国社会主义道德是我国社会道德体系的一部分，而作为其中最具先进性的部分，它体现在对我国原始社会、奴隶社会、封建社会先进道德的继承与超越，又代表社会主义道德的发展方向，从而成为社会主义社会的主旋律。正是这种主旋律的坚持与弘扬，使得社会主义道德信仰的形成与发展成为可能。依据这一理解，我们可以把大学生社会主义道德信仰培育看成是具体的、特有的、阶段性的，同时也是历史的、发展的。

第四节　大学生社会主义文化信仰培育的思维方式

提升社会主义文化自觉、增强社会主义文化自信、实现社会主义文化自强，最关键、最重要的还是如何确立社会主义文化信仰。对于社会主义文化信仰，已有人做过论述，但对于社会主义文化信仰本身尚无详细的研究。如社会主义文化信仰的客体、社会主义文化信仰的主体、社会主义文化信仰的结构等。本节仅就大学生社会主义文化信仰培育的理论来源及其分析视角展开探讨，以期对深入分析上述问题提供理论依据。

一、社会主义信仰的文化性命题

社会主义文化彰显了中华民族传统文化，体现了我们党创建的革命文化，反映了外来优秀文化，凸显了社会主义核心价值体系引领。能够影响国人的世界观、人生观和价值观，是社会主义信仰的一个领域。社会主义信仰的文化性反映了社会主义文化信仰的本质规定，体现为对社会主义信仰的文化审视。社会主义信仰蕴含的文化性，主要关乎社会主义信仰的民族性、革命性、先进性、人民性、符号性、开放性、结构性，突出表现为文化的民族性、文化的革命性、文化的先进性、文化的人民性、文化的符号性、文化的开放性和文化的结构性。

任何文化都有其民族母体，因此文化都带有民族色彩及民族烙印。在有关文化的民族性问题讨论中，王朝闻关于"文化的民族性和民族化"的论述，把文化的民族性理念推向对于文化"民族性"的体认。王朝闻把"文化的民族性"定义为"特定民族在生活实践中（包括物质生产和精神生产的活动）和其他民族的差别"[1]。对于这种逻辑，可以用赵常林、林娅的相关论述来说明，他们在论著《马克思主义文化学》中分析了文化的

---

① 王朝闻.旧话重提——民族性和民族化琐见[J].复印报刊资料(文艺理论),1983(3):183-187.

民族性特征，回答了什么是文化的民族性问题。他们同意把文化的民族性看成是本民族特色的文化，还要看到每个民族的文化都有着不同于其他民族文化的特点。关于文化的民族性之精华与糟粕，毛泽东曾指出，清理古代文化的发展过程，剔除其封建性的糟粕，吸收其民主性的精华，是发展民族新文化，提高民族自信心的必要条件，但是绝不能无批判地兼收并蓄①。这一论述，既是对民族文化正反功能的认定，也是对精华与糟粕的区分，要求文化的民族性传承以此思想为指导。所以，文化的民族性不是民族文化的大杂烩，而是本民族特色的、先进的、积极的、健康的文化综合。

文化的革命性与社会主义文化信仰紧密联系，突出表现为文化的革命性传统。我国文化的革命性传统中存在的革命传统文化不言而喻，正如天安门广场上的人民英雄纪念碑上的碑文所言："由此上溯到一千八百四十年，从那时起，为了反对内外敌人、争取民族独立和人民自由幸福，在历次斗争中牺牲的人民英雄们永垂不朽。"从反帝反封建斗争的开展，掀起新民主主义的革命，经民主革命的凝练、积累、沉淀，再到社会主义建设时期的借鉴、吸引、传承，以马克思主义为指导，在中国共产党领导下，结合中国革命实际，取得民主革命的胜利，形成革命传统文化无疑是贯穿其间的一条主线。革命传统文化无疑是反帝反封建斗争的产物，借鉴、吸引并融合了中华传统文化的精华，呈现出社会主义文化的革命性特征，是社会主义核心价值体系不可或缺的部分。

文化的先进性与建设先进文化的中国共产党人密不可分。1923年6月，《新青年》（季刊）第1期刊登了瞿秋白的《东方文化与世界革命》，文章中指出，宗法社会及封建专制制度的思想不破，则于帝国主义的侵略无法抗拒，所以不去尽帝国主义的一切势力，东方民族文化的发展永无伸张之日。这一论断分析了东方民族文化在当时得不到伸张的根源，并提出了东方民族文化伸张的路径，即破除封建主义、帝国主义文化的压迫，创建中华民族的新文化。毛泽东在《新民主主义论》一文中对此作了深刻的分析，中国共产党人是我们民族一切文化、思想、道德的最优秀的传统的

① 毛泽东选集(第二卷)[M].北京:人民出版社,1991:707-708.

继承者，把这一切优秀的传统看成和自己血肉相连的东西，而且将继续发扬光大。同时指出，中华民族的新文化，就是新民主主义的文化。进而指出，此种文化就是"民族的科学的大众的文化，就是人民大众反帝反封建的文化"①。毛泽东不仅论证了新民主主义文化发展的方向，而且证明了中国共产党是中国先进文化的忠实代表。我国实行改革开放以来，邓小平、江泽民、胡锦涛、习近平等有关论述则赋予了社会主义先进文化的全新内涵，指出，"有中国特色社会主义的文化，是凝聚和激励全国各族人民的重要力量，是综合国力的重要标志"②。中国特色社会主义文化概念的提出及其内涵的界定，为中国特色社会主义建设奠定了文化基础。

文化的人民性，凸显的是社会主义文化以"人民为中心"，着眼的是社会主义文化源于人民、为了人民、属于人民。正如《人民日报》2012年5月22日刊登的《文化"为人民"的历史跨越》中所说，一切进步的文化创作生产都源于人民、为了人民、属于人民。③文化的人民性，由19世纪俄国的文论家别林斯基和杜勃罗留波夫最先提出，它强调文学的人民性。杜勃罗留波夫的《俄国文学发展中人民性渗透的程度》就是从文学的层面讨论"人民性"的。从文化层面来定义"人民性"，则是社会主义文化理论的独创，而与之类似的则有文艺的人民性、理论的人民性、文学的人民性等词语。例如，1956年7月1日《人民日报》改版，在《致读者》的社论中指出，"我们报纸的名字叫作人民日报，意思就是说它是人民的公共武器、公共财产，人民群众是它的主人。只有靠着人民群众，我们才能把报纸办好"。毛泽东的《在延安文艺座谈会上的讲话》则强调文艺的人民性，指出，"我们的文学艺术都是为人民大众的，首先是为工农兵的"。邓小平的《一二九师文化工作的方针任务及其努力方向》《贯彻中共中央关于土改与整党工作的指示》《关于西南少数民族问题》《关于思想战线上的问题谈话》等论述中，也均有涉及。2000年2月21日至25日，江泽民在广东考察工作时提出了"三个代表"重要思想。胡锦涛、习近平等则在重

---

① 毛泽东选集(第二卷)[M].北京：人民出版社，1991：708-709.

② 十五大以来重要文献选编(上)[M].北京：人民出版社，2000：35.

③ 任仲平.文化"为人民"的历史跨越——从延安文艺座谈会到十七届六中全会[N].人民日报，2012-05-22(1).

要讲话中频繁使用"文化的人民性"词语。总之,"以人民为中心"是社会主义文化发展的道路。

文化的特质包括它的开放性。马克思、恩格斯在《共产党宣言》中断言"一切国家和民族的文化,都会被纳入世界文化发展的洪流中,为全世界所共享"。我国学者汤一介也指出,"人类社会发展的前途,决不应是'西方文化'和'非西方文化'引起的'文明的冲突',而应是由东西文化互补而致的文化协调发展"。显然,文化的开放是马克思主义理论体系的内在要求,也是文化发展规律所致。因此,文化的开放性思考与实践在我国现代社会也受到广泛关注。相应地,国内政治家、思想家、学者不仅从对内与对外、借鉴与吸收、主动与自觉等角度展开对我国文化的开放性探讨,还从面向世界、面向未来、面向现代化的维度进行中国特色社会主义文化的建构与实践。同时开放什么、如何开放也成为人们关注的热点、焦点。对此,邓小平主张批判地吸收,明确指出并强调,"我们要向资本主义发达国家学习先进的科学、技术、经营管理方法以及其他一切对我们有益的知识和文化,闭关自守、故步自封是愚蠢的。但是,属于文化领域的东西,一定要用马克思主义对它们的思想内容和表现方法进行分析、鉴别和批判"[1]。

文化的符号性作为文化的一个特质,具有其独有的特征:文化的不同类型,民族文化以其特有的方式被符号解释与承载。英国的洛克曾在《人类理解论》中把知识划分为物理学或自然哲学、实践之学或伦理学、符号学或逻辑学等三类,并指出符号学或逻辑学在于考察人为了理解事物、传达知识于他人时所用的记号的性质。早在古希腊时代,亚里士多德以及后来的斯多噶派就提出,依据记号理论,可以通过逻辑联想或命题的工具——记号来表达各种意指方式及其特征。在随后的文化发展中,作为文化的信息系统,符号在我国受到的关注度也不断提高。所以,萧俊明认为符号性是文化的根基,他指出,"符号性是指两个抽象的或具体的实体之间的关系;在这种关系中,一个实体可以通过约定或通过对类似性或共同性的公认来代表另一个实体"[2]。

---

[1] 邓小平文选(第三卷)[M].北京:人民出版社,1993:44.
[2] 萧俊明.文化与符号——当代符号性研究探析[J].国外社会科学,2000(4):43.

理解文化的结构性，首先涉及文化的结构问题。法国的列维·斯特劳斯对语言结构的理解作出的一种文化学的阐释受到广泛的关注。列维·斯特劳斯在他的代表作《结构人类学》《语言学和人类学的结构分析》《亲密关系的初级结构》《社会结构》中，把语言结构理解为音素、音节、词素、词组、句子等要素的各种联系。因此，所谓文化结构，如列维·斯特劳斯所言，由其不同要素组成。文化是一种系统，是由系统内诸要素组成的整体，与之密切相关的是结构功能主义所作的分析。结构功能主义成为社会学理论与方法来源于两个方面的研究，一个是结构主义研究，另一个是功能主义研究，前者研究文化系统的结构，后者研究文化系统的功能。正因此，基于结构功能主义视角的文化结构，如结构功能主义学派代表人物美国的克罗伯与克鲁克洪所说"整套的'生存式样'"[①]，这种提法旨在强调文化的整体性、结构性特征。另外，马克思也论述过文化结构，并将人类社会文化划分为特质文化、制度文化、精神文化三个层次。据之，罗超将文化结构特征划分为有机整体性、转换变异性、调整稳定性，认为"既然文化是一种有机整体，或者说是'超有机体'，它必然有着自己说明自己，无须外求的生命本质，这种生命本质就是文化结构"[②]。

二、社会主义文化信仰培育的理论基础

社会主义信仰的文化性命题，主要有文化的民族性、文化的革命性、文化的先进性、文化的人民性、文化的符号性、文化的开放性、文化的结构性。无论哪一个问题，都与社会主义文化信仰质的规定性密切相关。也就是说，这七个问题是大学生认识社会主义文化信仰的常态。由此形成的研究成果已形成相对连贯的体系，成为大学生社会主义信仰培育的理论依据，表现为以下几种理论的综合。

第一，文化民族主义。人们对于"文化民族主义"的理解，主要来自德国"民族主义、历史主义和民族精神之父"——约翰·戈特弗里德·赫德的观点。约翰·戈特弗里德·赫德提出了被后世奉为文化民族主义理论

---

① 克莱德·克鲁克洪，等.文化与个人[M].何维凌，高佳，何红，译.杭州：浙江人民出版社，1986：4.
② 罗超.文化结构与中国文化本体[J].殷都学刊，2004(2)：77.

基石的主张，核心思想为：（1）归属于一个共同体的需求是人类的基本需求；（2）人类自然地形成各个不同的共同体（即民族），每一个共同体都是平等的；（3）绝对不能用一种文化的标准去衡量另一种文化……每一个社会都必须成为自己，不能盲目抄袭其他社会[①]。很多学者受此影响将"文化民族主义"定位为探索维护和弘扬共同体民族文化道路的民族主义。它既涉及文化的归属问题，又涉及对民族主义的认识，前者与文化的民族特性有关，正如本尼迪克特的《文化模式》中所说："文化是通过某个民族的活动而表现出来的一种思维和行为模式，一种使该民族不同于其他民族的模式。"后者与民族、国家的精神有关，哲学家约翰·戈特弗里德·赫德提出的"民族精神"和"国家精神"两个概念寓意深刻。所谓"文化民族主义"，实有"文化的民族性"和"民族的文化性"两种意义。"民族主义是一种文化现象""民族即文化"，这就是"民族的文化性"。"国粹论""国光论"、文化民族论、文化本位论，这些都是对"文化的民族性"的诠释。"文化的民族性"与"民族的文化性"这两种属性相互作用、对立统一便构成了文化民族主义的运动过程。

第二，"文化革命"思想。"文化革命"思想的基础性概念是"文化革命"。"文化革命"不等于"文化大革命"，而是相对于政治革命而言的，主要包括以下两个方面的含义：一是强调文化建设；二是关注文化变革，作用于社会主流形态的确保与维护。对于"文化革命"思想的理解，有三个观点尤其值得我们关注。按照列宁的观点，"文化革命"改变文化落后的状况，提高国民科学文化水平，保证党对文化的正确领导，树立马克思主义的世界观，是国家立足于世界强国的关键，改变国家文化弱势地位的保证，提升国民整体素质的抓手，确保社会主义发展方向的活动载体。按照毛泽东的观点，"文化革命"是打倒反动文化、铲除旧文化、建立"民族的、科学的、大众的中华民族新文化""古为今用、洋为中用""取其精华，去其糟粕""批判继承、推陈出新""百花齐放、百家争鸣"。按照邓小平的观点，"文化革命"关注的方向是"面向现代化、面向世界、面向未来"，要解决的问题是"培养同我国现代化建设事业要求相适应的数以

---

① 钱雪梅.文化民族主义刍论[J].世界民族，2000（4）：5.

亿计高素质的劳动者和数以千万计的专门人才,把我国沉重的人口负担变为巨大的人才资源"①。这些关于"文化革命"的观点印证了马克思的见解,即"文化斗争"。他曾指出,"'信仰自由'!如果现在,在进行文化斗争的时候……那么只有采用下面这样的形式才能做到这一点……"②。文化斗争就是意识形态方面的斗争。以此为指导,"文化革命"重视文化与意识形态的创新。

第三,社会主义先进文化理论。社会主义先进文化从形成开始,就不是固定不变,而是一种与时俱进的存在。社会主义先进文化理论问题在适应我国社会主义政治、经济、社会、生态发展需要的过程中不断地丰富,体现为一个动态的发展过程,并在此过程中拓展自身的内涵与外延。这种内涵和外延,从总体上看,主要体现在三个基本状态上:一是在继承方面,很多观点、论断得到更精准、更深邃的阐发,包括文化突出作用论、"三贴近"论等;二是在改进方面,不少观点、论断被不断丰富与完善,包括马克思主义指导地位论、文化生产力论、文化产业论等;三是在创新方面,一些新观点、新论断被提出与运用,包括国家文化安全论、文化权益论、文化体制改革论等观点。上述各种观点与论断,有共同的价值导向与价值标准,都强调文化建设的突出作用,都主张马克思主义在意识形态领域的指导地位,都关注解放和发展文化生产力,都注重推进文化创新,都坚持国家文化安全,都保护群众的文化权益。这些观点、论断也在功能上相互补充、内容上相互吸收。具体地说,突出作用论彰显文化建设的重要地位,指导地位论明确先进文化的前进方向,文化生产力论体现文化体制改革的目标,文化创新论反映文化建设的规律,文化权益论表明发展社会主义文化的归宿,文化体制改革论指出社会主义文化建设的任务,国家文化安全论突出社会主义文化的安全保障,"三贴近"论反映群众的文化需求。③

第四,中国文化中的"人民观"。人民观是中国文化的重要组成部分。根据既有研究得出的观点,人民观的理论渊源以三种思想存在:一是

① 贺金玉.邓小平对列宁晚年文化革命思想的继承和发展[J].德州学院学报,2001,17(3):9.
② 列宁全集(第五十九卷)[M].北京:人民出版社,1990:163.
③ 韩永进.十六大以来社会主义先进文化理论的新发展[J].红旗文稿,2005(7):4-10.

中国传统的民本思想，包括民惟邦本、本固邦宁、民主君本、民贵君轻、安民富民利民等内容；二是西方人本主义思想，包括"人是万物的尺度""人为自然界立法"等论断；三是马克思主义人学思想，体现在马克思的一些论著中，强调人是社会的主体、历史的主体。中国共产党人民观是在继承、发展以及与中国实际相结合的实践这三种思想的背景下形成的，与社会主义文化的进步、发展、创新相联系。中国共产党人民观形成于新民主主义革命时期，发展于社会革命和全面建设时期，到改革开放和社会主义现代化建设时期得到丰富、发展。毛泽东、邓小平、江泽民、胡锦涛、习近平等为代表的党的领导集体做出了重大贡献。"人民，只有人民，才是创造历史的真正动力"[1]"全心全意地为人民服务，一刻也不脱离群众"[2]"人民是历史的创造者，群众是真正的英雄。人民群众是我们力量的源泉"[3]，等等，都是对中国共产党人民观的概括和描述。中国文化中的人民观这个理论反映了以上述三种思想为渊源的、以中国共产党人民观为主流价值的、结合人民观在当代中国的实践与运用，是对中国文化中人民观存在与发展问题的一种合理的解释与有效的表达。

第五，文化符号学理论。文化符号学理论体系中的重要概念是文化符号。自20世纪50年代以来，在文化符号学研究中，对相关问题的讨论主要是围绕文化符号而展开的。基于对俄罗斯文学、历史和文化的理解作出的一种符号学的阐述，受到更多关注的是俄罗斯文艺学家、文化学家、艺术理论家和符号学家洛特曼。洛特曼在其名著《论结构概念在语言学和文学中的区别》《文学文本的结构》《思维世界》《文化与爆发》中，把所说的文化符号学的范围分为语言、历史、精神心理、社会现实和文化表现。在洛特曼看来，文化的暂行定义可以规定为由人类社会各集团获得、保存和传递的非遗传性信息总称。洛特曼的理论贡献不仅在于他区分了语言符号学和一般记号学，更在于他以信息论为依据，建立了有关文化的分析模型，认为信息论在引申意义上即为符号学，它不仅研究在一定集体中运用社会记号这类特殊情况，而且研究信息传播和存储的一切情况，因此，信

① 毛泽东选集(第三卷)[M].北京:人民出版社,1991:1031.
② 毛泽东选集(第三卷)[M].北京:人民出版社,1991:1094.
③ 习近平谈治国理政[M].北京:外文出版社,2014:5.

息可被理解为相对于熵的组织性的度量。根据洛特曼的观点，符号学由三个部分构成，即自然语言、人工语言系统和建立在自然语言基础上的文化结构，其中自然语言为第一模式系统、文化结构为第二模式系统。①

第六，开放文化思想。1949年，我国开始使用"文化开放"的概念。这一提法的产生与中华人民共和国成立后毛泽东对社会主义文化建设的重视等密切相关，例如，毛泽东提出"古为今用、洋为中用"的"两用"原则和"百家争鸣、百花齐放"的"双百"方针，从而推动我国文化开放、文化交流、世界文明成果的吸收和借鉴。自1978年以来，即改革开放以后，我国对文化开放战略的推进不断加强，伴随着这一过程，开放文化的思想从中也在不断丰富、发展。邓小平从改革开放的视角指出，"我们要把世界一切先进技术、先进成果作为我们发展的起点"②。邓小平认为建设、发展社会主义文化"需要实行两个开放，一个是对内开放，一个是对外开放"③。江泽民从对外开放基本国策的视角给出开放文化思想，提出"'引进来'和'走出去'，是我们对外开放基本国策两个紧密联系、相互促进的方面，缺一不可"④。胡锦涛则从科学发展、和谐社会构建的视角，指出"丰富精神文化生活越来越成为我国人民的热切愿望"⑤。他提出"坚持包容精神，共建和谐世界"⑥，并在此基础上提出了文化产品"走出去"战略。

第七，马克思文化结构思想。马克思文化结构思想是关于文化结构的唯物辩证思想。它的基本内容主要包括文化构成要素论、文化合力结构论、文化结构功能论。文化构成要素论认为文化由物质文化、制度文化和精神文化构成。文化合力结构论认为物质文化、制度文化、精神文化相互之间的关系并不是相互分离的关系，而是相互联系、相互依赖、相互作用、相互贯通的关系。文化结构功能论认为，决定社会发展的根本动力因

① 赵蓉晖.洛特曼及其文化符号学理论[J].国外社会科学家,2006(1):22-26.
② 邓小平文选(第二卷)[M].北京:人民出版社,1994:111.
③ 邓小平文选(第三卷)[M].北京:人民出版社,1993:232.
④ 江泽民文选(第二卷)[M].北京:人民出版社,2006:92.
⑤ 胡锦涛文选(第二卷)[M].北京:人民出版社,2016:639.
⑥ 胡锦涛文选(第二卷)[M].北京:人民出版社,2016:354.

素不是精神文化，而是物质文化。①这三种论述一起构成了马克思文化结构思想。中国特色社会主义文化不仅体现了马克思文化结构思想，而且在中国特色社会主义文化建设实践中坚持、丰富、发展。邓小平的"物质文明和精神文明建设"、江泽民的"政治文明"建设、胡锦涛的"和谐文化"建设、习近平的"夯实实现中国梦物质文化基础"，就是马克思文化结构思想的当代诠释与发展。

三、大学生社会主义文化信仰培育的多维视角

上述文化民族主义、"文化革命"思想、社会主义先进文化理论、中国文化中的"人民观"、文化符号学理论、开放文化思想、马克思文化结构思想，均是大学生社会主义文化信仰培育的理论依据。这凸显了大学生社会主义文化信仰培育特有的思维特征，即文化民族主义视角、"文化革命"思想视角、先进文化理论视角、中国文化中的"人民观"视角、文化符号理论视角、开放文化思想视角、马克思文化结构思想视角。

第一，文化民族主义视角。基于文化民族主义视角的大学生社会主义文化信仰是以民族传统文化和民族精神作为客体的信仰，它以认同、信服一种反映民族特质、民族风貌的民族文化为定向机制，主要代表大学生关于民族精神、民族思想、民族历史、民族形态、民族意识等观念、情感和行为习惯，并体现大学生认识、反映、改造和完善世界的特殊方式。在现阶段，大学生社会主义文化信仰的根本问题是中国特色社会主义文化的导向问题，它通常表现为大学生对中国特色社会主义文化的信服、向往、追求，并以之规范自己的言行，统摄自己的生活。这样的大学生社会主义文化信仰虽然与大学生社会主义道德信仰、社会主义法律信仰、社会主义政治信仰等有着密切的联系，又涉及社会主义道德、社会主义法律、社会主义政治等多个领域，但又不同于这些信仰，更不是上述多个领域信仰中有关文化部分的叠加。大学生社会主义文化信仰是在接受、认同民族传统文化的基础上形成与发展的，突出了民族眼光、世界视野，并与时俱进。

---

① 田旭明,沈其新.马克思文化结构思想的理论意蕴与当代中国现实观照[J].中州学刊,2012(1)：109-113.

第二，"文化革命"思想视角。"文化革命"是革命的一种特殊形式。苏联十月革命的胜利表明，通过"文化革命"这一特殊形式，可以在文化方面跨越资本主义的"卡夫丁峡谷"，从而走向社会主义。从这一角度看，"文化革命"的价值在于改变因文化滞后而导致的国家在发展中所陷入的困境，特征在于社会主义文化的极大丰富。"文化革命"在革命思想中的文化层面，表现为一种实现文化民主化、发展全民教育、建设和发展公民文化、继承历史文化传统、促进人的全面发展的思维方式。如此大学生社会主义文化信仰培育研究及其实践，就包含着民族文化的传承与变更，世界优秀文化的吸收与借鉴，红色文化的继承与创新，"后现代大众文化"的反思与把握，社会主义和谐文化的建设与发展，社会主义特色文化的构建与完善，社会文化多元取向的引导与整合，"意识形态终结论""价值虚无主义""实用主义""非意识形态化理论"的否定与批评，以及民族文化、中国特色社会主义文化信仰的形成与发展。

第三，先进文化理论视角。先进文化理论应用对社会主义文化信仰培育来说必不可少，因为它是引导社会主义文化方向、发展社会主义文化信仰的思想动力。"在当代中国，发展先进文化，就是发展面向现代化、面向世界、面向未来的，民族的科学的大众的社会主义文化。"[1]社会主义文化信仰，想要形成、要发展，就需要所在的国家和社会构建这种先进文化观和先进文化理论。以此为视角，表达大学生对社会主义文化的信仰。先进文化与落后文化是大学生社会主义文化信仰能否形成、发展的两种相反的力量。前者为大学生社会主义文化信仰的推动力量，后者则为大学生社会主义文化信仰的阻碍力量。先进文化对大学生社会主义文化信仰来说会产生两种好处，即大学生社会主义文化信仰的形成和大学生社会主义文化信仰的发展。落后文化对大学生社会主义文化信仰来说会产生两种坏处，即大学生对社会主义文化信仰的动摇与社会主义文化信仰的颠覆。大学生社会主义文化信仰是根据先进文化确定，是先进文化被大学生认同、信服的表现形式，并且与社会的共同理想保持一致。大学生社会主义文化信仰培育，有助于社会主义特色文化的形成与发展。

---

① 江泽民.全面建设小康社会,开创中国特色社会主义事业新局面——在中国共产党第十六次全国代表大会上的报告[J].党建,2002(12):13.

第四，中国文化中的"人民观"视角。在《毛泽东书信选集》中，毛泽东说："在我党的一切实际工作中，凡属正确的领导，必须是从群众中来，到群众中去。"黄炎培的《八十年来》记录了毛泽东对如何跳出"其兴也勃焉，其亡也忽焉"的周期律问题的回答："我们已经找到了新路，我们能跳出这个周期律。这条新路，就是民主。只有让人民来监督政府，政府才不敢松懈；只有人人起来负责，才不会人亡政息。"邓小平说："除了精神上的鼓励，还要采取其他一些鼓励措施，包括改善他们的物质待遇。"①这三句话，可以看作是理解中国文化中"人民观"的一把钥匙。社会主义文化信仰一方面旨在尽量体现以人民群众为本，更加重视人民群众、关怀人民群众、爱护人民群众，实现人民群众的主体地位。另一方面体现在"倡导富强、民主、文明、和谐，倡导自由、平等、公正、法治，倡导爱国、敬业、诚信、友善，积极培育和践行社会主义核心价值观"②。

第五，文化符号理论视角。文化符号理论侧重于研究文化的符号学功能与意义，它包括客体的指称对象意义，即指称符号；主体的象征意义，即象征符号；符号的工具功能意义，即功能符号。该理论认为每一种文化现象都是一个通过符号交互作用而形成的模式化整体系统，而且任何一个文化系统都要通过该系统内含的符号组织规则，使各符号要素之间相互作用并有序组合起来。为此，社会主义文化信仰关注研究构成其信仰系统的最小单位，即符号元素或要求。此信仰的研究在方法论上恪守整体性原则，即作为部分的符号元素，一旦脱离了整体系统，也就不再含有任何独立的意义。作为部分的符号元素只有在和作为整体的系统的相互关系中才能确定其意义和功能。另一方面，文化符号系统，作为一个整体系统，其意义和功能也只能通过对各个符号要素间的结构和层次关系的研究才能捕获和明晰。文化符号这一理论，目前在大学生社会主义信仰培育领域已受到学者们的关注，究其原因，是因为它反映了大学生社会主义文化信仰的一个本质特征：综合表征信仰客体的对象符号、主体的象征符号、信仰的功能符号。

第六，开放文化理论视角。改革开放以来，开放文化理论在社会主义

---

① 邓小平文选(第二卷)[M].北京:人民出版社,1994:51.
② 习近平关于全面深化改革论述摘编[M].北京:中央文献出版社,2014:83.

文化研究及建设领域比较流行。该理论系文化多样性理论的引申。马克思主义的文化多样性理论有着丰富的内涵，基于该理论基础上建立起来的开放文化理论，对社会主义文化信仰研究及培育具有通用性和应用性。例如，社会主义文化的开放，社会主义文化与其他国家、民族文化的交融，都表明了在强调面向世界、面向未来、面向现代化的社会主义文化情境中，社会主义文化的开放性与交融性，正如马克思、恩格斯在《共产党宣言》中所断言的那样，"一切国家和民族的文化，都会被纳入世界文化发展的洪流中，为全世界所共享"。大学生社会主义信仰的形成与发展，既受本国传统文化的影响，又受他国优秀文化的影响。它需要我们抓住各国各民族文化发展带来的机遇，呼应社会主义文化发展的需求，同时以中国传统文化和他国优秀文化为参照系来培育大学生的社会主义信仰。

第七，马克思文化结构思想视角。马克思文化结构思想强调任何文化现象都是一个系统，由相互联系的不同文化要素所组成，而且任何文化都不是独立存在，而是存在于整体。任何文化要素所发生的变化将会导致一定程度的不平衡，进而导致其他文化要素也发生相应的变化，最终导致整个文化系统发生一定程度的重组。这个视角对于大学生社会主义文化信仰，其实瞄准了两个方向，即客体结构取向和主体结构取向。客体结构取向将大学生社会主义文化信仰的客体结构予以模式化，例如，大学生社会主义文化信仰的构成问题，就是在研究的基础上深入剖析大学生社会主义文化信仰的不同构成，以及对大学生社会主义文化信仰发展的影响。主体结构取向将大学生社会主义文化信仰的主体结构视为社会主义文化信仰不同主体之间关系的组织结构，分析这种组织结构的特征及其对大学生社会主义文化信仰形成与发展过程的影响。这种组织结构不将社会主义文化视为一种预先存在的、自然生成的、强加于大学生的社会主义文化信仰，而将其视为大学生的自身需要、主观认同、思想崇尚、理性选择的后生成性信仰。

第二章　**大学生社会主义信仰培育的思路选择**

第一节　大学生社会主义政治信仰培育的思路选择

在社会主义政治信仰培育研究领域，关于大学生社会主义政治信仰培育的讨论由来已久。目前，学界对大学生社会主义政治信仰培育有着不同的理解和解读。如此，既彰显了大学生社会主义政治信仰培育的重要性和必要性，也说明了大学生社会主义政治信仰培育研究仍有探讨的空间。一个更为现实的问题是：大学生社会主义政治信仰培育思路应该是什么样的，为什么大学生社会主义政治信仰培育思路是"应该是"的样子？

厘清大学生社会主义政治信仰的概念与结构，才能厘清大学生社会主义政治信仰培育的思路。因此，要回答大学生社会主义政治信仰培育思路是什么样的，必须先认识和了解大学生社会主义政治信仰的概念和结构。构建大学生社会主义政治信仰培育思路，不仅要揭示大学生社会主义政治信仰的内涵，还要弄清大学生社会主义政治信仰的结构。大学生社会主义政治信仰培育的所有条理脉络，都是基于大学生社会主义政治信仰的诠释与阐明来展开的。

一、社会主义政治信仰的内涵

（一）社会主义政治信仰问题的提出

当前，我国社会正处在急剧转型阶段，社会政治问题和思想问题日趋多变，大学生社会主义政治信仰与中国共产党的历史使命、社会主义的前途命运、中华民族的伟大复兴休戚相关。社会中存在的消极影响因素不断增多，不仅影响大学生对中国共产党的信心、对社会主义的信念，而且事关社会主义事业的成败。因此，大学生社会主义政治信仰的形成、发展成为促进社会主义政治健康发展、推动社会主义事业持续繁荣、保证"中国梦"实现的大问题，成为我们党和国家高度关注的一个战略问题。

社会主义政治信仰在我国大学生政治信仰形成、发展中起着引导、主导、保障等作用，是保证大学生健康成长、不断提高进步的关键因素。它不仅决定大学生的政治判断、规范大学生的政治行为、引导大学生的政治生活、塑造大学生的政治人格，而且事关大学生的命运和国家的命运。由此，保证大学生社会主义政治信仰的形成，促进大学生社会主义政治信仰的发展，已成为我们党和国家战略的重要组成部分，并得到了高校的积极响应和始终坚守。

长期以来，尤其是改革开放以来，我国高校纷纷付诸行动，通过多种形式实施大学生社会主义政治信仰培育工程。随着大学生社会主义政治信仰培育工程的逐步推进，大学生的政治意识、政治辨别力不断增强，拥护中国共产党的领导、坚持社会主义道路、坚定共产主义信念等成了大学生政治思想的主流。但是，也要看到，大学生的政治理论素质相对缺乏、部分大学生政治参与意识减退、少数大学生社会主义政治信仰淡化等问题在高校依然存在，而且影响大学生社会主义政治信仰的消极因素在高校大量存在，大学生社会主义政治信仰培育在大学生健康成长中的作用、影响更加凸显。

大学生的社会主义政治信仰培育研究是社会主义政治信仰培育研究不可回避的问题。近几年来，学界对大学生社会主义政治信仰培育问题比较关注，一些学者曾经或正在直接或间接地关注大学生社会主义政治信仰培育研究，或对大学生社会主义政治信仰进行实证研究，或对大学生社会主义政治信仰予以理论分析，因此大学生社会主义政治信仰培育的研究范围得到不断深化。与此同时，高校持续开展大学生社会主义政治信仰教育，证明了大学生社会主义政治信仰培育研究的前景，以及大学生社会主义政治信仰培育的活力。对于大学生社会主义政治信仰的概念、结构研究，由于视角的不同，学界并没有形成定论，而是从另一角度证明了大学生社会主义政治信仰培育研究的必要性。

（二）社会主义政治信仰概念问题研究

要回答大学生社会主义政治信仰概念问题，首先得厘清政治信仰的概念问题，不仅因为社会主义政治信仰是政治信仰的一个组成部分，更重要的是，学界关于政治信仰的讨论对我们理解大学生社会主义政治信仰有引导性、启发性甚至决定性的作用。

对于政治信仰概念问题，学界有多种论述。李德顺的《价值学大辞典》，标列"政治信仰"，把政治信仰纳入价值的领域，视政治信仰为高级价值的信念；张荣明的《权力的谎言：中国传统的政治宗教》，论及"政治信仰"，以政治信仰的终极关怀解释政治信仰；王惠岩的《当代政治学基本理论》，把政治信仰的分析作为重要内容，强调政治信仰的政治系统、政治观念、政治原则认同；李蓉蓉的《试论政治信仰》，认为政治认知、政治情感和政治行为构成了政治信仰三要素；吴大英、杨海蛟的《政治意识论》，通过揭示政治信仰与意识形态的关系，提出政治信仰的意识形态范畴；王宏强的《从合法性信仰到政治信仰——马克斯·韦伯与戴维·伊斯顿合法性信仰理论比较》，则基于政治的合法性视阈阐述政治信仰，认为政治信仰是"对社会价值分配的权威的合法性的信仰"。

尽管不同研究者对政治信仰的解析所指涉的含义不尽相同，但他们都在使用相互联系的表述理解政治信仰。综合运用这些研究成果，可以清晰地看到，社会主义政治信仰的深层次内涵在于：第一，社会主义政治信仰属于社会主义政治心理、政治文化的范畴，认为社会主义政治价值信念、政治价值追求、政治价值认同是社会主义政治信仰在价值领域的表现。第二，社会主义政治信仰强调政治终极关怀，认为社会主义政治信仰的形成与发展始终与社会主义政治理性、政治安慰相关联的，在于社会主义政治理性与政治安慰的相互作用。第三，社会主义政治信仰以社会主义政治系统、政治观念、政治原则等为构成要件，大凡社会主义政治认知、政治情感、政治行为都以信守社会主义政治形态为基础。第四，社会主义政治信仰反映出社会主义政治行为准则，社会主义政治体系、政治制度、政治理论等均是社会主义政治信仰主体的言行准则。第五，社会主义政治信仰不仅是政治生活范畴，更是属于意识形态范畴的问题。作为观念、思想上的上层建筑，社会主义政治信仰反映我国政治意识，最终由社会主义社会经济基础和无产阶级利益所决定。第六，社会主义政治信仰是历史的必然，人民的选择，它形成、发展于社会主义社会实践，经受了社会主义社会实践的检验，同时按照社会主义政治及其发展规律来构建并随之形成和发展。

社会主义政治信仰的主体包括社会主义国家、社会主义社会、社会主义政治组织，也包括社会主义国家的公民。如果社会主义信仰的主体是"大学生"，那就是大学生社会主义政治信仰。不同主体的社会主义政治信仰，其特性也有区别。对于大学生社会主义政治信仰，就横向层面而言，有研究者将大学生划分为政治信仰狂信者、政治信仰智信者和政治信仰随信者三种类型；就纵向层面而言，有研究成果将政治信仰的演变轨迹划分为中华人民共和国成立初期、社会主义全面建设时期、"文革"时期、改革开放初期和建设社会主义市场经济体制新时期；就立向层面而言，有调查显示，存在信仰与不信仰以及相互转化的状态，其中信仰可划分为政治信仰坚定、政治信仰不坚定等多个类型、多个层次。研究者们所作理解虽然各异，其中都有一个核心思想：对社会主义政治信仰基本特性的认同，而且基于不同的视角展现大学生社会主义政治信仰从无到有、由生成到坚定的发展过程，体现政治信仰的变与不变或互变的状态及其影响因素与应对措施。

（三）深化对大学生社会主义政治信仰的理解

社会主义政治信仰是一个具有多层内涵、极为抽象的概念，很难精确把握。深化大学生社会主义政治信仰的理解，需要设定若干参数把社会主义政治信仰相对固定。根据社会主义政治信仰内涵的层次性特征，大学生社会主义政治信仰的参数可设定为合目标性、合制度性、合价值性、合主义性、合理论性、合阶级性。这六个参数很明显，在本质上是相互依存不可分割的，又是互相区别处在不同层次的。

从合目标性的视角理解，大学生社会主义政治信仰是大学生对社会主义共同理想的确认；从合制度性的视角理解，大学生社会主义政治信仰是大学生对社会主义制度的信服；从合价值性的视角理解，大学生社会主义政治信仰是大学生对社会主义核心价值的遵从；从合主义性的视角理解，大学生社会主义政治信仰是大学生以中国特色社会主义作为自己的政治行为准则；从合理论性的视角理解，大学生社会主义政治信仰是大学生对于马克思主义的极度信奉；从合阶级性的视角理解，大学生社会主义政治信仰是大学生对无产阶级的高度认同。

对于大学生社会主义政治信仰并不局限于从单一的视角看待，更为重要的，是把大学生社会主义政治信仰看作是植根于社会主义政治形态且不断发展的整体性概念。正是在此意义上，我们主张把大学生社会主义政治信仰理解为以下几种类型：一是信仰主体明确，由大学生组成，包括大学生个体和群体；二是信仰层次清晰，层次决定于社会主义政治信仰的层面；三是信仰形态多种，由社会主义共同理想、社会主义制度、社会主义核心价值观、中国特色社会主义、马克思主义等形态组合而成；四是信仰基础牢固，基础源于社会主义政治形态得到大学生普遍认同，而实现这一认同的逻辑前提是社会主义政治信仰是社会主义社会发展的必然，并与大学生的政治理想、政治追求相契合；五是信仰活动持久，所有活动都立足于社会主义政治认知、政治情感与政治行为三者的统一之中，而且包含着过程的延伸与发展；六是信仰导向明确，表现为对大学生的精神凝聚、人格塑造、言行感召和思想引领。

二、社会主义政治信仰的结构

（一）政治信仰层次结构思想

政治信仰的结构是我们理解政治信仰系列问题的出发点。对于政治信仰的结构问题，学界所作的研究仍显单薄。学界有关政治信仰结构问题的讨论不多，而且看法不一。但是，研究政治信仰的学者都给政治信仰下了定义，如吴大英、杨海蛟认为"所谓的政治信仰是指人们对理想的政治制度和过程、政治目标或理想的政治境界所持有的态度、信念或价值观"[①]。张荣明则将政治信仰定义为"所谓政治信仰，是对既定的政治形态的价值认同，是对政治的终极关怀"[②]。

由于研究者们的研究角度不同，已有研究对于政治信仰的定义也各不相同。值得注意的是，对于政治信仰的不同定义，内含的政治信仰结构思想却都是有层次的。如美国的戴维·伊斯顿出版的《政治生活的系统分析》一书，运用政治学理论，论述了"政治信仰"，认为政治信仰是"对政治秩序的某种正确性和适当性的信仰"，也是"对共同利益的信仰"。又如德国的马克斯·韦伯出版的《论经济与社会中的法律》一书，从社会的角度论述了"政治信仰"，认为政治信仰是对"社会价值分配的权威的合法性的信仰"，也是"对政治共同体的信仰"。再如我国的王宏强发表的《政治信仰：概念、结构和过程》一文，认为政治信仰是"对政党（尤其是执政党）的合法性信仰、对政府的合法性信仰、对政治领袖的合法性信仰、对意识形态的合法性信仰、对政治制度的合法性信仰"。

透过研究者们对政治信仰的定义，我们似乎可以对于政治信仰结构的思想做出如下概括：第一，政治信仰具有分层发展的空间，或者说，政治信仰由多个政治信仰形态组合而成，即以信仰多个政治形态而不是某一种政治形态作为信仰的基本目标；第二，政治信仰具有很强的"层次目标一致性"，即政治信仰的不同层次在价值目标上具有统一性，都是政治信仰

---

① 杨海蛟,等.政治意识论[M].太原:山西教育出版社,2001:313.

② 张荣明.权力的谎言:中国传统的政治宗教[M].杭州:浙江人民出版社,2000:5.

的重要形式，均与共同的政治目标保持一致，并基于共同的政治价值立场表现出相同的政治发展方向；第三，政治信仰的不同层次相对稳定，即通过政治信仰的层次来反映政治信仰的层次特征，并保持其层次发展方向，从而保证政治信仰更加稳定、持久。

（二）层次结构中的政治信仰形态

政治信仰层次结构所呈现出来的信仰形态，在很大程度上是与政治信仰结构的层次所呈现出的同一信仰不同形态联系在一起的。因此，剖析政治信仰层次结构中的政治信仰形态可从政治信仰结构的层次所呈现的形态及其相互关系中去探寻。

第一，政治信仰合目标性层面的形态。合目标性层面的政治信仰强调信仰主体的政治追求、政治理想，特有的依据为特定社会的共同理想，为信仰主体广泛认同，并以此规范、引导信仰主体的政治行为。显而易见，社会主义政治信仰合目标性层面的形态主要表现为社会主义共同理想。

第二，政治信仰合制度性层面的形态。政治信仰不仅是一个关于合理性的问题，更是一个关于合法性的问题。有了合法性制度，人们才能将对政府、道路、主义等认同并化为追求为之贡献作为自己的政治信仰。社会主义政治信仰形态因而包括社会主义制度。

第三，政治信仰合价值性层面的形态。政治价值等决定政治准则，从而决定政治信仰具有政治行为规范意义。政治信仰可依据其内在的价值确定其价值形态，主要表现为核心价值。社会主义核心价值形态不仅对于社会主义政治信仰具有重要意义，而且对于信仰主体的政治行为也具有重要的意义。

第四，政治信仰合主义性层面的形态。政治信仰是人类社会政治活动的一种特殊形式。纵观历史上的政治活动，可以发现这样的规律：不同的被广泛认同的政治主张，发生在不同阶段或不同性质的社会，体现不同的政治立场，都为相应的政治活动奠定了坚实的思想基础。中国特色社会主义是当代中国广泛认同的政治主张，理应成为当代中国社会主义政治信仰的形态。

第五，政治信仰合理论性层面的形态。这一层面的政治信仰通常表现为两种状况，一种是作用于不同历史时期的革命和建设实践，另一种则是作用于社会的政治秩序的基础。社会主义政治信仰把马克思主义作为政治信仰的对象，正是高度认同了马克思主义理论体系的重要价值和指导意义。

第六，政治信仰合阶级性层面的形态。在政治和阶级之间有着深刻的关联。这种深刻的关联，形成一种特有的政治信仰，即无产阶级先锋队的信仰。作为无产阶级的先锋队，中国共产党是社会主义政治信仰不可或缺的形态。

综上所述，层次结构中的社会主义政治信仰形态，不是只有一种形态，而是包括社会主义共同理想、社会主义制度、社会主义核心价值观、中国特色社会主义、马克思主义、中国共产党等多种形态。这些形态都是具体的，均有深刻的内涵，也有其特有的信仰。关于这些形态信仰既是信仰主体的政治生活方式，也是信仰主体实现人生目标、生命价值，以及人生、生命意义的特殊方式。

（三）大学生社会主义政治信仰的层次结构

在社会主义政治信仰主体中，大学生是社会主义政治信仰中的重要群体。作为一个重要群体，大学生社会主义政治信仰有适合且属于其自身的信仰结构系统。从政治信仰层次结构思想的角度看，大学生在合目标性层面、合制度性层面、合价值性层面、合主义性层面、合理论性层面、合阶级性层面的政治信仰共同构成了大学生社会主义政治信仰结构系统。这些层面的信仰都姓"社"，不姓"资"，同属于社会主义政治信仰，凝结为一个整体，共同构成大学生社会主义政治信仰结构。

大学生社会主义政治信仰必然是属于社会主义信仰的一部分。在合目标性层面上，始终以信仰社会主义共同理想为信仰对象；在合制度性层面上，始终坚定社会主义制度；在合价值性层面上，始终以社会主义核心价值观为引领；在合主义性层面上，始终以中国特色社会主义为政治行为准则；在合理论性层面上，始终信奉马克思主义理念体系；在合阶级性层面上，始终把接受中国共产党的领导作为确定社会主义政治信仰的保障。

大学生社会主义政治信仰结构在社会转型、社会结构变迁、改革不断深化、民主政治与时俱进的背景下，呈现出以下显著的特点：第一，中国特色社会主义理念体系得到大学生广泛认同，已成为大学生社会主义政治信仰的一种政治形态；第二，中国特色社会主义制度、理论、道路成为大学生的政治理想、政治追求，成为大学生社会主义政治信仰形态的重要组成部分；第三，社会主义核心价值观已发展成一种对大学生政治思想影响深远的重要稳定器与共同责任、价值准则，成为大学生社会主义政治形态的结合体；第四，"中国梦"积累沉淀着大学生内心深处的精神追求，代表着中华民族的共同理想，成为大学生社会主义政治信仰的重要内容。

三、大学生社会主义政治信仰的培育思路

大学生社会主义政治信仰的培育涉及层面之多，告诉我们不能将眼光局限在一个层面上，而应该在培育过程中将其他层面纳入其中，由此表现出系统性的内涵、层面性的指向。至此所说的是指大学生社会主义政治信仰的培育应该进行不同层面的综合把握与逐层实施。鉴于此，应注意以下几个方面的内容。

第一，统筹兼顾。大学生社会主义政治信仰被划分为合目标性层面、合制度性层面、合价值性层面、合主义性层面、合理论性层面和合阶级性层面。这几个层面均有其独特内涵，也有其独特作用。统筹兼顾大学生社会主义政治信仰培育的各个层面，避免大学生社会主义政治信仰培育"碎片化"，防范对政治信仰培育其他层面的忽视。同时，由于兼顾的不同层面在总体上目标一致，结果也只有一个正确答案，即大学生社会主义政治信仰的形成与发展。因此，其中一个层面的培育目标的实现，并不会与其他层面的培育目标的实现相冲突，统筹兼顾不仅可能而且可行。统筹兼顾应防止出现三个错误思维：一是不加区别，将一种方法、步骤运用于大学生社会主义政治信仰培育的不同层面；二是不讲联系，把大学生社会主义政治信仰培育的不同层面隔离，忽视不同层面之间的联系；三是不说改进，将经验看成是应对大学生社会主义政治信仰培育不同层面的万能钥

匙，始终凭经验办事，把经验绝对化。

第二，整体规划。在大学生社会主义政治信仰培育过程中，整体规划有着特殊的作用。整体规划可使规划更加全面、更加完整，又可促使大学生社会主义政治信仰培育不同层面之间互融、互补。整体规划下的大学生社会主义政治信仰培育，并不只是一种政治形态信仰的培育，更重要的是各种政治形态信仰的综合培育。综合培育需要整体规划，规划的重点主要集中在两个方面：一是大学生社会主义政治信仰各层面的个性实施方案；二是大学生社会主义政治信仰培育各层面的共性实施方案，彼此存在着分、合关系。对大学生社会主义政治信仰培育的规划，不仅立足于社会主义共同理想、社会主义制度、社会主义核心价值观、中国特色社会主义、马克思主义、中国共产党信仰的培育，也不仅着眼于大学生社会主义政治信仰培育的总体规划，更是同时在个性和共性上对大学生社会主义政治信仰培育不同层面进展的综合把握。这种认识主要基于以下设想，即分层进行大学生社会主义政治信仰培育，尽管有所区别，但在其进展中存在着共通的轨迹与共同的规律。

第三，因地制宜。在培育的方法上，重视信仰培育，并不是根据有关规定让大学生社会主义政治信仰培育千篇一律，而是考虑高校不同特点、大学生不同特征，因高校而异、因年级而异、因专业而异、因班级而异、因学生而异。大体而言，大学生社会主义政治信仰培育应充分考虑高校实际，紧密结合大学生需要，针对培育的层面，分高校、班级、专业、年级等，采取相应的措施。因此，培育大学生社会主义政治信仰，需要我们适度区分高校的不同类型、年级的不同特征、专业的不同特点、班级的不同情况、大学生的不同层次。高校多年来的快速发展，也为我们所做思考的转化奠定了基础，主要表现在四个方面：一是高校主管和分管领导以及职能部门主要负责同志开始思考学生社会主义政治信仰的教育问题，或印发教育方案，或发表学术论文；二是高校一直将学生社会主义政治信仰教育融入学生思想政治教育，或形成了经验，或建立了模式；三是高校长期以来，开展的大学生社会主义政治信仰教育活动成系列、有特色，或成了品牌，或得到推广；四是高校系统学生社会主义政治信仰培育研究已引起广泛关注，研究成果或应用于教育活动，或作用于问题破解。

第四，全面推进。大学生社会主义政治信仰的不同层面相互依存，该信仰的培育须考虑信仰各个层面的平衡，处理好信仰层面之间的关系。对大学生社会主义政治信仰的各个层面须予以侧重点不同的培育，在发挥其各自作用的同时给予必要的社会主义核心政治观引导。我们要创造条件建立大学生社会主义政治信仰各个层面培育之间的适度平衡和充分互动，推动信仰各个层面培育向纵深发展。此处的适度平衡和充分互动，是指建立在完全认同社会主义政治信仰各个层面形态基础上，由高校主导、大学生参与、组织者主持开展的社会主义政治信仰各个层面培育。这些层面信仰的培育应与大学生社会主义政治信仰培育的总体要求与发展阶段相适应。从这个角度看，所谓大学生社会主义政治信仰培育，一是强调信仰各个层面的前提，二是强调信仰各个层面的依赖，三是强调信仰各个层面的互动，四是强调信仰各个层面培育的兼顾，五是强调信仰各个层面培训的共进。但是，大学生社会主义政治信仰培育各个层面是全面推进而非同步推进的，全面推进大学生社会主义政治信仰培育并不意味着信仰培育各个层面同等重要和无主次之分。大学生社会主义政治信仰培育应该是在信仰培育各个层面的基础上的同时开展又非必须同步的培育。

第五，突出重点。大学生社会主义政治信仰培育的不同层面相互区别，相互联系，共同作用于大学生社会主义政治信仰培育。培育大学生社会主义政治信仰要层层俱到，又要有所侧重，重点突破是关键。理论上讲，大学生社会主义政治信仰培育中，社会主义共同理想、社会主义制度、社会主义核心价值观、中国特色社会主义、马克思主义、中国共产党信仰的培育，在这里提出突破重点的问题，实际上是信仰培育各个层面有待突破的难点组合，这个组合既要体现出大学生社会主义政治信仰培育各个层面的不同难点，又要体现出大学生社会主义政治信仰各个层面的共同难点。对于大学生社会主义政治信仰培育难点破解问题，我们不能用头痛医头、脚痛医脚的方法来应对，而应针对各个层面的难点来出招。对于大学生社会主义政治信仰培育各个层面共同难点破解问题，我们应从培育的过程中发现各个层面信仰培育面临的共同难点，以针对性的有效措施正视并解决。与之相适应的是,大学生社会主义政治信仰培育的重点和关键词从"单一培育",演进到"分层培育",再转变为"分层培育"基础上的"综合培育"。

第六,分类指导。大学生社会主义政治信仰的主体涉及不同大学生,包括男生、女生,党员、非党员,高年级、低年级,农村、城镇等各个类型,需要处理好不同类型大学生社会主义政治信仰培育之间的关系,是一项针对不同类型大学生的社会主义政治信仰系统培育工程,因此,要进一步加强分类指导,保证各种类型大学生的社会主义政治信仰培育均明显收效。一是应明确不同类型的大学生各自不同的特征,以及他们在社会主义政治信仰培育中不同作用的综合运用;二是应明确大学生社会主义政治信仰培育的层面以及各层面培育的内容、途径和形式;三是要明确大学生社会主义政治信仰的组织者如何有计划、有目的、有步骤地组织大学生社会主义政治不同形态信仰的培育,制订相适应的制度和方案;四是应明确不同类型大学生社会主义政治信仰培育的现状及其影响因素以及影响的程度,力求"对症下药",保证培育开花结果。这里有一个问题更值得关注,即大学生社会主义政治信仰培育应直面社会主义政治现实问题与大学生政治思想的当下问题,并能提出不同的、切实可行的解决方案。

第七,组织保障。保障大学生社会主义政治信仰培育有效性的组织机构,涉及校、院党委,校、院团委,校、院学生会,学校职能部门,学院科、室,班级班委会、团支部等各个主体,涵盖校、院领导的领导保障,校、院团委的指导保障,学校职能部门的措施保障,学院科、室的后勤保障,班级班委会、团支部的工作保障等各个层面,因此,需要进一步加强高校组织机构系统规划,保证各个组织分工明确、各负其责。组织机构的规划必须有系统、成系列,而系统、系列是有理念、有制度、有目标、有规则的。其中有几点尤其值得注意:一是组织机构须建立在共同的任务、共同的目标之上;二是组织机构须对内分工具体、对外职责清楚;三是组织机构均应"有所为,有所不为";四是组织机构应分工负责、相互配合,共同用力于大学生社会主义政治信仰培育;五是组织机构的主体须解决制约执行力提高的深层次问题,即认同大学生社会主义政治信仰培育的重要性、必要性和紧迫性。这个组织机构的特点是有机构、有职责、有制度、有分工、有资源、有决策、有协作。

第二节　大学生社会主义法律信仰培育的思路选择

哈罗德·J.伯尔曼的《法律与宗教》一书中指出，"法律必须被信仰，否则它形同虚设"。"法律信仰"作为一种信仰形式，在社会的发展和历史进程中一直发挥独特的作用。大学生社会主义法律信仰则直接作用于我国社会主义法治建设，事关中国特色社会主义法治建设事业的成败，正因为如此，有必要对其概念、结构及培育思路进行深入探讨、论证。

一、社会主义法律信仰的内涵

（一）社会主义法律信仰问题的提出

党的十八届三中全会首次作出了"推进法治中国建设"的重要决定，这表明我们党和国家对法治建设更加重视。推进法治中国建设，核心任务是推进法治现代化，建设法治国家、法治政府、法治社会。在这个社会，"无论是公民，还是法人，都必须尊重法律，维护法律的尊严和权威。"[1]如此，既彰显社会主义法治理念和法治精神，也说明了社会主义法律信仰培育的不可或缺。大学生社会主义法律信仰培育对此有着促进、推动等多种功能，是出于对建设法治中国的需要。

党的十八届四中全会通过的《中共中央关于全面推进依法治国若干重大问题的决定》，在彰显社会主义法治理念和法治精神上展示出"五个必须"，即"必须全面推进依法治国""必须更好发挥法治的引领和规范作

---

[1] 张文显.全面推进法律改革,加快法治中国建设——十八届三中全会精神的法学解读[J].法制与社会发展,2014(1):17.

用""必须使民主制度化、法律化""必须贯彻落实党的十八大和十八届三中全会精神""必须坚持中国共产党的领导"。当法治理念和法治精神得到进一步明晰和升华，如何对大学生的社会主义法律信仰辅以法治理念和法治精神？如能回答好这个问题，对于长期以来一直强调与时俱进、整体设计、突出重点、深入推进大学生的社会主义法律信仰的培育来说，无疑具有创新价值。

在我国，高校开展大学生社会主义法律信仰培育，以开设《法律基础》课程为标志，而且步伐坚定。但总体看，我国高校学生社会主义法律信仰培育工作不平衡、不持续的问题比较突出，有些高校仅限于开设《法律基础》课程，也有些高校满足于组织普法活动，采取的措施不适应现代高校法制教育和大学生法律素质发展的需要。这样的状况已影响到大学生社会主义法律信仰培育的进度和质量，迫切需要加以改变。

近几年来，我国学界有关法律信仰研究逐年升温，也取得了一些新成果。这主要表现在：学者们发表的论文逐渐增多，出版的专著开始涌现，参与的学者逐年增加，学术研究进一步深入，新的研究课题逐步涌现等几个方面。同时，我们也看到，现有研究存在的薄弱情况，具体表现为：未能对法律信仰的概念、结构等达成一致认识，对法律信仰培育的方法、方式、途径、机制等也众说纷纭。总结、讨论、分析现有研究形成的经验、存在的不足，无疑可为我们厘清大学生社会主义法律信仰培育的思路奠定理论、夯实基础。

（二）社会主义法律信仰概念问题研究

要理解大学生社会主义法律信仰，首先应弄清法律信仰是什么。国内对法律信仰的定义主要有：谢晖认为，法律信仰是"两个方面的有机统一：一方面是指主体以坚定的法律信念为前提，并在其支配下把规则作为其行为准则；另一方面是主体在严格的法律准则支配下的活动"[1]；刘旺洪认为，法律信仰是"社会主体在对社会法的现象理性认识基础上油然而生的一种神圣体验……是主体关于法的主观心理状况的上乘境界"[2]；陈

---

① 谢晖.法律信仰的理念与基础[M].济南:山东人民出版社,1997:8.
② 刘旺洪.法律信仰与法制现代化[J].法制现代化研究,1996(10):227.

融认为，"法律信仰包含以下两层含义：（1）主体对法律的认同、尊重，对社会生活依法而治的赞同与向往；（2）主体相信法律能为自己伸张正义，获得救济，并自觉运用法律的理性评价社会现实、指导自己的社会性行为"①；程燎原认为，法律信仰是主体对法的"神圣崇尚"②。国外关于法律信仰的主流看法是：法律信仰与宗教信仰不可分割，构成要素包括"仪式""传统""权威""普遍性"等，表现为对国家法律的虔诚，还表现为对"分配权利与义务，并据以解决纷争、创造合作关系的活生生的程序"③的坚守。这里的法律不仅被看成是社会现象，而且被看成是心理现象，包括社会秩序、权利与义务、正义等观念④。

可以看出，法律信仰是不同学者予以不同视角解读的对象，并没有一个统一或被广泛认同的定义。但不同学者的解读也有共同之处，概括地说，都十分重视法律的作用，都特别强调法律信仰的意义，都主张把法律信仰作衡量法治精神是否形成的标准，都聚焦于信仰主体的精神体验，都在考察信仰主体的法律认知、法律情感与法律行为。这些相同的看法，为我们理解法律信仰的表现形式提供了一把钥匙。一是法律信仰必然体现为信仰主体对法律体系的认同；二是法律信仰必然体现为信仰主体对法律制度的依恋；三是法律信仰必然体现为信仰主体对法律规范的遵从；四是法律信仰必然体现为信仰主体对法律尊严的维护；五是法律信仰必然体现为信仰主体对法治精神、法律文明的信仰。正是基于法律信仰的这些表现形式，有些研究者主张把大学生社会主义法律信仰定义为：基于大学生对社会主义法律的理性把握而形成的对社会主义法律价值的高度认同，以及对社会主义法律制度的无限信服，无论是大学生个体还是大学生群体，都坚持捍卫和维护社会主义法律，并以社会主义法律规范作为行为的最高准则。

---

① 陈融.法律信仰的基础及价值[J].河南省政法管理干部学院学报,2004(5):35.
② 程燎原.从法制到法治[M].北京:法律出版社,1999:11.
③ 哈罗德·J.伯尔曼.法律与宗教[M].梁治平,译.北京:生活·读书·新知三联书店,1991:38.
④ 哈罗德·J.伯尔曼.法律与宗教[M].梁治平,译.北京:生活·读书·新知三联书店,1991:163.

（三）深化对大学生社会主义法律信仰的理解

既有研究从综合、历史的角度来看，主要有五个方面的问题值得正视：一是大学生法律信仰研究侧重点是大学生的法律信仰。大学生法律信仰研究与大学生社会主义法律信仰研究并不完全相同，即大学生的法律信仰研究与大学生的社会主义法律信仰研究并不是线性关系，故而，大学生法律信仰研究取得成果并不意味着大学生社会主义法律信仰研究一定加强。二是对大学生的社会主义法律信仰研究，旨在探讨社会主义意义上的大学生法律信仰，而把大学生社会主义法律信仰研究主要精力集中在"大学生法律信仰"上，就会忽视大学生法律信仰的社会主义本质，混淆国内外大学生法律信仰的区别。三是大学生社会主义法律信仰研究在具体操作时，针对的是大学生，而历史上的大学生在社会的不同阶段却表现出了不同的特点，用静止的眼光看待大学生，就会忽视不同时期大学生社会主义法律信仰的区别，而这种状况的存在恰恰是造成大学生社会主义法律信仰研究的对象被不加区别的重要原因。四是大学生社会主义法律信仰是一个构成性的概念。大学生社会主义法律认知、法律情感、法律行为等都是大学生社会主义法律信仰的构成要素，把理解的视角侧重于某一方面，往往忽视对其他要素的考察，大学生社会主义法律信仰的整体性把握并未引起重视；五是大学生社会主义法律信仰也是一个发展性的概念。当代大学生的社会主义法律信仰，与以前不同时期的大学生的社会主义法律信仰是有区别的，其中包括随着社会主义法律、法治建设的深入推进而不断发生的种种变化，缺乏对这些变化的考量，采用同质性的思维方式，使大学生社会主义法律信仰直观表达，却忽略了大学生社会主义法律信仰的发展。

要深入理解大学生社会主义法律信仰，需要整体、历史、全面地去考察。如此，对于大学生社会主义法律信仰的概念问题，有五个重要特征需要引起关注：一是理性认知。这种认知并不只是从社会主义法律体系、社会主义法律制度等概念着眼的，而是在认同与信仰之间建立了某种张力，包括对社会主义法律原则、法律精神的领悟。二是充分信任。哈罗德·J.伯尔曼指出，"法律只有在受到信任并且因而并不要求强制力的时候，才是有效的"①。充分信任社会主义法律的大学生能够为维护社会正义和秩序而拥戴社会主义法律，共同接受社会主义的法律。三是自觉遵循。亚里士多德认为，"法律能见成效，全靠民众的服从"②。而民众的服从是包括大学生自觉遵循的，因而大学生社会主义法律信仰既是大学生对社会主义法律的心理认同，也是大学生对社会主义法律的自觉遵循。四是神圣的体验。刘旺洪在《法律信仰与法制现代化》中告诉我们，法律信仰是社会主体对社会学的现象在理性认识基础上油然而生的一种神圣体验。所以，大学生社会主义法律信仰是为那些认同社会主义法律，以社会主义法律为最高法律行为准则，又努力、主动、积极捍卫法律的大学生生成的信仰。五是追求公平正义。布林顿等人指出，法律是善良和公平的艺术。由此可以看出，大学生社会主义法律信仰的核心信念是追求社会公平、正义。那么，我们可以说，关于法律信仰就是人类追求社会公平、正义价值的确定性，而大学生社会主义法律信仰就是大学生对中国特色社会主义社会公平、正义价值的追求。

二、社会主义法律信仰的结构

（一）法律信仰的层次结构思想

所谓"法律信仰的层次结构"就是它关注法律信仰的内在构成。法律信仰是由多种法律形态信仰构成的，因此在这里有必要对法律信仰的内在结构做一个查究。

对于法律信仰的内在结构，学界既有的认识并不一致。在《论法律信仰的类型——兼析中国人的法律信仰如何形成》一文中，黄文艺提出了法律信仰的四种类型，即传统型法律信仰、合法型法律信仰、工具合理型法律信仰、价值合理型信仰。谢晖则在《法律信仰概念及其意义探析》一文中对法律信仰类型作出了不同的阐释。他把法律信仰划分为五种类型，即自由权利信仰和秩序——义务信仰、法律制度信仰和法律职业信仰、法律

---

① 哈罗德·J.伯尔曼.法律与宗教[M].梁治平，译.北京：生活·读书·新知三联书店，1991：163.
② 刘爱农.全民守法是法治中国的基石[J].苏州大学学报（哲学社会科学版），2015（1）：53.

的心理信仰和行为信仰、法律目的信仰和法律技术信仰以及实在法信仰和理想法信仰。

任何一个信仰都存在着一个结构，法律信仰也不例外。法律信仰的分类只是按研究者的研究角度划定的，无论是黄文艺的四种划分，还是谢晖的五种划分，都是围绕法律信仰的结构分析来展示他们的法律信仰的结构思想。归纳起来主要有以下几个信仰。

第一，法律文化传统信仰。从逻辑上讲，在我国法律信仰语境中，法律文化传统就意味着法律不是外部强加的，而是天然生成的。人们大都认为现代法律制度是法律文明发展的产物。生活在这种法律下的人们学法、知法、守法、用法，大都不需要特别痛苦的心路历程。

第二，法律实用理性信仰。人们所以会共同接受、尊重、遵从法律，其中一个很重要的因素是人们的需求与法律满足人们需求的规则形式相适应。"任何一种法律，倘要获得完全的效力，就必须使得人们相信，那法律是他们的。"①抛开对人及其社会需求最大限度的满足，人们对法律的信仰不可能实现。

第三，法律制度体系信仰。在法律信仰中，法律制度体系扮演着十分特殊的对象，我们所讲的宪法、行政法、民法、诉讼法等根本法、实在法或人定法皆寄寓其中。法律制度体系并不是一种单纯的法律规则，也不是民间法或一般的社会规范，而是规范、事实和价值的复合体。正是如此，法律信仰对象的选择指向了法律制度体系。法律制度体系也因此具有至上的权威和尊严。

第四，法治社会理想信仰。习近平于2014年9月5日，在庆祝全国人民代表大会成立60周年大会上指出，"国无常强，无常弱。奉法者强则国强，奉法者弱则国弱"。在习近平看来，"重大改革要于法有据""公生明，廉生威""党纪国法面前没有例外""公平正义是政法工作的生命线"。习近平这里所说的"法治观"不是指学术意义上的"法治观"，而是指法律文化中对法治理论中的法治社会的理想。

第五，权利本位思想信仰。川岛武宜认为，"近代法中的主体主张权

---

① 哈罗德·J.伯尔曼.法律与宗教[M].梁治平,译.北京:生活·读书·新知三联书店,1991:5.

利和‘为权利而斗争’，目的在于维持法律秩序本身”①。因此，在法律信仰过程中，必须出现权利本位的信仰。体现出的思想“决不仅仅是单纯地为了权利主张者的个人主义辩护的逻辑，而且同个人主义的权利意识也不矛盾”②。说明法律信仰中贯穿着一种清晰的权利本位思想，这种权利本位思想一直给人们“为法律而斗争”的信念影响。

（二）层次结构中的法律信仰形态

近年来，关于法律信仰形态问题，学术界相关研究有所涉及，但没有形成定论。对于学术界出现的观点，总的来说，有三点需要澄清：一是简单把法律理解为法律信仰的形态，而这种理解难以解释法律信仰对法律认知、法律情感、法律意志三要素的整体构架；二是错误地把法律的属性，诸如自由——人权性、效用——利益性、保障——救济性等，理解为法律信仰的对象，而这种理解难以对法律信仰的各种形态提供逻辑一致的解释；三是不分语境套用西方语境和理论传统对中国语境下的法律信仰作出不切实际的理解，而这种理解往往难以解释东西方法律文化传统以及法律信仰内涵的根本性区别。

层次结构中的法律信仰可以理解为法律文化传统信仰、法律实用理性信仰、法律制度体系信仰、法治社会理想信仰和权利本位思想信仰的组合。对此，我们可以“三看”：一看法律信仰的法律认知、法律情感和法律意志三要素。当我们说，人们对法律推崇、信任、坚守，以及对法律倾注全部感情的时候，实际上在说，人们对法律文化传统、法律实用理性、法律制度体系、法治社会理想、权利本位思想的高度认同。而具体的表现则为法律文化传统信仰、法律实用理性信仰、法律制度体系信仰、法治社会理想信仰和权利本位思想信仰。二看法律信仰的基础。一般认为，法律信仰源于法律信仰的基础，这个基础包括法律文化底蕴、法律实用理性、法律制度体系、法治社会理想、权利本位思想。于是，在法律文化传统、法律实用理性、法律制度体系、法治社会理想、权利本位思想成了法律信仰基础的背景下，法律文化传统信仰、法律实用理性信仰、法律制度体系

① 川岛武宜.现代化与法[M].申政武,王志安,渠涛,等译.北京:中国政法大学出版社,1994:73.
② 川岛武宜.现代化与法[M].申政武,王志安,渠涛,等译.北京:中国政法大学出版社,1994:73.

信仰、法治社会理想信仰、权利本位思想信仰等逐步演化为法律信仰的外在表现。三看语境及信仰表达方式。社会主义法律信仰是对社会主义法律文化传统、法律实用理性、法律制度体系、法治社会理想、权利本位思想的推崇与信服，因此，社会主义法律文化传统信仰、法律实用理性信仰、法律制度体系信仰、法治社会理想信仰、权利本位思想信仰的形成与发展，不仅顺应了社会主义法律信仰的发展趋势，而且丰富了社会主义法律信仰的多样性，为我们不断拓展社会主义法律信仰提供了全新的选择。

将法律信仰划分为法律文化传统信仰、法律实用理性信仰、法律制度体系信仰、法治社会理想信仰和权利本位思想信仰，以法律信仰拥有五者的不同侧面来划分不同的法律信仰形态，我们可以发现，法律信仰拥有以下五种形态。

第一，法律文化传统。法律文化传统由"法律心态、法律意识、法律价值观念、法律思维方式和法律行为定势等基本要素"①组成。即历史中形成，长时期沉淀，延续至今，影响广泛而深刻。因为"传统意味着许多事物。就其最明显、最基本的意义来看，它的涵义仅只是世代相传的东西"②。

第二，法律实用理性。长期以来，法律实用理性越来越多地受到法律实用主义的影响。法律实用主义是由霍姆斯、卡多佐、杜威、理查德·罗蒂、理查德·波斯纳等人提出并完善的。法律实用主义的主要贡献者格雷告诉我们，实用主义削弱了理论家傲慢的雄心壮志，实用主义脱离了理论犯罪。所以，霍姆斯特别强调，"以经验来识别法律"，就是"要一只眼盯住传统，另一只眼盯住体现人类幸福的现实政策"③。

第三，法律制度体系。当下表现为现代法律制度。现代法律制度是相对于传统法律制度而言的。现代法律制度与传统法律制度相比，一个突出的特点便是对自由与平等的尊崇。在此制度下，"社会主体可以在社会生活中自由进行生产、交换、分配和消费，作出其选择，决定自己的行

---

① 姚建宗.法律传统论纲[J].吉林大学社会科学学报,2008,48(5):74.
② E.希尔斯.论传统[M].傅铿,吕乐,译.上海:上海人民出版社,1991:12.
③ 苗金春.法律实用主义的进路及其贡献——司法能动主义的理论渊源[J].学术界,2008(4):199.

为"①。这成为现代社会主义实现公平正义价值、追求人类合理性的目的关怀的一种最重要的制度资源，由此，要对现代社会法律制度体系进行构建与实施。

第四，法治社会理想。法律信仰的理想来源是多方面的，法治社会理想是其中之一。法治社会是对法制社会在建设层面最好的延伸。江必新、王红霞论证说，法治社会"与法治国家、社会管理法治、社会法治国等范畴相关但不相同"，"法治社会是法治的深化与升级""建设法治社会是现代社会的基本诉求""法治是转型中国弥合社会系统的核心共识"②。

第五，权利本位思想。郑良成在《权利本位论——兼与封白贤同志商榷》一文中指出："权利本位说是一种价值陈述，它所回答的是'应当是什么'，而不是或主要不是回答'是什么'的问题。"因此，可以说，权利本位是一种回答人的生存权利、论证义务来源于权利的思想。

这五种形态是来源于上述法律的五种形态信仰，同时又是法律信仰的形态构成，因此，应该将其放在法律信仰的整体结构下考察。作为法律信仰的不同形态，要求其具有独特性；作为法律信仰的构成形态，又要求其具有统一性。法律信仰结构下的这五种法律形态总是相互联系、不可分离的。

（三）大学生社会主义法律信仰的层次结构

大学生社会主义法律信仰的结构，随着社会主义法律信仰的结构发展，呈现出一定的规律性。这种规律性本身就蕴含着社会主义法律信仰的结构性要求。社会主义法律信仰的结构分五个层次：一是社会主义法律文化传统信仰；二是社会主义法律实用理性信仰；三是社会主义法律制度体系信仰；四是社会主义法治社会理想信仰；五是社会主义国家权利本位思想信仰。大学生社会主义法律信仰的结构也因此具体表现为以下五个层面的结构。

第一，法律文化传统信仰层面。社会主义法律文化传统层面的信仰，就是尊重、信服社会主义国家过去延续下来的法律传统，主要表现在大学

---

① 陈鲁宁.中国社会结构变迁与现代法律制度生长[J].法律科学,1997(6):17.
② 江必新,王红霞.法治社会建设论纲[J].中国社会科学,2014(1):140,145-146,148.

生对社会主义法律文化传统的相信、推崇上。随着社会主义法律文化传统传承与弘扬，社会主义法律文化传统信仰也成了大学生社会主义法律信仰中的一种形态。

第二，法律实用理性信仰层面。社会主义法律实用理性信仰的对象毫无疑问是社会主义法律实用理性。社会主义法律实用性、利益性、救济性等是社会主义法律被大学生信仰的一种保证。正如谢晖的《法律信仰》一文所言："作为方便的利益具有被主体普遍信仰的实效基础。"

第三，法律制度体系信仰层面。大学生社会主义法律制度体系信仰是大学生对社会主义法律制度体系的信仰。社会主义法律制度体系的重要性，在于它为社会主义社会关系的协调、公平正义的实现、法治的实施、人们权利的获取作了制度安排和设计。这种安排与设计的价值包括了内存价值和外在价值两个方面的内容，要点为规则、秩序、程序、正义、公平、效率、自由等。

第四，法治社会理想信仰层面。社会主义法治社会理想是得到大学生广泛认同的。因此，社会主义法治社会理想能得到大学生尊奉、群体捍卫。社会主义法治社会理想带有明显的理性的社会主义法治理论安排，它是人们的共同理想，是大学生必须尊奉的理想。

第五，权利本位思想信仰层面。社会主义国家权利本位思想强调，社会主义国家的法律应以公民的基本尊严和基本权利为关注对象。回顾社会主义法律信仰的发展过程，可以看出这样一种情况，即社会主义法律对大学生基本尊严与基本权利的保障，促成了大学生社会主义法律信仰的形成与发展。并且，大学生社会主义法律信仰的形成与发展，推动着社会主义权利本位思想的不断丰富。

三、大学生社会主义法律信仰的培育思路

大学生社会主义法律信仰的培育思路，从大的角度讲，就是大学生社会主义法律信仰的培育方略，更多涉及大学生社会主义法律信仰结构的内容以及大学生社会主义法律信仰培育的技术方法。大学生社会主义法律信仰结构，影响着大学生社会主义法律信仰培育的技术方法的设计选择。同

样，大学生社会主义法律信仰培育的技术方法，也影响着大学生社会主义法律信仰结构的改善。据此，针对大学生社会主义法律信仰培育问题，我们需采取以下方略。

（一）坚持法律信仰的系统培育

所谓法律信仰的系统培育，就是要用系统的观念、系统的思维、系统的措施来进行法律信仰的培育。用系统的观念来进行大学生社会主义法律信仰培育，是为了凸显大学生社会主义法律信仰层次结构的系统性，因为大学生社会主义法律信仰按其构成而言是系统的；用系统的思维来进行大学生社会主义法律信仰培育，是为了凸显大学生社会主义法律信仰培育所内含的五种信仰培育维度及其系统性，因为大学生社会主义法律信仰培育集中体现在这五种信仰的培育中；用系统的措施来进行大学生社会主义法律信仰培育，是为了凸显大学生社会主义法律信仰培育的方式、方法及其多样性，因为针对大学生社会主义法律信仰所包含的五个层面进行培育，全部问题都在于使培育措施多样化。

观念系统具有可解析性，思维系统具有可重构性，措施系统具有可操作性，观念、思维、措施之间具有可相容性。因此，大学生社会主义法律信仰的系统培育，从理论上讲是可行的。系统理论的一个重要意义，在于为大学生社会主义法律信仰培育的可解析性、可重构性、可操作性、可相容性提供了理论依据。基于系统理论视阈，大学生社会主义法律信仰是一个由五种信仰组成的有机整体，这五种信仰在大学生社会主义法律信仰中都处于一定的位置，它们相互依赖、相互联系，构成了不可分割的整体。从这个角度出发，大学生社会主义法律信仰培育必须兼顾五种信仰的培育，必须从培育五种信仰的角度来进行，必须考虑五种信仰培育的呼应，这也就是为什么要对大学生社会主义法律信仰进行系统培育的一个理由。

（二）重视法律信仰的整合培育

法律信仰的层次结构在一定程度也是上述五个层面信仰的合成，当然有合成就有整合。大学生社会主义法律信仰的整合培育，就是把大学生社会主义法律信仰五个层面的培育，结合为一个统一、互为融通的整体的过程。由此看来，大学生社会主义法律信仰培育，显然就是把这五种培育通过社会主义法律信仰培育这个纽带结合在一起的一个过程。这个过程关注的是大学生社会主义法律信仰五个层面培育之间的整合，是大学生社会主义法律信仰的培育生成。

实现大学生社会主义法律信仰的整合培育，首先，要从大学生社会主义法律信仰五个层次培育之间的联系入手。原因在于，大学生社会主义法律信仰的整合培育，必然是一种使大学生社会主义法律信仰五个层次相联系的培育行动，而在行动中，这五种培育之间的联系始终起着基础和前提的作用。其次，要保持大学生社会主义法律信仰五个层次培育之间的统一状态。对大学生社会主义法律信仰的培育并不只是从五个层次信仰培育着眼的，而是在这五个层次信仰培育之间建立了一种相互共有的空间。最后，要着力于大学生社会主义法律信仰培育。大学生社会主义法律信仰五个层次培育都统一于大学生社会主义法律信仰培育中，它们始终建立在社会主义法律信仰培育基础上，又始终在社会主义法律信仰培育方面保持着必要的张力。

切实加强大学生社会主义法律信仰五个层次培育的整合，对于大学生社会主义法律信仰培育十分重要。第一，大学生社会主义法律信仰五个层面培育虽有着不同的向度和侧重点，但均在大学生社会主义法律信仰培育意义上来进行，对其进行整合，是对大学生社会主义法律信仰培育效果的超越和升级。第二，在大学生社会主义法律信仰培育系统中，大学生社会主义法律信仰五个层次培育均扮演着特有的角色，对其进行整合，充分发挥不同作用，是大学生社会主义法律信仰培育效果最优化的必须。第三，大学生社会主义法律信仰五个层次培育都是影响大学生社会主义法律信仰培育的主要因素，对其进行整合，是大学生社会主义法律信仰培育效果最显著的举措。

（三）推进法律信仰的分层培育

在大学生社会主义法律信仰培育中，面对由于社会主义法律信仰的层次结构所包含的五个层次的信仰，笼统地进行法律信仰培育是不行的，还必须采取法律信仰的分层培育模式。所谓分层培育模式，是指在强调大学生社会主义法律信仰培育中心的同时，分社会主义法律文化传统信仰、社会主义法律实用理性信仰、社会主义法律制度体系信仰、社会主义法治社会理想信仰、社会主义国家权利本位思想信仰进行逐一培育，从而增强大学生社会主义法律信仰培育针对性、实效性的培育模式。其特点是分别培育大学生社会主义法律信仰的某一层面而不是大学生社会主义法律信仰整体，强调不同层面信仰培育的协调。

大学生社会主义法律信仰分层培育在方法上强调分层，这种分层有四个显著的优势：一是使大学生社会主义法律信仰五个层次培育的作用得以清晰区别；二是使大学生社会主义法律信仰培育更加深入、更加全面；三是在直接服务于大学生社会主义法律信仰培育的同时，实际上又对大学生社会主义法律信仰五个层次分别进行了深度的培育；四是大学生社会主义法律信仰五个层次的培育均以社会主义法律信仰培育为目标，达到了五者的统一而不相互孤立。进行大学生社会主义法律信仰分层培育，要防止出现以下问题：被限定在某一层次；局限于某一种培育；局限于在层次培育的对立框架中；层次培育之间统一关系被抽离。

（四）注重法律信仰的协同培育

大学生社会主义法律信仰的协同培育，涉及大学生社会主义法律信仰五个层次培育，是一个系统性培育工程，需要学校多部门、单位参与、配合，做出协同培育。协同培育就是把学校各个部门、单位通过分工、协作结合在一起的培育行动，同时还是一种建设在共同认识、共同目标基础上的各部门、单位以配合、协调、协同为特征共同培育状态。

更具体地讲，大学生社会主义法律信仰培育的协同包括：分工负责、互相配合、共同推进、取长补短、资源整合、统一行动、共同参与、良性互动、经验共享、相互联动。这里有三个可行的原则：一是认识必须一致。认识一致，培育才会协同。二是目标必须相同。目标相同，培育才可协同。三是分工必须关联。分工关联，培育才能协同。

所有高校的组织机构都是由各个部门、各个单位组成的有机整体，每个部门、单位在大学生社会主义法律信仰培育中都起着特有的作用。要使这些作用产生整体效应，也就是整体效应大于各部门、各单位特有作用的总和，就必须明确各部门、各单位在大学生社会主义法律信仰培育方面的不同职责，解决部门、单位各讲各的调、各唱各的戏的状况。这种思考，不是依赖某个部门、某个单位，也不是依靠某几个部门、几个单位，而是依托所有部门、单位，从学校组织机构和共同目标、任务的总体角度考虑。

第三节　大学生社会主义道德信仰培育的思路选择

就既有研究来看，对于社会主义道德信仰概念和结构问题研究、对大学生社会主义道德信仰培育思路的研究，尚显不足。社会主义道德信仰概念、结构问题研究实与社会主义道德信仰培育思路研究不可分离。从这个意义上说，社会主义道德概念、结构问题研究，不仅仅是概念、结构的研究，而是与社会主义道德信仰培育思路研究紧密相连的。基于这个思路，本节拟就大学生社会主义道德信仰的概念、结构、培育思路等问题做一些讨论。

一、社会主义道德信仰的内涵

（一）社会主义道德信仰问题的提出

中华人民共和国成立以后，尤其是改革开放以来，高校大学生社会主义道德信仰培育一直备受重视。各高校都以加强社会主义道德教育为立德树人的方式，非常重视对大学生社会主义道德信仰的培育。改革开放四十年来，党和国家一直强调、省（市）自治区教育主管部门始终重视、各高校长期坚持社会主义道德教育，促使大学生社会主义道德信仰不断发展，社会主义道德信仰成了大学生人生路上的"指向灯"，成为大学生道德行为的"动力源"，变成大学生的"生活方式"。然而，在社会主义道德信仰成为大学生的精神支柱和道德行为选择的坐标的同时，大学生社会主义道德信仰的危机也在高校出现，少数大学生对社会主义道德信仰产生了困惑、迷茫和动摇。这种现象在高校长期存在，值得我们关注。

与此同时，大学生社会主义道德信仰形成与发展，涉及校内各部门、各单位的培育，尤其是要适应社会主义道德发展以及大学生道德发展的需要来构建长效机制。当校内各部门、各单位现有做法，符合社会主义道德发展的要求，能够满足大学生道德发展的需要时，不能也无须改变。目前，我国处在深刻的转型时期，伴随着社会结构的深刻变革，大学生的道德价值观念也在向多样转变，有些高校的大学生社会主义道德信仰培育滞后于社会变革对大学生道德信仰培育提出的新要求，滞后于大学生内在的道德信仰发展需求。在实践中如何解决理想化的教育、程序化的培育、模式化的培养等与变化着的社会道德和大学生内在道德需求脱节问题，还没有形成有效的机制。这个问题是亟需研究、解决的，否则，就不能真正意义上化解大学生社会主义道德信仰危机。

当前社会存在的"合理道德观念的失衡""道德行为的不规范""道德评价标准模糊"等问题，给大学生社会主义道德信仰带来的前所未有的冲击，也使我们必须进行回应与应对。在改革开放时代，与改革开放相适应的新的道德规范正在形成，同时存在新老道德规范的矛盾，造成社会道德系统的真空与混乱。频频出现的"官二代""富二代"等负面报道，广泛流传的"我爸是李刚"等网络流行语，引发热议的"地沟油""瘦肉精"等新闻报道，在反映社会呼唤道德信仰的同时，也折射出社会道德系统存在的乱象①。尽管这些乱象在社会道德生态中并非比比皆是，但是它们足以影响大学生的思想观念，干扰大学生的道德行为选择，导致大学生社会主义道德信仰的危机。因此，我们要主动正视这种冲击，及时回应这一挑战，并为大学生社会主义道德信仰形成、发展乃至重建减少负面影响，以

---

① 卢书欣.社会转型中的大学生道德信仰危机与重建[J].黑龙江高教研究,2011(9):95.

便为培育大学生社会主义道德信仰提供思想道德基础。

(二) 社会主义道德信仰概念问题研究

解决好大学生社会主义道德信仰概念问题，当然离不开对"道德信仰"的正确认识。国内道德信仰研究渐趋活跃，对道德信仰概念问题的研究一直是一些学者的兴趣所在，既有研究成果对道德信仰作了种种阐释，或认为是对某种道德理想及其价值依据的笃行和奉行，或认为是介于宗教信仰和实用信仰中间的对人类之间关系或者状态的超越性把握，或认为是人们基于对道德于人的生存发展的价值的认识产生的对道德的崇信，并以此设定人生目标的特殊情感，或认为是道德形成的精神基础和道德的最高目标和最高境界。

李德顺的《"信仰危机"与信仰的升华》将道德信仰定义为对某种道德目标、理论的信服和崇拜。荆学民的《论实用信仰与道德信仰》指出，"实用信仰是人类对现实生活行为目的的超越性把握，更多的附着于物质生活，道德信仰则是人类之间关系的状态或目的的超越性把握，更多的存在于人的精神生活领域"。黄明理的《社会主义道德信仰研究》认为，"道德信仰有两层本然的要义，一是信以为真，二是信以为值。道德信仰是一种意向性的活动，总是包含着指针的道德对象，而任何一个对象都是现象与本质的矛盾统一，信是对对象本真即现象与本质统一的确认"。荆学民的《道德信仰及其当代意义》则将道德信仰理解为一个生成的完整范畴。道德是其基础，信仰是其着力点。这些见解无一不表达着上述学者对道德信仰的认识，均有存在的价值，有助于我们加深对道德信仰的理解。

然而，在道德信仰概念问题研究中大学生社会主义道德信仰培育研究却很贫乏，很少有学者从社会主义道德信仰培育问题中提出问题、提炼概念，更少触及大学生的社会主义道德信仰培育问题。因此，社会主义道德信仰培育研究必须从社会主义道德信仰培育的"主体"入手。大学生作为社会的特殊群体，对其社会主义道德信仰培育进行研究，就是社会主义道德信仰培育研究的一种探索。值得注意的是，与既有的社会主义道德信仰培育研究不同，大学生社会主义道德信仰培育研究更关注大学生的社会主义道德信仰问题，涉及的问题包括：大学生社会主义道德信仰的特征、构成、功能、价值；针对"大学生"提出的社会主义道德信仰概念——用大学生社会主义道德信仰培育来解释大学生的社会主义道德理想、道德情感和道德行为。可以说，大学生社会主义道德信仰培育问题的提出，是对学界既有研究的响应，也是对社会主义道德信仰培育研究的拓展。

（三）深化对大学生社会主义道德信仰的理解

大学生社会主义道德信仰是什么？这个问题是我们在研究大学生社会主义道德信仰之初和对大学生社会主义道德信仰作了深入研究之后，均需反复思考的问题。厘清和认识大学生社会主义道德信仰是初步研究和深入研究大学生社会主义道德信仰的前提和基础。

研究大学生社会主义道德信仰概念问题，可以借鉴的学术资源是关于道德信仰概念问题的研究，尽管既有研究对"道德信仰"尚未定论，提出的观点也不一致。关于道德信仰概念问题，既有研究提出了四种观点，如前文所述，这就为我们厘清和认识大学生社会主义道德信仰概念问题提供了四个观察层面。

从道德理想层面讲，大凡信仰社会主义道德的大学生都设定有能够引导自己行为的道德价值理想，生活在特有的集体环境中的这些大学生都表现出对社会主义道德理想的信奉。信奉社会主义道德理想的大学生，不仅要具备道德上坚守社会主义道德理想，还要在实现社会主义道德理想实践中有所作为。

从道德规范层面讲，社会主义道德规范在赋予大学生道德标准的同时，也设立了大学生的道德理想人格。作为社会主义道德信仰的一个主体，大学生道德理想人格又体现为相应的责任感、使命感、奉献精神乃至牺牲精神，进一步表现为"具有社会主义道德理想人格""按照社会主义道德规范生活""在道德信仰的终极关怀中实现大学生的本质"等。

从道德价值层面讲，在每一种文明中，每一种习俗、器物观念，信仰都完成着某种重要的功能，大学生社会主义道德信仰也是如此。社会主义道德信仰植根于社会主义社会生活的客观事实，给予了大学生社会生存的意义和目的，又彰显了大学生存在的价值，大学生社会主义道德信仰是大学生对社会主义道德执着不渝的信服，更是大学生对社会主义、共产主义事业始终不移的追求。

从道德实践层面讲，大学生社会主义道德信仰实践在大学生与社会主义道德关系上存在两种状态，一种是大学生的主体性，另一种是社会主义道德的客观性。这两者之间相互影响、相互渗透、相互制约、相互作用的过程，是有目的、有意图、有情感、有意志的大学生对客观世界、社会现实、人生境遇的反映和把握[①]。

依据以上分析和对大学生社会主义道德信仰的多重解读，可以进一步对大学生社会主义道德信仰作深层分析。第一，大学生社会主义道德信仰与社会主义道德理想的密切联系，使社会主义道德理想成为大学生的一个理想，并与大学生的其他理想相互联系成一个整体。第二，大学生社会主义道德信仰与社会主义道德规范的密切联系，使社会主义道德规范变成大学生的一个行为准则，是与大学生的其他行为准则内联的生活法则。第三，大学生社会主义道德信仰与社会主义道德价值的密切联系，使社会主义道德价值变成大学生一个价值观念，是与大学生的其他价值观念互融的意识形态。第四，大学生社会主义道德信仰与社会主义道德实践的密切联系，把大学生社会主义道德认知、道德情感与道德意志联结为一个整体，使社会主义道德实践成为大学生的一个建立在对社会主义道德信仰正确认识之上的，以社会现实道德生活为基础的实践，是与大学生的其他实践组合的活动方式。

二、社会主义道德信仰的结构

我们在研究大学生社会主义道德信仰时，"道德信仰结构"的表达是极其重要的内容，它是反映大学生社会主义道德信仰质的规定性的重要依据。既有研究涉及道德信仰结构问题，所作理解与解读不尽相同，但给人的感觉是道德信仰结构仍不十分清晰。面对尚未解决的问题，我们有必要对道德信仰结构问题进行深入探讨，在此基础上，对于深入研究大学生社

① 魏长领,刘学民,刘晓靖.道德信仰与社会和谐[M].武汉:武汉大学出版社,2013:46.

会主义道德信仰需要把握的要素进行分析阐释。

（一）道德信仰双层结构思想

关注道德信仰问题的学者在讨论道德信仰时虽然没有明确使用"双层结构"这个词，但提出了道德信仰可以分类的理论，蕴含了"道德信仰双层结构"的思想。

德国的康德深入分析了信仰的类型。他认为信仰包括"实用的信仰""学说的信仰"和"道德的信仰"，强调"道德信仰"是信仰的最高层次，分为对道德法律和"绝对命令"的信仰和对"神""来世"的信仰。美国的保罗·库尔茨通过比较道德信仰和其他信仰指出，"人们的道德信仰至少有两个基本组成部分：基本价值观和道德原则"[①]。

国内学者对道德信仰的类型也作了多视角的研究及划分。贺麟认为，道德信仰是指对人生和人性的信仰，而且是对于良心和道德法律的信仰；樊和平认为，道德信仰不只是对某种道德精神、道德价值的信仰，而且是对一定的伦理原理、道德法则、道德生活逻辑的信仰[②]；魏长领认为，道德信仰既包括对某种道德价值理想的信仰，也包括对这种道德价值理想的精神基础或根据的信仰[③]。

可以看出，学界有关道德信仰研究在信仰的分类与整合层面的重点、难点，主要集中在道德信仰内涵的把握、道德信仰的审视、道德信仰的划分等方面。在此研究背景下，道德信仰研究对道德信仰的把握与划分，坚持了道德信仰融贯双层形态信仰的基本取向，突出表现在道德的直接形态信仰和间接形态信仰上，上述不同学者所作的研究均有回应，通过对道德信仰双层形态的研究，反映了"道德信仰双层结构"的意蕴。

（二）双层结构中的道德信仰形态

道德信仰形态通常称为道德信仰客体，指道德信仰的对象，这种道德信仰可分为道德信仰直接形态和道德信仰间接形态两大类。

---

① 保罗·库尔茨.保卫世俗人道主义[M].余灵灵,杜丽燕,尹立,等译.北京:东方出版社,1996:111.
② 樊和平.善恶因果律与伦理合理性[J].上海社会科学院学术季刊,1999(3):87.
③ 魏长领.论道德信仰及其功能[J].道德与文明,2003(6):15.

道德信仰的直接形态，如道德理想、道德目标、道德规范、道德体系、道德人格等，道德信仰的主体遵从这些道德，这些道德由道德信仰主体确信。是道德信仰的间接形态也可称为道德信仰的间接客体，即信仰的道德的依据，是道德信仰主体经常追问并寻找的信仰道德的来源，这些来源是社会的客观存在并得到道德信仰主体的确证。道德信仰的间接形态有道德理论、道德学说、道德精神、道德观念等类型。

以道德信仰的形态为视点来进一步考察，道德信仰是道德的直接形态信仰，也是道德的间接形态信仰，更是道德的直接形态信仰与道德的间接形态信仰的组合。这两种形态信仰分别包含有多种相应形态信仰。这些相应形态信仰之间的关系，虽种类较多，但将其置于道德信仰双层结构下加以考察，便不难理顺。第一，在道德信仰与道德直接形态信仰的关系上，生成道德理想、道德目标、道德规范、道德体系、道德人格、道德价值等道德信仰。第二，在道德信仰与道德间接形态信仰的关系上，形成道德理论、道德学说、道德精神、道德观念等道德信仰。第三，在道德直接形态信仰和道德间接形态信仰的关系上，实现道德直接形态信仰向道德间接形态信仰过渡，从而使道德信仰成为信仰主体的道德终极关怀。

（三）大学生社会主义道德信仰的双层结构

社会主义社会中的大学生社会主义道德信仰，是指建立在社会主义社会道德共识基础上，由大学生认定并信服的、关涉大学生的终极意义的、体现大学生的价值理想追求的社会主义道德各种形态信仰。例如，社会主义道德理想信仰、道德目标信仰、道德规范信仰、道德体系信仰、道德人格信仰、道德理论信仰、道德学说信仰、道德精神信仰、道德观念信仰等。这些道德信仰的形成与社会主义社会道德发展相适应。判断这些信仰是否属于大学生社会主义道德信仰，关键在于信仰的主体——大学生信仰的道德的社会主义性质。

大学生社会主义道德信仰结构与社会主义道德信仰的结构一致，它以社会主义道德信仰的形态划分为基础。对于大学生社会主义道德各种形态信仰，既有研究已经有一些分析与划分，如前文所述。这种分析与划分，在强调大学生社会主义道德多种形态信仰组合的基础上，设定了大学生社会主义道德信仰结构的直接形态和间接形态两个层次，而大学生社会主义道德的各种形态信仰则被划分为两个层面，分属于这两个层次。

在大学生社会主义道德信仰直接形态层次，一方面，是大学生对社会主义道德理想、道德目标、道德规范、道德体系、道德人格等的信仰；另一方面，通过信仰这些道德固化大学生对社会主义道德的认同，提高大学生的社会主义道德修养和道德境界。在大学生社会主义道德信仰间接形态层次，一是社会主义道德植根于社会主义社会，体现大学生的自由、梦想与全面发展；二是社会主义道德理论、道德学说、道德精神、道德观念等给予大学生社会主义道德直接形态信仰必要、充分的条件和依据。

大学生社会主义道德信仰结构的"双层"特征也因此显而易见，我们将其作如下概括：第一层次是大学生对社会主义道德直接形态的信仰。在这个信仰中，社会主义道德直接形态有着强大的发展功能，同时社会主义道德直接形态信仰又形成了特殊的多种相应形态信仰组合的结构，其中社会主义道德理想、道德目标、道德规范、道德体系、道德人格等信仰分别发挥着不同的作用。正是道德信仰直接形态的这种多样性，确定了大学生社会主义道德信仰第一层次的范围。第二层次是大学生对社会主义道德间接形态的信仰。这种信仰既有社会主义道德信仰形而上的内涵，又有社会主义道德信仰第一层次定性的指向。社会主义道德信仰这一层次是社会主义道德信仰第一层次依据的表达，也是社会主义道德理论、道德学说、道德精神、道德观念等的彰显，既包含对社会主义道德信仰各种不同形态的确认，也回答了为什么信仰社会主义道德直接形态的问题。从这里，大学生能够达成社会主义道德信仰共识，感受关于社会主义道德直接形态信仰的解说。

三、大学生社会主义道德信仰的培育思路

解读大学生社会主义道德信仰的概念与结构，也提示我们培育大学生社会主义道德信仰可以从三个方面着手：一是培育大学生社会主义道德直接形态信仰；二是培育大学生社会主义道德间接形态信仰；三是实现大学

生社会主义道德直接形态信仰向间接形态信仰过渡。下面，我们结合大学生社会主义道德直接形态信仰和间接形态信仰的关系，提出大学生社会主义道德信仰培育需要重点考虑的三大思路。

（一）社会主义道德信仰培育层次式布局

社会主义道德信仰划分是处理大学生社会主义道德直接形态信仰与间接形态信仰关系的逻辑起点。以社会主义道德信仰划分为基础，辅之以社会主义道德直接形态信仰和间接形态信仰划分，共同构成了大学生社会主义道德信仰的层次结构。

针对大学生社会主义道德信仰的层次状况，培育大学生社会主义道德信仰应当分层次进行，以尽可能避免大学生社会主义道德直接形态信仰培育与间接形态信仰培育，以及大学生社会主义道德直接多种形态信仰培育与间接多种形态信仰培育的不分离。大学生社会主义道德信仰培育的层次式布局，要与大学生社会主义道德信仰的层次及其变化紧密结合在一起。在层次式布局的整体框架下，大学生社会主义道德信仰培育要针对大学生社会主义道德直接形态信仰和间接形态信仰，要让大学生社会主义道德直接不同形态信仰和间接不同形态信仰培育分别指向大学生社会主义道德直接形态信仰和间接形态信仰培育。通俗地说，就是对"大学生信仰什么社会主义道德""大学生如何信仰社会主义道德"这两个根本问题作出准确的回答。

大学生社会主义道德信仰培育层次式布局，意味着大学生社会主义道德直接形态信仰和间接形态信仰这两个层次缺一不可。其对大学生社会主义道德直接形态信仰培育和间接形态信仰培育的实施提出了不同的要求，意味着大学生社会主义道德直接形态和间接形态信仰培育，必须分别从大学生社会主义道德直接多种形态信仰培育和间接多种形态信仰培育做起。对大学生社会主义道德直接形态信仰和间接形态信仰培育细化，也是修订、完善大学生社会主义道德直接形态信仰和间接形态信仰培育规划的一项重要工作。只有让培育的层次以及层次的培育分明、合理、科学，层次式布局才能保证所作规划逐一落实。

培育大学生社会主义道德信仰，我们需要制订并执行大学生社会主义道德信仰培育总体规划，该规划由大学生社会主义道德直接形态信仰培育规划和间接形态信仰培育规划组成，需要在规划中规定大学生社会主义直接形态信仰和间接形态信仰培育的原则、要求和方法。以这些原则、要求、方法等进行大学生社会主义道德信仰培育，是大学生社会主义道德信仰层次式布局的重要内容。因此，大学生社会主义道德信仰培育应当遵循层次思维。

（二）社会主义道德信仰培育共轨式开展

大学生社会主义道德直接形态信仰与间接形态信仰的区别肯定是存在的，否则就没有大学生社会主义道德直接形态信仰和间接形态信仰的层次划分。但认同这一点并不意味着两者在根本上不同。深入分析大学生社会主义道德直接形态信仰和间接形态信仰，我们可以发现，所谓大学生社会主义道德直接形态信仰和间接形态信仰的区别，仅仅在于两者信仰形态的不同，而并非由大学生社会主义直接形态信仰和间接形态信仰本身所致。我们还可以发现，大学生社会主义道德直接形态信仰和间接形态信仰同是社会主义道德信仰，在本质上具有同一性，两者相通。因此，大学生社会主义道德直接形态信仰培育和间接形态信仰培育遵循同一的思维模式。

大学生社会主义道德直接形态信仰培育和间接形态信仰培育的过程，同是大学生社会主义道德信仰培育的过程，即大学生社会主义道德信仰培育过程最适于大学生社会主义道德直接形态信仰和间接形态信仰培育的过程。这其实也就是将大学生社会主义道德直接形态信仰培育和间接形态信仰培育纳入大学生社会主义道德信仰培育之中的过程。可以看到，将大学生社会主义道德直接形态信仰培育和间接形态信仰培育归入大学生社会主义道德信仰培育的过程，是一种"同向行为"，而"同向行为"是大学生社会主义道德信仰培育目标，通过大学生社会主义道德直接形态信仰和间接形态信仰的培育获得完全实现。因此，大学生社会主义道德信仰培育存在一个特有的大学生社会主义道德直接形态信仰和间接形态信仰共轨培育过程。

大学生社会主义道德信仰培育共轨式开展，上行承接大学生社会主义道德直接形态信仰培育，下行对接大学生社会主义道德间接形态信仰培育，又因其在同一轨道下进行，成为大学生社会主义道德信仰培育模式。大学生社会主义道德信仰共轨式培育，可以理顺大学生社会主义道德直接形态信仰与间接形态信仰的关系，以及大学生社会主义道德直接形态信仰培育和间接形态信仰培育的关系，使大学生社会主义道德直接形态信仰培育和间接形态信仰培育密切相连而不分离。所以，大学生社会主义道德信仰培育要构建共轨式模式，并采取实质措施运行这一模式。

（三）社会主义道德信仰培育阶梯式推进

大学生社会主义道德信仰培育阶梯式推进，是大学生社会主义道德信仰培育阶段式延伸的必然现象，也是伴随着大学生实现社会主义道德直接形态信仰向间接形态信仰过渡的必然趋势，可以从阶梯式理论中找到很好的解释。

阶梯式理论由来已久。阶梯式理论认为，"客观事物的发展都是一个过程，任何一过程都是要划分阶段的"[1]。根据这一理论，大学生社会主义道德信仰培育可以也应该分阶段进行，"阶段的划分既要考虑阶段之间的联系，又要分清各个阶段之间质的区别，要准确地把握每一个阶段的性质，弄清每一个阶段的任务，在此基础上采取针对性的方法、措施，一步一个台阶地推进客观事物的发展"[2]。

与"螺旋式上升""波浪式前进"不同，"阶梯式发展在方向上可以是依次向上呈阶梯式发展，也可以是依次向下呈阶梯式发展，但都是向前发展"[3]。阶段式发展存在于大学生社会主义道德直接形态信仰向间接形态信仰过渡之中，也存在于大学生社会主义道德直接形态信仰培育和间接形态信仰培育之中。依据阶梯式发展的阶段性要求，针对大学生社会主义道

[1] 朱训,梁磊宁,雷新华.阶梯式发展是实施工程活动的重要方式[J].工程研究——跨学科视野中的工程,2013,5(4):328.
[2] 朱训,梁磊宁,雷新华.阶梯式发展是实施工程活动的重要方式[J].工程研究——跨学科视野中的工程,2013,5(4):328.
[3] 朱训,梁磊宁,雷新华.阶梯式发展是实施工程活动的重要方式[J].工程研究——跨学科视野中的工程,2013,5(4):327.

德信仰培育的多个层次，我们可以把大学生社会主义道德信仰的形成与发展分成若干阶段，再分别分阶段进行适应针对性的培育。这里所植入的思想信息是，大学生社会主义道德信仰培育的不同阶段是有规律可循的，这一规律确切地说并不是培育主体的活动，而是取自于阶梯式发展。大学生社会主义道德信仰不同阶段的培育任务、目标可以在阶梯式发展中完成。

第四节　大学生社会主义文化信仰培育的思路选择

社会主义信仰研究是我国学界近几年来的研究热点，但是，作为社会主义信仰研究的一个侧面，社会主义文化信仰研究尚处于起步阶段。其中中国特色社会主义文化信仰的概念、结构与培育思路仍不清晰、明朗，而对这种概念、结构与培育思路理解的模糊，凸显了中国特色社会主义文化信仰研究的缺乏。本节试就中国特色社会主义文化信仰的概念、结构与大学生社会主义文化信仰的培育思路问题展开追问，并提供相应可能的答案。

一、中国特色社会主义文化信仰的内涵

（一）中国特色社会主义文化信仰问题的提出

众所周知，推动社会主义文化大发展、大繁荣，是当代中国社会主义文化建设的必修课。这不是我们的基本判断，而是党的十七届三中全会提出的战略任务、十八大报告作出的具体设定。实现社会主义文化大发展、大繁荣，确保社会主义文化发展方向，深化社会主义文化建设，推进社会主义文化创新，增进社会主义文化自信，必须重构中国特色社会主义文化信仰。

经过多年的大建设、大发展，我国社会主义文化建设取得了举世公认

的成就，形成了中国特色社会主义文化体系。我国社会主义文化在不断发展、繁荣的同时，也受到了一些消极文化的影响，例如，消费至上的文化、追名逐利的文化、造假说假的文化、社会畸形文化等。根据党的十七届三中全会和十八大对社会主义文化建设的部署，全面推进社会主义文化建设，逐步将社会主义文化的巨大价值内化为"中国精神"，加强中国特色社会主义文化信仰培育，显得特别重要。

中国特色社会主义文化信仰研究，是学界面临的一项重大课题。我们看到，虽然随着社会主义文化的繁荣、发展，文化信仰问题在学术界也有了一席之地，例如，李志军、张曙光、刘平海、谭竺雯等对文化信仰的论述。但是，从总体上说，由于理论推动力不足，以及理论研究兴奋点缺乏，文化信仰问题并没有被学界普遍关注。在国内文化信仰问题研究学者那里，被集中讨论的不是中国特色社会主义文化信仰问题，而是中国文化的信仰问题。这与当前我国社会主义文化建设对中国特色社会主义文化信仰研究的要求不相适应。因此，中国特色社会主义文化信仰研究应有所突破、有所建树。

（二）中国特色社会主义文化信仰概念问题研究

用信仰的文化可以解释文化信仰形成的根源，而用文化的信仰则可以解释文化信仰发展的必然性。如果说信仰的文化是文化信仰形成的源，那么，文化的信仰可以说是文化信仰发展的流。学者从事文化信仰研究，离不开信仰的文化，也离不开文化的信仰。

文化作为人类的精神载体，在社会变迁中传承，在历史过程中形成，发展相对稳定，而文化包含的内涵却极为丰富。对于同一种文化，处于不同视角中的学者，会有不同的看法，得出不同的结论。尹城提出从文化的实质和结构着眼研究文化概念，指出"文化是创造""文化是多层次的结构整体"[①]。萧俊明则主张跨学科与语境的文化概念研究，强调文化的"语境与渊源"、文化概念的"跨学科性和多话语性"[②]。总言之，既有研究成果对文化概念的解释提出的观点主要集中在四个方面：一是文化定义

---

① 尹城.文化的实质和结构[J].解放军外国语学院学报,2003,26(5):102,104.
② 萧俊明.文化的语境与渊源——文化概念解读之一[J].国外社会科学,1999(3):23.

应是世界的文化，而不仅是一个民族、一个国家的文化；二是文化定义既是历史性的文化，也是整体性的文化；三是文化定义具有内在的结构或层面的特征，构成多角度、多侧面、多层次的复合体；四是文化定义不仅是静态的文化，而且是动态的文化，涉及人类生活的方方面面。

"信仰是文化不可缺少的一部分""不同文化模式造就不同的价值信仰"[①]。文化概念研究必然会扩大文化信仰研究者的视野，从不同的侧面来考察文化信仰问题，必然会对这个问题作出更加深入的探究。文化信仰研究学者以此为基础，对文化信仰概念问题作出了不同角度、不同方法的探讨。刘平海认为，"文化信仰就是人们对某种集体人格的信服、崇拜，并将其奉为言行准则和指南的主观心理状态"[②]。谭竺雯则提出文化信仰的国家、民族特征，提出"文化信仰是一个国家、一个民族自古到今，无具象却蕴涵无穷力量的'精神种源'"[③]。

综合以上学界关于文化和文化信仰研究观点，结合我国社会主义文化建设和社会主义文化信仰发展历程分析，我们认为，定义中国特色社会主义文化信仰，需要考虑以下五个方面的因素。

第一，中国传统文化因素。中国传统文化作为我国社会主义文化存在和发展的根基，必然反映社会主义文化的历史传统，必然彰显社会主义文化的现实根据，必然体现社会主义文化的集体人格。

第二，中华各民族文化因素。中国是一个大家庭，由56个民族组成。中华各民族文化是中华各民族精神的载体，构成中华各民族的精神价值和生活方式，是中华各民族尊严和民族性格在中华文化建设和发展中的具体体现。

第三，党领导人民创造的红色文化因素。以"井冈山精神、长征精神、延安精神、两弹一星精神、抗震救灾精神"[④]等为核心内容的红色文化，构成了新时期新阶段社会主义文化建设和发展的基础。

第四，社会主义核心价值体系因素。党的十八大提出了"三个倡导"

① 刘平海.重构文化信仰:促进文化大发展的首要诉求[J].文学教育(中),2012(9):46.
② 刘平海.重构文化信仰:促进文化大发展的首要诉求[J].文学教育(中),2012(9):46.
③ 谭竺雯.文化信仰与文化自觉当议[J].人民论坛,2012,29(9):182.
④ 刘平海.重构文化信仰:促进文化大发展的首要诉求[J].文学教育(中),2012(9):46.

社会主义核心价值观。社会主义核心价值观与中国传统文化、中华各民族文化、外来优秀文化相承接，与中国特色社会主义文化发展要求相契合。

第五，中国特色社会主义文化理论因素。"我们建设的社会主义，是有中国特色的社会主义"[①]。作为中国特色社会主义理论的一个部分，中国特色社会主义文化理论，是马克思主义同中国文化建设实际相结合的最新成果，是中国特色社会主义文化建设的理论优势。

（三）深化对大学生中国特色社会主义文化信仰的理解

对于中国特色社会主义文化信仰的理解除了对中国特色社会主义文化信仰作整体性的描绘，还要考察其"表"和"理"。

"表"上的"中国特色社会主义文化信仰"，不仅指向反映我国社会主义文化特征的社会主义文化结构，主要包括中国传统文化、中华各民族文化、党领导人民创造的红色文化、社会主义核心价值体系、中国特色社会主义文化理论等，又指向体现我国社会主义文化信仰特征的要素结构，主要包括社会主义文化认知、社会主义文化情感、社会主义文化意志等。因此，如果将这一概念指向的两个构成要素合并，我们就能够建立一种把脉中国特色社会主义文化信仰的分析框架——深度认同、高度信任、神圣崇尚、理性推崇、自觉遵从。从这个角度来说，大学生社会主义文化信仰所体现的，是大学生对中国传统文化的认同、对中华各民族文化的信任、对党领导人民创造的红色文化的崇尚、对社会主义核心价值体系的推崇、对中国特色社会主义文化理论的遵从。

"里"上的"中国特色社会主义文化信仰"，它不仅存在于信仰主体的观念中，而且体现于信仰主体的思想中，还体现于信仰主体的意识中。中国特色社会主义文化信仰这个概念是"观念上的"，也是"思想上的"，又是"意识上的"，其呈现的是信仰主体对中国特色社会主义文化的反映、对中国特色社会主义文化的诉求、对中国特色社会主义文化的寄托。其突出特征是由观念、思想、意识所形成的带有价值参数的中国特色社会主义文化信仰样态。这种样态是一种社会存在，含有两种基本事实：一是主体

---

① 邓小平文选(第三卷)[M].北京:人民出版社,1993:29.

事实，指信仰主体对中国特色社会主义文化信仰的精神体验、主观把握方式和心理倾向；二是客体事实，指中国特色社会主义文化信仰的价值存在、行为模式、终极关怀、精神气质和内在意蕴。

"表"上的"中国特色社会主义文化信仰"和"里"上的"中国特色社会主义文化信仰"，是中国特色社会主义文化信仰的两种状态。"表"上的"中国特色社会主义文化信仰"是外部的客观形态，可称为中国特色社会主义文化信仰的外部形式。"里"上的"中国特色社会主义文化信仰"是内部的精神价值系统，可称为中国特色社会主义文化信仰的主体心态。没有中国特色社会主义文化信仰的外部形式，"里"上的"中国特色社会主义文化信仰"无从表现；没有中国特色社会主义文化信仰的主体心态，"表"上的"中国特色社会主义文化信仰"也难以形成。据此，所谓大学生社会主义文化信仰，可以理解为基于大学生通过外部的中国传统文化、中华各民族文化、党领导人民创造的红色文化、社会主义核心价值体系、中国特色社会主义文化理论的体验，形成内部的赋予这些文化形态以普遍和终极的价值意义，引起了大学生对中国特色社会主义文化的广泛认同、无限信服，从而形成和发展了中国特色社会主义文化的信仰。

二、中国特色社会主义文化信仰的结构

文化信仰结构问题，学界至今没有讨论。文化信仰结构讲的是文化信仰中由于文化形态的区别而形成的信仰体系。离开了文化信仰结构也就没有了文化信仰的具体存在。因此，要理解文化信仰，必须先了解文化信仰的结构。而要了解中国特色社会主义文化信仰的结构，就得分析中国特色社会主义文化信仰结构存在的思想基础，以及中国特色社会主义文化信仰结构中的文化信仰形态。

（一）文化信仰层次结构思想

讨论文化信仰结构问题，需要肯定文化的结构事实。文化结构作为一个文化学上的概念，最早由法国文化学领域结构学派代表人物列维·斯特劳斯提出，其代表作有《结构人类学》《语言学和人类学的结构分析》《亲

属关系的初级结构》《社会结构》等。国内最早对文化结构进行研究的学者庞朴所给出的定义是目前学界看法比较一致的，即"从结构来说，可以把文化分为三个层面：第一个层面为物质的层面，第三个层面是心理的层面。第二个层面是二者的统一，即物化了的心理和意识化了的物质，包括理论、制度、行为等"①。这种对文化结构层次的划分方式，虽然存在着问题，但可为我们构建文化信仰结构提供一定的启发。

既有研究成果对文化结构的定义，留给我们的深刻启示主要是文化信仰结构问题，无论是形成还是发展，根源都存在于文化的特有形态中。文化信仰的结构存在是由文化相应形态决定的，即它的形成和发展直接取决于存在于其中的文化形态。这种文化形态具有阶段性、国界性、制度性、思想性的特征，在人类社会的不同发展阶段，在不同社会、不同国家、不同地区，有不同的特质和表现。其具体内容在相关文献中则被解读为不同的意识、不同的制度、不同的理论、不同的思想。据此，我们可将学界提及的"文化信仰结构"理解为文化结构构建的整体性原则，并将整体性根据不同的分类标准，以意识、观念、制度、理论、思想等为元素，划分为不同的种类。

既有研究对文化结构的定义，留给我们的另一个重要启示是，文化信仰的结构中必须有信仰主体的存在的本体论作为基础，必须体现信仰主体之存在的独特底蕴，任何文化信仰的构建都必须符合这两点要求，都必须以信仰主体的感性活动为基础，都必须以植根于信仰主体的生命与自由的辩证法的形式展开②。因此，要使构建的文化信仰结构全面准确反映文化信仰的结构层次，以下两个问题也应得到答案：一是文化信仰的形成是以信仰主体的确定为前提的，那么，文化信仰的主体是什么？二是文化信仰是一个发展性概念，因人类社会的不同时期、不同阶段、不同国家而有所区别，由此将导致文化信仰的主体有怎样的变化？

（二）层次结构中的文化信仰形态

文化信仰结构可以区分为不同的类别，就内容而言，它们各自的信仰

---

① 庞朴.文化的民族性与时代性[J].北京社会科学,1986,2(1):5.

② 邓晓芒.实践唯物论新解：开出现象学之维[M].武汉:武汉大学出版社,2007:10.

形态可以是多层、多样的，这里仅只是以中国特色社会主义文化信仰类别来论述。

中国特色社会主义文化信仰的形成和发展，是中国特色社会主义文化发展的产物。作为中国特色社会主义的文化，具有无限的包容性，内容极为丰富。长期以来，学者们对其展开了大量研究。其中，李稼蓬的《关于社会主义文化建设的几个问题》将社会主义文化解释为"以中华民族五千年的光辉文化为根基；以马克思主义为指导的科学的社会主义现实为主干；以五大社会意识形态系列为支干；以吸收一切先进的科学文化为茂叶"。透过这种对于社会主义文化的理解，我们似乎可以看出中国特色社会主义文化中的传统性、民族性、先进性、思想性和理论性五大特征。这五大特征促使传统文化、各民族文化、红色文化、社会主义核心价值观、中国特色社会主义文化理论成为中国特色社会主义文化的坚固基石。

中国特色社会主义文化信仰是"一个融信念、情感、态度和行为于一体的统一体"[①]。其中，对传统文化的传承，对各民族文化的包容，对红色文化的信念，对社会主义核心价值体系的追寻，对社会主义文化理论的信服，成为中国特色社会主义文化信仰形成与发展的生命力所在。这样，传统文化、各民族文化、红色文化、社会主义核心价值体系、中国特色社会主义文化理论，便成为最能彰显中国特色社会主义文化的要素，我们不妨把这些要素也称之为中国特色社会主义文化的表现形式。研究中国特色社会主义文化信仰的一些学者在谈到社会主义文化的时候，大多采取这种表达方式。例如，俞思念提出的"社会主义文化应该继承和发扬一切优秀文化遗产……我们要继承和弘扬民族文化的优秀传统……建设社会主义文化，还要吸收和借鉴外来优秀文化的有益成果"[②]等看法，就认识到上述几个要素对于中国特色社会主义文化形成与发展的重要贡献。

当下所说的中国特色社会主义文化信仰是传统文化、各民族文化、红色文化、社会主义核心价值体系、社会主义文化理论作用和互动的产物。传统文化是中国特色社会主义文化的根基，各民族文化是中国特色社会主义文化的支撑，红色文化是中国特色社会主义文化的方向，社会主义核心

---

① 李吉.中国特色社会主义信仰结构论[J].毛泽东思想论坛,1997(2):14.

② 俞思念.中国特色社会主义文化论纲[J].学习论坛,2003(6):12-13.

价值体系是中国特色社会主义文化的核心，社会主义文化理论是中国特色社会主义文化的依据。"这种文化之所以能得到群体认同，一定蕴含着人们所能体验感受到的核心价值，从而推动着文化的向前发展，延续着文化的发展脉络。"①

正是基于这样的理由，我们把中国特色社会主义文化信仰层次中的文化信仰形态分为中国传统文化、中华各民族文化、中国红色文化、社会主义核心价值体系和中国特色社会主义文化理论五种形态。

（三）中国特色社会主义文化信仰的层次结构

中国特色社会主义文化信仰从字面上可二分，即中国特色、社会主义文化信仰，因此，我们可以从分析"中国特色""社会主义文化信仰"及其相互之间的联系着手，对中国特色社会主义文化信仰的层次结构做一番深入的考察。

我们今天对于"中国特色"的认识，与"古代中国""近代中国""现代中国"特色的认识是不同的，当代"中国特色"本身也有不同的呈现方式，尤其是它高举的旗帜、坚持的道路、选择的理论。党的十八大确定的主题"高举中国特色社会主义的伟大旗帜，以邓小平理论、"三个代表"重要思想、科学发展观为指导，解放思想，改革开放，凝聚力量，攻坚克难，坚定不移沿着中国特色社会主义道路前进，为全面建成小康社会而奋斗"可为呼应。当代"中国特色"不再是"古代中国""近代中国""现代中国"特色的反映，而是作为中国被当今充分发展了的，高举的旗帜、坚持的道路、选择的理论也与社会主义初级阶段相适应，是在中国特色社会主义旗帜、中国特色社会主义道路、中国特色社会主义理论引导、指导下进行的。由此，中国特色社会主义文化信仰必须反映当代中国的特色。

与当代外国相比，当代中国处在社会主义初级阶段，最本质的特征是坚持中国共产党的领导，最大的特色是以中国特色社会主义理论体系为指导，最重大的任务是实现两个一百年奋斗目标和中华民族伟大复兴的"中国梦"，最深的根基是中华文化。"中华文明源远流长，是世界上唯一没有

---

① 郑敬斌,周向军.中国特色社会主义文化认同:一个亟待深入研究的重要问题[J].兰州学刊,2013（8）:150.

中断的文明"①。这就决定了信仰主体必然要以弘扬历史传统、民族精神为重大责任，以中国特色社会主义理论为指导思想，以坚持党领导人民创造的红色文化为发展方向，以践行社会主义核心价值体系为根本任务，以建设有中国特色的社会主义为历史使命。因此，在中国特色社会主义文化信仰结构分析中，有五个问题是特别值得关注的，即中国传统文化、中华各民族文化、党领导人民创造的红色文化、社会主义核心价值体系、中国特色社会主义文化理论。

以上分析告诉我们，中国特色社会主义文化信仰的客体不是一种文化形态，而是由多种文化形态构成的整体。据此，中国特色社会主义文化信仰的层次结构可以从以下五点来考量。

第一，中国传统文化信仰。中国传统文化是"中华民族伟大智慧与创造力的结晶，是维系中华民族团结与振奋民族精神的力量"②，理所当然应该成为社会主义文化信仰的客体。以中国传统文化为客体的社会主义文化信仰，形成、发展于"一个重视""一个尊重"，即信仰主体对中国传统文化高度重视，对中国优秀传统文化极端尊重，它们共同构成社会主义文化信仰的基本内容。

第二，中华各民族文化信仰。"不论民族的历史渊源是怎样的，它们已经不可否认地演变成为具有深厚的感情色彩的实体。"③中华民族就是这样的实体，这个实体由56个民族组成，其赖以生存和发展的精神支柱便是中华各民族文化。这使得中华各民族文化得到各民族广泛推崇。中华各民族文化信仰以中华各民族文化作为信仰的客体，通过对具有较强稳定性的中华各民族文化的信仰，达到信仰主体"将其思想和精神境界提高到普遍的行为模式和在某种程度上超越自我的高度"④。

第三，中国红色文化信仰。中国红色文化是"在中国共产党的领导下，由中国共产党人、一切知识分子和人民共同创造的具有中国特色的先

---

① 王岐山.坚持党的领导 依规管党治党 为全面推进依法治国提供根本保证[J].中国纪检监察,2014（22）:8.

② 陈占安,赵为民,潘成鑫,等.当代大学生与中国传统文化[J].北京大学学报（哲学社会科学版）,1996（1）:53.

③ 丹尼尔·贝尔.社群主义及其批评者[M].李琨,译.北京:生活·读书·新知三联书店,2002:128.

④ 郑忠梅.文化视野中的思想政治教育研究[M].长春:吉林人民出版社,2006:178.

进文化"①。作为一种集政治性与文化性于一体的文化体系，红色文化将中国共产党人、一切知识分子和人民自强不息、前仆后继、不屈不挠、勇往直前、义无反顾、与时俱进的精神固化为一种中国特有的文化形态，正是弘扬了时代主旋律。这样，红色文化信仰的重大意义在于，信仰主体不是为了红色文化而信仰红色文化，而是在红色文化认知、情感、意志的基础上，以先进文化的感召、感染、鼓舞信守红色文化，从而弘扬了中华民族精神。

第四，社会主义核心价值体系信仰。社会主义核心价值体系，是中华民族奋发向上的精神力量和团结和睦的精神纽带。当社会主义核心价值体系成为信仰主体奋发向上的精神力量和团结和睦的精神纽带时，社会主义核心价值体系就获得吸引力、凝聚力，具备引领与导向功能。社会主义核心价值体系被信仰主体普遍接受、广泛认同，正植根于信仰主体的社会生活和社会实践需要，依赖于社会主义核心价值体系的吸引力和凝聚力。

第五，中国特色社会主义文化理论信仰。"中国特色社会主义文化理论是马克思主义与中国文化实践相结合的新理论创造，既是对马克思主义的继承、阐释，又是对其创新、发展。"②正是使马克思主义在中国文化建设具体化和使中国文化的实践马克思主义化，中国特色社会主义文化理论才得以形成和不断发展。而在中国特色社会主义文化理论指导下，中国既开辟了一条中国特色社会主义文化建设道路，又发展了中国特色社会主义文化，从而也达到了马克思主义与中国文化实践之间互动的理论自觉。

三、大学生社会主义文化信仰的培育思路

中国特色社会主义文化信仰培育，要通过中国传统文化信仰培育、中华各民族文化信仰培育、中国红色文化信仰培育、社会主义核心价值体系信仰培育和中国特色社会主义文化理论信仰培育来实现。于是，在大学生社会主义文化信仰培育过程中，出现了"五种文化形态信仰培育"，"五种文化形态信仰培育"是社会主义文化信仰培育的重要形式、重要内容。五

① 张爱芹，王以第.红色文化与道德建设研究[M].青岛：中国海洋大学出版社，2008：5.
② 韩永进.社会主义文化理论的新发展——论中国特色社会主义文化理论[J].艺术百家，2011(6)：21.

轨并行、五元交叉、五位一体、五育异构等培育模式的构建，正是基于这种形式和内容的选择。

（一）五轨并行

大学生社会主义文化信仰培育涉及五种文化形态信仰培育。若将这五种文化形态信仰培育视作五种不同的系统培育，那么，五者则呈现出一种特殊关系。这种特殊关系的主要特点有：第一，以培育社会主义文化信仰为目标；第二，作为五种形态信仰培育拥有各自功能与内容；第三，反映五种文化形态信仰培育同步、并行趋势。

从五种文化形态信仰培育模式的关系中揭示大学生社会主义文化信仰培育的模式，就是从中国特色社会主义文化信仰层次结构的逻辑中揭示大学生社会主义文化信仰培育的模式的层次逻辑。由此，我们可以得出以下几个结论：第一，大学生社会主义文化信仰培育集中体现为五种文化形态信仰培育；第二，五种文化形态信仰培育所涉及的内容，系统地展现了大学生社会主义文化信仰培育的不同侧面；第三，大学生社会主义文化信仰培育的过程，就是五种文化形态信仰培育同步推进的过程。因此，大学生社会主义文化信仰培育在其现实性上，是五种文化形态信仰相互依赖、相互作用的量的关系。

（二）五元交叉

大学生社会主义文化信仰培育体系呈现出的是由五种文化形态信仰培育体系所构成的体系，离开这些体系及其内在关系，就不存在大学生社会主义文化信仰培育体系。五种文化形态信仰培育体系均自成体系，各自独立存在，共同构成大学生社会主义文化信仰培育中的五种文化形态信仰培育"五元制"。这种"五元制"是以最具体的五个体系表达了大学生社会主义文化信仰培育体系的构成，又以相互之间的内在关联不可分割地统一在中国特色社会主义文化信仰培育体系之中。

五种文化形态信仰培育体系均是大学生社会主义文化信仰培育体系的组成部分，若将该体系中的这些培育体系进行提取，则成了五种文化形态信仰培育之间的交叉关系。由于五种文化形态信仰培育之间的交叉主要通过这五种培育途径实现，因而这五种文化形态信仰培育之间的关系，也就构成了相互关系的"五元交叉"。

这里所阐释的大学生社会主义文化信仰培育子系统之间的"五元交叉"关系，对于把握大学生社会主义文化信仰培育规律的意义在于，对大学生社会主义文化信仰的思考，从而对这种信仰培育路径的选择，必须走信仰的不同构成交叉培育的道路。就是把"五元交叉"培育作为大学生社会主义文化信仰培育的一种方式，通过"五元交叉"把握大学生社会主义文化信仰培育的范畴，通过考察"五元交叉"厘清大学生社会主义文化信仰培育的方式。正是在这个意义上，我们可以进一步理解五种文化形态信仰的交叉培育，也是大学生社会主义文化信仰培育的模式。

（三）五位一体

这里所说的大学生社会主义文化信仰"五位一体"培育，就是指分解中国特色社会主义文化信仰包含的五种文化形态信仰，视五种文化形态信仰所具有独特的功能加以分层培育，并以此为基础对大学生社会主义文化信仰培育进行总体布局。

依据"五位一体"培育的这一思路要求，我们就可以对大学生社会主义文化信仰培育的走向做出如下基本判断：第一，大学生社会主义文化信仰培育所实现的是五种文化形态信仰培育的统一；第二，大学生社会主义文化信仰培育将五种文化形态信仰培育作为操作路径；第三，把五种文化形态信仰培育贯穿于大学生社会主义文化信仰培育的始终，是大学生社会主义文化信仰培育系统设计的必要条件。

五种文化形态信仰培育都属于大学生社会主义文化信仰培育的范畴，均为大学生社会主义文化信仰培育系统中的重要一翼。五种文化形态信仰培育协调一致，正是对五种文化形态信仰协调培育的宏观审视和科学驾驭。因此，进行大学生社会主义文化信仰培育，便重在从五种文化形态信仰培育联动的视角，构建出五种文化形态信仰培育相互之间的"五位一体"模式，促使其培育不同侧面，既保留各自的特点，又保持彼此互动。

（四）五育异构

"五育异构"是实现五种文化形态信仰培育彼此互动的有效模式。这种"五育异构"主要表现为五种文化形态信仰培育方式的异构，是指培育主体在不同的单位、部门内对培育对象进行五种文化形态信仰培育，从不同单位、部门的角度思考，以不同的方式为整体设计，最后进行适应性针对培育，展示风格各异的培育设计流程。

新时期社会三种深刻变化，对大学生社会主义文化信仰培育"五育异构"提出了直接需求。一是社会的转型。社会的转型对社会发展提出要求，并促其发展。尊重社会多样化发展的客观规律，是当今社会建设的首要原则。大学生社会主义文化信仰培育必须符合社会多样化发展的特点。二是信仰主体的变化。信仰主体的需求呈现多样化和个性化。大学生社会主义文化信仰培育必须考量大学生多样化、个性化的需求。三是培育方法的改变。社会主义文化信仰培育方法的改变，既表现为"五育同构"，也表现为"五育异构"。大学生社会主义文化信仰培育要顺应这种改变，必须在强调"五育同构"的同时，注重"五育异构"。

"五育异构"模式下的大学生社会主义文化信仰培育，应拓宽视野，不能自始至终视大学生社会主义文化信仰为单一形态，而应当将眼光投向大学生社会主义文化信仰的多极形态，在五种文化形态信仰协同培育中考虑不同单位、部门的实际情况，采取不同的培育方式，形成既相互联系又相互区别的五种文化形态信仰培育方式，以构建大学生社会主义文化信仰培育的"五育网络"。此外，"五育异构"模式下的大学生社会主义文化信仰培育，关键词是异构，而不是同构，异构决定培育创新，异构造就新的培育规则。我们要做的是，努力促使大学生社会主义文化信仰培育方式、方法多样化。

第三章 | **大学生社会主义信仰培育的机制构建**

第一节　大学生社会主义政治信仰培育的机制构建

　　大学生社会主义政治信仰培育机制是指大学生社会主义政治信仰培育应遵守的系列机制总称，它是大学生社会主义政治信仰培育不断深化的结果。大学生社会主义政治信仰培育涉及的因素很多，其中培育机制对提升大学生社会主义政治信仰培育质量是一个根本保证。

　　大学生社会主义政治信仰培育机制是什么？它是怎样形成的？如何对它进行构建？许多学者都对此进行了研究，虽然取得了一定成果，但并没有形成共识。因此，对大学生社会主义政治信仰培育机制进行再研究，在此基础上构建出培育机制，既有理论意义，又有实践价值。

　　大学生社会主义政治信仰培育机制的构建，必须适应中国特色社会主义政治信仰的形成和发展。这不但得到大学生的认同，也为大学生所追求。中国特色社会主义政治信仰有独有的特征和特有的功能，从而决定了大学生社会主义政治信仰培育的机制有两个方面，既能体现中国特色社会主义政治信仰的特征，同时也能反映中国特色社会主义政治信仰的功能。

一、中国特色社会主义政治信仰的特征

（一）中国特色社会主义政治信仰特征的研究

分析政治信仰的特征，学术界有三个依据，即终极性、主观性和阶级性。研究政治信仰特征的学者通常认为，终极理想性、主观先验性、意识形态属性是政治信仰的基本特征。在当代社会政治生活领域，"主体有可能超越客体"[①]，"意识形态实际上是一套思想和政治信仰系统"[②]，政治信仰为人们政治活动提供理想目标，正是在这种认识下，学者们提出依据终极性、主观性、阶级性来反映政治信仰的特征。这种理解方法，同时还考虑人们的思想性境遇、政治需求和利益诉求，是比较好的分析依据，并得到了不少学者的认可。

中国特色社会主义政治信仰是政治信仰，但不能与政治信仰画等号，其特征与政治信仰的特征不完全相同，理解中国特色社会主义政治信仰特征不能照搬套用政治信仰的特征。中国特色社会主义政治信仰是具有中国特色的社会主义政治信仰，应具有自身的特殊性。"中国特色社会主义"是我们归纳中国特色社会主义政治信仰特征的主要视角，学者们提出过"社会主义初级阶段""社会主义改革开放""社会主义和谐社会""社会主义市场经济""社会主义精神文明建设""社会主义民主政治"等理论，这种视角主要以邓小平理论、"三个代表"重要思想和科学发展观为指南，重点关注走自己的道路，建设有中国特色的社会主义。这一视角启发我们分析中国特色社会主义政治信仰的特征，应充分考虑社会主义政治信仰的"中国特色"。

从中国特色社会主义的角度看，中国特色社会主义政治信仰的特征可以归纳为社会主义的意识形态、共产主义的社会运动、无产阶级的领导意志。中国特色社会主义政治信仰属于社会主义的意识形态，必然要以中国特色社会主义理论为指导思想，坚持和倡导社会主义核心价值观。共产主

---

① 荆学民.人类信仰论[M].上海:上海文化出版社,1992:42.
② 毛寿龙.政治社会学[M].北京:中国社会科学出版社,2001:136.

义作为科学的社会运动，反映社会运动的动向，自始至终彰显着我国社会运动的远大理想与终极目标，说明"共产主义的事业仍然在迅速进展"①。中国特色社会主义强调"这个解放的头脑是哲学，它的心脏是无产阶级"②，内在地包含了无产阶级的领导意志，并使之转化为全社会的行动。

（二）中国特色社会主义政治信仰特征的审视

中国特色社会主义政治信仰的各形态构成关联性，组成了特有的结构，主要包括社会主义共同理想信仰、社会主义制度信仰、社会主义核心价值体系信仰、中国特色社会主义信仰、马克思主义信仰、中国共产党信仰。

所谓中国特色社会主义政治信仰的结构构成，大都具有浓厚的中国特色社会主义政治色彩，或者说都与社会主义的意识形态、共产主义的社会运动、工人阶级的领导意志紧密相连。例如，社会主义共同理论信仰，既有对社会主义道路的坚持，又有对共产主义社会的向往，也有对工人阶级为国家的领导阶级的公认；社会主义制度信仰，既以马克思主义为指导，又以实现共产主义社会为目标，也坚持工人阶级的领导；社会主义核心价值体系信仰，既是"社会主义意识形态的本质体现"③，又是共产主义社会运动的观念反映，也是工人阶级领导意志的理论表现。于是，社会主义的意识形态、共产主义的社会运动、工人阶级的领导意志，乃是中国特色社会主义政治信仰质的规定性。

自中国共产党成立至今，在社会主义革命、社会主义建设、中国改革开放中形成和发展的社会主义共同理想信仰，或社会主义制度信仰，或社会主义核心价值体系信仰，或中国特色社会主义信仰，或马克思主义信仰，或中国共产党信仰，社会主义的意识形态、共产主义的社会运动、工人阶级的领导意志，是它们构成形态必须蕴含的内核，切切实实地构成社会主义政治信仰的中国特色。因此，无论是社会主义共同理想信仰、社会

---

① 马克思恩格斯全集(第二卷)[M].北京:人民出版社,1957:593.
② 马克思恩格斯全集(第一卷)[M].北京:人民出版社,1956:467.
③ 十七大以来重要文献选编[M].北京:中央文献出版社,2011:264.

主义制度信仰、社会主义核心价值体系信仰、中国特色社会主义信仰、马克思主义信仰，还是中国共产党信仰，都得以社会主义的意识形态、共产主义的社会运动、工人阶级的领导意志为赖以生存的特定背景。

中国特色社会主义政治信仰作为一个拥有多种形态的结构系统，虽然其中各个形态信仰子系统的形成与发展路径、方式等不尽相同，但都突显出社会主义的意识形态、共产主义的社会运动、工人阶级的领导意志的内蕴。其根本动因是出自中国特色社会主义政治发展的历史要求，其直接原因则是人民群众对社会主义的意识形态、共产主义的社会运动、工人阶级的领导意志的信服和尊崇。中国特色社会主义政治信仰的特殊性在于它具有其他政治信仰所不具有的特性，这些特性使之能更直接、更全面、更具体地体现社会主义的意识形态、共产主义的社会运动和工人阶级的领导意志，只要社会主义的意识形态、共产主义的社会运动、工人阶级的领导意志长期存在并不断发展，中国特色社会主义政治信仰就会长期存在并不断发展。

社会主义的意识形态、共产主义的社会运动和工人阶级的领导意志是决定中国特色社会主义政治信仰发展方向与基本性质的，这是我们讨论中国特色社会主义政治信仰必须明确的。否则，中国特色社会主义政治信仰必然失去方向，信仰的客体、进程也无从选择。中国特色社会主义政治信仰，作为我国人民群众的精神寄托和政治行动指南，根本是适应社会主义的意识形态、共产主义的社会运动、工人阶级的领导意志的自我超越。"作为一种思维机制，信仰表示肯定性的一面，或可称肯定性思维。"[1]我国人民群众的政治信仰在社会主义的意识形态、共产主义的社会运动、工人阶级的领导意志的背景下形成与发展，并受其制约。其有三个方面的基本要求：一是要求信仰与社会主义意识形态的隶属关系，必须以社会主义的意识形态为主导；二是坚定信仰，要求必须坚信共产主义运动的科学性和真理性；三是信仰的形成和发展，必须保持与无产阶级的领导意志的内在关联，即信仰应该以无产阶级的领导意志来表达、实现自己、成为深刻反映无产阶级意志的"集体无意识"[2]。

---

[1] 荆学明.人类信仰论[M].上海：上海文化出版社，1992：58.

[2] 井中雪.论政治信仰[J].山西师大学报（社会科学版），2005，32（5）：1.

二、中国特色社会主义政治信仰的功能

(一)中国特色社会主义政治信仰功能的研究

中国特色社会主义政治信仰的研究,还要面对的是政治信仰功能问题。政治信仰功能问题在国内学界日益受到关注,越来越多的研究者对政治信仰功能问题进行了探讨。冯天策认为政治信仰是信仰群体和个体政治行动的指南针;荆学民认为政治信仰为信仰群体和个体提供了社会制度和政治行为的判断标准;李蓉蓉把政治信仰看成是民族和国家政治凝聚力、向心力的重要标志,认为政治信仰是国家政治稳定和发展的保证[①];刘明则从政治信仰的特殊作用角度对政治信仰进行解释,认为政治信仰的巨大作用表现为"多元文化社会整合""政治向心力的增强""社会政治秩序维系"[②]。

研究者们对于政治信仰功能的理解,从不同的角度切入,不仅涉及政治信仰的行动导向、价值评判、社会改造,而且涉及政治信仰的精神凝聚、人格塑造。冯天策的《信仰导论》根据政治信仰的规范性来讨论政治信仰的功能;荆学民的《当代中国信仰论》立足于政治信仰在价值评价活动中的核心地位,对于政治信仰的功能问题予以阐释;王冬冬的《当代大学生政治信仰研究》以信仰群体政治信仰的实践活动为分析背景对政治信仰的功能问题进行了研究;井中雪的《论政治信仰》从意识形态中的"集体无意识"角度,指出政治信仰的凝聚、控制、导向和感召功能,将政治信仰功能问题的讨论引向深入。为防止挂一漏万,夏鑫的《试论政治信仰的作用》还将政治信仰的功能分成价值判断、规范引导、精神凝聚、人格塑造等维度。

这些研究成果为解释中国特色社会主义政治信仰的功能提供了依据。依靠这些依据支持,我们分析中国特色社会主义政治信仰的框架,至少包括理解中国特色社会主义政治信仰的行动导向功能;认识中国特色社会主

---

① 李蓉蓉.试论政治信仰[J].理论探索,2004(4):77-78.

② 刘明.论社会变迁中的政治信仰认同[J].思想理论教育,2007(1):9-10.

义政治信仰的价值评判功能；界定中国特色社会主义政治信仰的社会推动功能；厘清中国特色社会主义政治信仰的精神凝聚功能；把握中国特色社会主义政治信仰的人格塑造功能。若以这个分析框架为探究的视阈，行动导向功能、价值评判功能、社会推动功能、精神凝聚功能、人格塑造功能仅可归于中国特色社会主义政治信仰功能的形象概括，却大抵涵盖了中国特色社会主义政治信仰的基本功能。中国特色社会主义政治信仰的功能故可分为政治行动导向功能、政治行为评判功能、社会发展推动功能、民族精神凝聚功能和集体人格塑造功能。①

（二）中国特色社会主义政治信仰功能的省察

中国特色社会主义政治信仰的形成与发展过程，是当代中国人民将中国特色社会主义政治体系、理论学说等奉为言行准则并身体力行的过程，也是当代中国人民坚定马克思主义信仰、共产主义信念、对中国共产党的信任、建设中国特色社会主义信心的过程。它意味着社会主义共同理想、社会主义制度、社会主义核心价值体系、中国特色社会主义理论、马克思主义指导思想、中国共产党领导融入其中，为中华民族、中国人民"所选择并确定的一以贯之的价值理想和终极目标"②，使得社会主义共同理想信仰、社会主义制度信仰、社会主义核心价值体系信仰、中国特色社会主义信仰、马克思主义信仰、中国共产党信仰成为当代中国人民的政治信仰，同时也使得当代中国人民政治行动过程得以自始至终朝着既定的目标、方向推进并取得预期和最终成果。"信仰的根本问题或本质是一种生活价值导向问题。"③当代中国人民的政治行动总是在中国特色社会主义政治价值指导下得以呈现的，它以中国特色社会主义价值体系为榜样或指南，充分彰显了当代中国人民在中国特色社会主义政治体系下所产生的政治行为，对政治活动的认同、仰慕与追求。经由中国特色社会主义政治价值体系的引领，当代中国人民的政治目标、政治理想、政治追求、政治境

① 邱钰斌,林伯海.我国当代大学生政治信仰研究综述[J].中华文化论坛,2011(3):156-162.
② 田玉芬.大学生政治信仰建构[J].辽东学院学报(社会科学版),2012,14(1):82.
③ 万俊人.信仰危机的"现代性"根源及其文化解释[J].清华大学学报(哲学社会科学版),2001,16(1):22.

界，都能得到尊重和提升。

发展当代中国人民对于中国特色社会主义政治的终极信仰，形成当代中国人民政治生活中的行为规范，促进当代中国人民政治活动健康、有序、持久开展，为当代中国人民的政治行动构建出必要的政治价值体系，自然是中国特色社会主义政治信仰应有之义。说到底，当代中国社会政治秩序的建立、社会主义政治文明的演进，最终要取决于当代中国人民政治实践中中国特色社会主义政治价值体系的规范。它"由许多人共有的思想构成，这些人采取一致的行动或者受到影响而采取一致行动，以达到确定的目标"①。中国特色社会主义政治价值体系既为中国特色社会主义政治建设提供分析工具，又为当代中国人民政治行动提供评价标准，通过政治价值体系的规范，让当代中国人民明确社会主义政治是什么，应该如何建设，哪些政治行为应该做，哪些政治行为不应该做，应该坚持什么政治行为，应该反对什么政治行为，要做到这一点，就需要当代中国人民的政治行动具有合法性、合理性和规范性，即要以中国特色社会主义政治价值体系为政治行动评价的最高标准，拥护中国特色社会主义制度，坚持正确的政治行为，反对错误的政治倾向，并以此来规范自己的政治行为。

在当代中国社会发展中，中国特色社会主义政治信仰具有特殊作用，它是支撑和保障我国政治稳定、政治发展最为重要的基础要素。中国特色社会主义政治信仰指向当代中国社会政治生活的最主要方面，"涉及三个相关的重要问题：确认现实的政治体系；表明现实的政治体系的发展方向；对这种发展方向实现可能性的支持"②。"一个社会要是没有这样的信仰，就不会欣欣向荣；甚至可以说，一个没有共同信仰的社会，就根本无法存在。"③由此，我们可以得出相互联系的两个结论：一是中国特色社会主义政治信仰的传播，将会转化为当代中国人民的政治观念、政治准则和政治价值，构成推动我国社会发展的思想、政治基础；二是我国当代社会发展的思想、政治基础集中地展现了新时期、新阶段人民群众对中国特色社会主义政治理想、政治制度等的认同、信任、追随，促进中国特色社会

---

① 毛寿龙.政治社会学[M].北京:中国社会科学出版社,2001:136.
② 沈远新.政治社会化与政治信仰重建[J].重庆社会科学,2000(6):37-38.
③ 托克维尔.论美国的民主[M].董果良,译.北京:商务印书馆,1988:52.

主义政治信仰的广泛传播。

中国特色社会主义政治信仰特定的价值和意义，显现在中国特色社会主义政治价值体系的引领上面，显现在当代中国人民对社会制度、政治行为评判上面，显现在当代中国社会发展推动上面，也显现在中华民族的凝聚和当代中国人民的集体人格塑造上面。中国特色社会主义政治信仰是中华民族凝聚的内在需求，也是当代中国人民集体人格塑造的保障条件。"培育政治信仰认同将在调和矛盾、平衡落差、实现社会有效整合、增强民族凝聚力与推动社会政治秩序稳定中发挥巨大作用。"[1]中国特色社会主义政治信仰对当代中国人民精神意识的凝聚、集体人格的塑造，我们首先可以注意到中国特色社会主义政治信仰中政治信念、政治理想、政治目标、政治价值等要素的功效，它在凝聚中国特色社会主义政治理想、政治目标、政治信念、政治价值的精神意识，同时也在塑造当代中国人民的集体人格。中国特色社会主义政治信仰群体正是由具有共同的政治理想、政治信念、政治目标、政治价值的当代中国人民组成，并拥有共同的政治价值取向、政治思维方式和政治行为习惯。

三、大学生社会主义政治信仰的培育机制

基于社会主义政治信仰的特征和功能视角，去建构大学生政治信仰培育机制，可以肯定，大学生社会主义政治信仰培育机制构建的基础有三，即大学生共同意愿的守护、社会主义政治信仰特征的赞成、社会主义政治信仰功能的认同。就大学生的共同意愿而言，社会主义政治信仰的主体是大学生，构建大学生社会主义政治信仰培育机制，首要的是贴近大学生对社会主义政治信仰的共同意愿。从社会主义政治信仰的特征来看，我们在大学生社会主义政治信仰培育机制建构方面，应该重视体现中国特色社会主义政治信仰的特征，把社会主义的意识形态、共产主义的社会运动和工人阶级的领导意志融入培育机制内部，形成特有的制度体系。构建大学生社会主义政治信仰培育机制，还需要全面反映中国特色社会主义政治信仰的功能，通过功能整合，大学生不仅可以形成和发展自己的政治信仰，而

---

① 刘明.论社会变迁中的政治信仰认同[J].思想理论教育,2007(1):9.

且培育机制还提供了解读中国特色社会主义政治信仰培育对大学生全面发展的重要维度。

由此，我们可以从大学生的共同意愿、中国特色社会主义政治信仰的特征、中国特色社会主义政治信仰的功能三个方面，构建大学生社会主义政治信仰的培育。通过"三贴近"，即贴近大学生的共同意愿、贴近中国特色社会主义政治信仰的特征、贴近中国特色社会主义政治信仰的功能，纳入总体框架的相应机制，并最后分析构建的培育机制相互之间的内在联系。

构建大学生社会主义政治信仰培育的机制，需要遵循三个原则，即体现大学生的共同意愿、体现中国特色社会主义政治信仰的特征、体现中国特色社会主义政治信仰的功能。这三个原则就是大学生社会主义政治信仰培育机制构建涉及的三个关键性问题。体现大学生的共同意愿具有基础性，它决定了机制构建针对的特定对象为大学生，从而确定大学生社会主义政治信仰培育的目标、路径、步骤、程序等，进而建立大学生社会主义政治信仰培育系列制度。显然，这三个关键问题隐含的培育机制具有层次性，逻辑地决定了构建的大学生社会主义政治信仰培育机制应具有层次性，以及建立的各项制度应具有逻辑性。

第一，意识形态鉴别机制。高校历来是全国思想文化集散地、意识形态交锋的前沿阵地[①]。意识形态鉴别对于高校意识形态工作的重要性，恰恰在于它能够让学生清楚资本主义意识形态和社会主义意识形态，以及社会主义意识形态与奴隶社会意识形态、封建主义意识形态的区别，进而分清意识形态中社会主义意识形态是必须坚持的，资本主义意识形态是必须批判的，奴隶社会、封建主义意识形态是必须扬弃的，由此来作为高校把握意识形态工作的领导权、管理权和话语权的基础。鉴于此，高校应适时创建意识形态鉴别机制。例如，强意识形态的研究，设立意识形态工作研究专项课题，将意识形态分析与监测作为高校的常态；采取形式的通识方式，把意识形态工作、网络思想政治教育、社会主义核心价值观培育融为一体，全面回应、解答学生较为困惑的问题；积极传播社会主义意识形

---

① 李鸿忠.切实肩负起意识形态工作的主体责任[J].求是,2015(8):15-17.

态，引导学生坚持中国化马克思主义，抵制封建主义意识形态的消极影响、资本主义意识形态的渗透，从而为推进高校意识形态工作提供可靠保障。

第二，社会思潮过滤机制。"高校作为意识形态的主要阵地，又是青年学子聚集的场所，必然是不同思想观点和理论主张、各种社会思潮的交汇之地。"[①]高校发展中各种非马克思主义、反马克思主义的聚集、激荡所引发的阵地争夺问题，提醒我们要建立和完善社会思潮过滤机制。社会思潮过滤机制是高校根据马克思主义中国化传统，依据中国特色社会主义理论、制度、道路，通过指导学生对各种社会思潮进行有意识的辨析、选取与舍弃，实现对学生思想、认识、行为给予引领的一种正式制度安排。凡被辨析为错误的思潮，例如，历史虚伪主义、民主社会主义、新自由主义、西方新闻观等，学生都要正确对待、自觉抵制，从而确保马克思主义、中国特色社会主义、社会主义核心价值观的有效传播。

第三，共产主义运动参与机制。共产主义不仅是一种理想，还是一个现实运动，一个参与共产主义的现实运动。在共产主义现实运动中锻炼成长是大学生理解共产主义、把握共产主义理论实质、坚定共产主义信仰的根本途径。共产主义运动参与锻炼是一个共同参与、共同成长的过程，大学生在共产主义运动中能够加深共产主义认知，增强共产主义情感，从而坚定正确的政治方向，促进社会化进程。一方面，共产主义运动参与锻炼强调大学生通过共产主义运动实现"人的本质的现实的生成"[②]，更强调大学生现实行动的过程。通过拓展现实行动渠道、搭建参与锻炼平台、创建社会活动品牌，实现共产主义运动实践的多样化。另一方面，共产主义运动参与的关键是社会协同、全程参与。在大学生层面，通过协同、合作、共担，让大学生承担起各自应有的社会责任，从而推动共产主义运动的发展。高校应建立以党委领导、职能部门负责、教师主导、大学生广泛参与的运行机制，努力让大学生参与共产主义运动的积极性、主动性和自觉性自动生成。

第四，政治利益表达机制。大学生拥有"参与社会政治生活和社会民

① 王建南.把握高校意识形态工作复杂性和主动权[J].思想教育研究,2014(10):54-55.
② 马克思.1844年经济学哲学手稿[M].北京:人民出版社,2000:128.

主管理的权利"①，这种权利通常需要通过大学生政治利益的表达予以实现。为此，在政治系统运转中，大学生参与政治生活和社会民主管理有着政治利益表达的内在追求。政治利益表达属于政治活动的范畴。大学生要维护、追求或争取一定的政治利益，就必须参加一定的政治活动。而政治活动可分为强制性和非强制性两种形式，如此，就会出现两种大学生政治利益表达方式，一是强制性政治利益表达方式，二是非强制性政治利益表达方式。这两种政治利益表达方式对政治利益的内在要求有着明显要求。解决问题的方案可以是摆脱强制性政治利益的局限，优化非强制性政治利益表达方式，利用"代表代理""参与决策""借助舆论""运用法律""利益综合"②等形式，最大限度地维护大学生政治利益。同时，让大学生政治利益表达有目的、有计划、有步骤地开展。政治利益关系是政治信仰产生的根源之一，政治利益表达在政治信仰形成、发展过程中起着特有的作用。建立大学生政治利益表达机制，可以充分表达、维护大学生的社会主义政治利益，这样，大学生就会认同中国特色社会主义政治，中国特色社会主义政治也赋予大学生政治生命的价值和意义。

第五，政治行为评判机制。大学生政治行为评判机制会对大学生政治行为的诸多方面产生重大影响，因而体现了一种重要的规范性制度安排。大学生政治行为有着多种表现，既有加入党团组织的，也有参加志愿服务、参加投票活动的，还有投向政治生涯、关注民主政治的，等等。前进的方向、追求的目标、依靠的手段、依据的标准，都由大学生社会主义政治信仰评价机制决定。得益于我国学界深入的研究、高校的不断实践，在大学生政治行为评判机制构建方面已形成了一些共识。共识之一，大学生政治行为评判机制形成的关键，乃是围绕大学生政治发展需要、政治信仰导向的角度，确立大学生政治行为规范的。共识之二，明确大学生政治行为，乃是方向的正负、目标的高低、思想的对错、平台的多少、意识的强弱、影响的好坏，明确构建大学生政治行为评判机制的基本原则之一，是确立评判大学生政治行为的重要指标。共识之三，确认构建大学生政治行为评判机制的终极目标，乃是引导大学生树立中国特色社会主义政治信

---

① 米新桥.论青年政治利益的表达[J].青年研究,1992(12):8.

② 米新桥.论青年政治利益的表达[J].青年研究,1992(12):12.

仰。而引导大学生中国特色社会主义政治信仰的根本宗旨，则是要重塑大学生社会主义政治信仰，培育中国特色社会主义事业的建设者和接班人。因此，大学生政治行为规范能否及时制订，大学生政治行为正确与否，标准能否及时修订，大学生社会主义政治信仰的实践活动能否持久开展，对于大学生政治行为评价机制的构建极为关键。

第六，政治文明传递机制。"高校是社会主义政治文明建设的重要阵地。"①改革开放以来，高校社会主义政治文明建设不仅使高校从中发展，同时向大学生传递了我国的政治理念、政治制度模式和政治行为方式，即大学生社会主义政治文明培育模式的创新路径。"文明乃整体，它们的局部彼此相依为命，而且都发生牵制作用。在这个整体里，经济的、政治的、文化的因素都保持着一种美好的平衡关系。"②大学生社会主义政治文明培育的成效，不是通过一两次活动的传递就可以实现的，而是重在全面、长期建设。因此，建立大学生社会主义政治文明传递长效机制十分重要。这就需要高校通过长期进行社会主义政治文明的传递，加深大学生对社会主义政治文明的认知，增强对西方政治文化暗流渗透的抵御能力，强化大学生正确的政治价值取向。同时，高校要加强社会主义政治文明传递的理论研究。目前，高校对大学生开展的社会主义政治文明的研究，尚处于探索阶段，相关的研究成果还非常有限，仍未引起足够重视。我国高校学生社会主义政治文明研究，也不能照搬或直接复制其他国家或地区的范式，需要构建具有中国特色、高校特点的大学生社会主义政治文明研究体系，更好地引导大学生逐步形成特有的社会主义政治观念、社会主义政治情感、社会主义政治意志和社会主义政治信仰。

第七，政治信念强化机制。政治信仰依托于人本身而存在，决定每个人的政治主张、政治立场和政治态度。大学生坚定社会主义政治信仰，一定要树立坚定的社会主义政治信念。大学生的社会主义政治信仰总体是坚定的，但随着社会转型的加快、社会利益的分化、社会矛盾的激化、社会力量的调整、社会体制的转换、社会思潮的碰撞等，让部分大学生"对中国特色社会主义是不是科学社会主义认识不清""对社会主义必然代替资

① 吴自斌.略论高校政治文明建设[J].江苏高教,2004(2):55.
② 汤因比.历史研究[M].上海:上海人民出版社,1966:463.

本主义客观历史规律有疑问""对我国改革开放的前途产生了忧虑"①。社会主义政治信仰强化是大学生化解社会主义政治信仰问题的有效手段。面对部分大学生政治信仰存在的问题，我们在大学生社会主义政治信仰培育中，必须建立政治信念强化机制，确保其功能真正发挥。高校应统一规划政治理论教育与实践，在统一思想认识、坚定政治信念理念下，在学校层面建立起较为系统的政治理论教育系统与宣传、研究、实践平台。

第八，政治教育管理导向机制。所谓政治教育管理，是指思想政治教育领导部门、主管机构及其管理人员，运用计划、组织、指挥、协调和控制等管理手段，对思想政治教育资源进行有效整合，以实现思想政治教育目的和任务的创造性活动过程②。大学生社会主义政治信仰培育，不仅需要政治教育，还需要政治教育管理。政治教育与政治教育管理结合开展是教育和引导大学生坚定社会主义政治信仰的重要措施。所谓政治教育与政治教育管理结合，本质是政治教育向政治教育管理的选择性切入。因此，坚持政治教育与政治教育管理相结合，把政治教育融于学校政治教育管理之中，建立学校政治教育管理导向机制成为大学生社会主义政治信仰培育的重要策略。由于政治教育管理机制以目标机制、评价机制、保障机制为表现形式，因而通过目标、评价、保障的导向，从而使政治教育更好地作用于大学生。政治教育管理机制的这一特性，决定了政治教育管理对大学生导向的目标性、评价性和保障性。这为我们构建大学生政治教育管理导向机制，提供了创建的可能性与可行性。政治教育管理导向是一种目标导向，是一种评价导向，是一种保障导向，构建大学生政治教育管理导向机制"应着重加强以下三个环节的建设：目标机制、评价机制和保障机制"③。

第九，政治心态调控机制。大学生政治心态调控是大学生社会主义政治信仰培育的一种形式，之所以将其单列并加以强调，是因为现实中进行大学生社会主义政治信仰培育时，往往容易忽视大学生政治心态调控的作用。而决定大学生社会主义政治信仰培育效果的一个关键，就是要加强大

---

① 杨允枝,张凤奎.当前深化政治信念教育的几点思考[J].空军政治学院学报,1995(6):24.

② 张耀灿,陈万柏.思想政治教育学原理[M].北京:高等教育出版社,2007:271.

③ 虞晖.试论完善新时期思想政治教育管理机制的三个环节[J].前沿,2005(2):95.

学生政治心态的调控。大学生政治心态复杂多样，有"政治参与心态"，也有"政治回避心态""政治激进心态""政治功利主义心态"①。对这些政治心态进行调控，亟待提上日程。针对大学生政治心态的表现形式，以及该形式中出现的正确政治心态和错误政治心态，需要我们从培育正确的政治心态着眼，转化错误的政治心态着手，系统考虑大学生政治心态调控的机制。高校对学生正确的政治心态进行调控，最有效、最直接的办法，就是对他们进行不断培育和激励；对学生错误的政治心态进行调控，最有效、最直接的办法，就是对他们进行及时转化和消除。不断培育和激励、及时转化和消除，要求高校对正确政治心态培育与激励以及对错误政治心态的转化和消除要统筹兼顾，分别对培育、激励和转化与消除的目标、原则、任务、要求、流程等明确规定，确定正式的成文规则和严格的工作规范。同时，要按规则、制度、计划等对大学生的政治心态进行调控，推进正确政治心态的培育和激励，让错误政治心态的转化和消除稳步有序开展。

第二节　大学生社会主义法律信仰培育的机制构建

大学生社会主义法律信仰培育的持久、有效开展如何，不是指望构建并实施大学生社会主义法律信仰培育机制来实现的。问题在于，能不能构建出大学生社会主义法律信仰培育机制，在推进大学生社会主义法律信仰培育的同时，带动大学生社会主义法律信仰的发展。大学生社会主义法律信仰培育机制是社会主义法律信仰培育机制的一个侧面，其价值和功效不可替代。结构性地审视大学生社会主义法律信仰培育机制在社会主义法律信仰培育机制中的地位，以及与其他的侧面关系，其在培养对象上特指当代大学生，在培养特色上与中国特色社会主义法律信仰的特征、功能联系

---

① 杨绍礼.当代大学生几种典型政治心态分析[J].山东青少年研究,1998(5):17.

紧密。基于这样的理解，本节提出大学生社会主义法律信仰培育机制的构建，应该针对大学生的实际需求，围绕中国特色社会主义法律信仰的特征、功能，确立培育主体、培育目标、培育内容、培育方法与培育步骤，并就此试图构建与中国特色社会主义法律信仰的特征和功能相契合、与大学生的实际需求相吻合的制度体系。

一、中国特色社会主义法律信仰的特征

（一）中国特色社会主义法律信仰特征的研究

自从法律信仰形成以来，法律信仰逐渐成为社会科学研究的课题。在相关研究中，法律信仰的特征问题也逐渐引起了学者们的关注。但是由于研究视角、认识水平、所持观点等方面的原因，导致研究者们在法律信仰的特征上出现不尽相同的论述。苏格拉底"坚信法律是神圣的"，认为"他和国家之间有神圣的契约"①。在他看来，法律信仰与法律正义性和守法神圣性内在关联。柏拉图则认为，应该有办法仿效"黄金时代"的生活……在家庭和国家方面都要服从我们内心中那种永恒的素质，它就是理性的命令。他重视"法律超越现实制度的至上性"和"脱离于统治者意志之外的独立性"②。另外，亚里士多德的《政治学》《伦理学》《雅典政制》等著作所作分析显示，法律信仰具有法律与道德的统一性等特征。需要指出的是，西方大多数研究者将法律的独立存在作为立论基础，并当作法律思想来进行相关性的分析，而专门研究法律信仰特征的成果还并不多见。同时，从法律信仰与宗教信仰并比的角度看，西方多数研究者都认可法律正义性、价值合理性、工具合理性、守法社会性等是法律信仰特征的表现。

近30年来，国内法律信仰研究也涉及法律信仰的特征，并取得了一定进展，但成果非常有限，而且没有达成共识。既有研究成果对法律信仰特

---

① 张云.苏格拉底的法律信仰对我们的启示——从苏格拉底之死说起[J].云南大学学报（法学版），2004,17(4):36.
② 杨蜜.古希腊法律思想提要[J].佳木斯大学社会科学学报,2014,32(2):36.

征的表述在王洪叶的《新课程背景下当代大学生法律信仰的培养》一文中有所提及，被称为主体对法律的心理状态、主体在法律规则的支配下的外在行为表现、主体的信仰对象是法律。邢国忠的《构建社会主义和谐社会中的法律信仰》一文中也提到法律信仰的特征。按邢国忠的说法，物质利益性、普适性、公开性就是法律信仰的特征。其他论著如刘建军的《信仰的呼唤——社会主义市场经济条件下的信仰问题研究》一书中也有讨论，该书将法律信仰的特征概括为科学理性的信仰、在对法律的信奉和追求中体现对人类终极价值的关怀、人类在法律文明领域走向成熟的标志、法治精神的实质。整体来看，为法律信仰特征进行深入研究奠定了基础，有利于对法律信仰特征认识的提高。但受到研究相对薄弱的影响，所作探析只能是概念、内涵等基础层面的讨论，尚缺少中国社会现实以及中国语境在法律信仰研究中的折射。

当代中国社会现实、中国语境下的法律信仰更强调中国特色社会主义法律信仰。20世纪80年代尤其是党的十八届四中全会作出"全面推进依法治国"以来，中国特色社会主义法律信仰一直被社会关注，并且成为学界探讨的热门话题。在相关研究中，特别引人注目的就是对中国特色社会主义法律体系、中国特色社会主义法治体系的研究与构建。一致的看法是，法律是治国之重器，良法是善治之前提；法律的权威源自人民的内心拥护和真诚信仰；必须进行社会主义法律信仰。但就我们的文献资料收集和文献检索的结果来看，作为重要研究内容之一的中国特色社会主义法律信仰的特征问题还是鲜有人注目。存在的问题是，中国特色社会主义法律信仰特征问题，在中国特色社会主义法律信仰相关议题的讨论中相对缺失，但这并不妨碍我们对中国特色社会主义特征问题的讨论。

国内外法律信仰的特征研究已表明法律信仰特征的形成，是高度依赖于国家或民族的历史、现实、文化基础的。法律与宗教在欧洲的融合就有着深刻的历史、现实、文化的必然性。拥有"法律信仰的国家或民族，法律不只是一整套规则……它是分配权利与义务，并据以解决纷争、创造合作关系的活生生的程序"[1]。在国家的国体、政体中，国家或民族的国

---

[1] 哈罗德·J.伯尔曼.法律与宗教[M].梁治平,译.北京:中国政法大学出版社,2003:11.

情，甚至权利本位倾向都会成为法律信仰特征形成的原因。国内外法律信仰的特征研究也表明，尽管社会政治、经济、文化等制度对中国特色社会主义法律特征形成具有重要意义，但这方面理论的导向具有特别意义。而法律传统则以"理性人"的假设作为机制建构的基本理念。顺着这一思路，根据国内外相关研究的"同质性"和"异质性"，结合当代中国国情，我们就中国特色社会主义法律信仰的特征，提炼出几个外在的表现，即传承中华法律文化的传统、保护中华民族终极价值的关怀、维护社会主义法律权威的境界、捍卫中国社会公平正义的信念、实现社会主义法治国家的梦想。

（二）中国特色社会主义法律信仰的特征审视

中华传统法律文化自先秦萌芽以来，在我国法律发展方面，对社会主义法律建设影响最大的思想，应该是"民为帮本""依法治国""礼法并用"。"民为帮本"的核心是"立君为民""民贵君轻""重民信民""凡治国之道，必先富民。民富则易治也，民贫则难治也"①。"依法治国"的核心是"垂法而治""缘法而治"②，即所谓"法治"。"礼法并用"诞生于《唐律疏议》，《唐律》首篇"名例律"将之解释为"德礼为政教之本，刑罚为政教之用，犹昏晓阳秋相须而成者也"。"用法律去阐释文明，用文化去阐明法律"，这三种法律思想是中华传统法律文化精华所在，其在中国的积淀与延续，为独具特色的中华法律文化做了理论上的解释。时至当代，中华法律文化的传统仍在蓄潮，转而成为社会主义法律的根基，并由此促进社会主义法律传统的信仰。社会主义法律传统信仰是对中华法律文化传统的传承。

中国特色社会主义法律信仰是在建设社会主义法律中形成和发展的。中华民族建设社会主义法律的过程，除了社会主义法律体系、社会主义法律理论等的创新、创造过程，还有一个极为重要的过程，即努力实现中华民族终极价值的过程。这一过程在现阶段就是努力实现社会主义核心价值的过程。社会主义核心价值体系的内核是社会主义核心价值观，党的十八

---

① 管仲.管子[M].北京:中华书局,2009:256.

② 商鞅.商君书[M].北京:中华书局,2009:91,185.

大报告将之概括为"富强、民主、文明、和谐；自由、平等、公正、法治；爱国、敬业、诚信、友善"24个字。在这"三个倡导"的24个字下，社会主义核心价值可概括为"国家的价值目标""社会的价值取向""公民的价值准则"[①]。中国特色社会主义法律信仰，既坚信社会主义法律之中蕴含着社会主义核心价值，又体现社会主义核心价值观以24个字来凝练社会主义核心价值的远大理想。实现中华民族腾飞所需要的核心价值理想，推动了中国特色社会主义法律信仰形成，而形成中的中国特色社会主义法律信仰，只有在实现社会主义核心价值的过程中才能得到真正的确立和发展。可见，中国特色社会主义法律信仰是当代中国努力实现中华民族终极价值的必然结果，因为努力实现中华民族终极价值重要渠道是通过中国特色社会主义法律来完成的。这决定了中国特色社会主义法律信仰更多的是从如何保护并力图实现社会主义核心价值出发的。因而，它既形成、发展于中华民族建设社会主义法律过程之中，又作用于中华民族终极价值保护的关怀。

中国特色社会主义法律信仰的形成与发展，在某种意义上可以表现为人们社会主义法律意识、法律精神境界的提升，而这又往往与维护社会主义法律权威联系在一起。在这一方面，比较重要的是要进一步认识法国的托克维尔早在《论美国的民主》中就已提出的观点。该观点最为重要的是对法律权威的强调，指出"不具有神圣意味着的法律又如何赢得民众的衷心拥戴"，要进一步深刻认识马克思、恩格斯早在《马克思恩格斯选集》第十二卷中就已明确的那些看法。这些看法中至关重要的是对"人依法"还是"法依人"的分析，其指出"在专制政府中国王便是法律，同样地在自由国家中法律便应成为国王"。也就是说最重要的不是人的权威，而是法律的权威。中国特色社会主义法律信仰发展的方向，不是继续维护人的权威的转向，而是注重维护法律的权威转向。换言之，无论是从对"人的权威"的批判来说，还是从马克思、恩格斯法律地位说本身的进一步认识来说，对社会主义法律权威的维护，始终是中国特色社会主义法律信仰关注的首要的、基本问题。

[①] 刘奇葆.在全社会大力培育和践行社会主义核心价值观[J].党建,2014(4):10.

中国特色社会主义法律信仰形成与发展的原因，植根于社会主义法律至真至善至美的统一。而社会主义法律至真至善至美的统一则凝结在"公平正义"这4个字上。因为社会主义法律至真至善至美，代表着社会主义社会公平正义的普适价值与社会主义社会应然的理想状态。换句话说，公平正义构成了中国特色社会主义法律信仰内在的质的规定性。[①]因此，必然根据中国特色社会主义法律体系，以及人们社会权利与义务的合理分配，对社会主义社会公平正义进行维护，旨在"给每个人以其应得"。当然，这种维护的目的并不在于完全消除社会成员之间权利与义务分配等方面的差别，也不在于完全根除彼此之间的竞争、分化与对抗，而是在于承认个体权利，追求公平交往规则，完善独立人格，满足个人的合理需要和主张，并与此同时促进生产进步和提高社会内聚性的程度。社会主义社会公平正义的维护带来的将是正当性权益的调整、人权保障的维护、社会活力的激发、人的全面自由发展、社会民主政治的健全、社会精神文明的彰显、社会规则的平等、社会生活秩序的确定、消极冲突的化解、互利共赢关系的创建、社会的安定团结。

中国特色社会主义法律信仰关注"法律的统治"，以及社会主义法律的培植与传播，其志在使社会"法治化"，使法的公平、正义精神和理性责任深入人心，进而实现社会主义法治国家。社会主义法治国家建设的重点，在于培养社会主义法治精神，树立社会主义法治信仰，用法治结合德治，形成社会主义法治体制，实现社会主义法治秩序。这是因为中国特色社会主义法律信仰是建设社会主义法治国家的法治精神支撑，社会主义法治精神的培养、社会主义法治体系的构建、社会主义法治秩序的维护是其形成与发展的法律实践基础。全面推进依法治国，建成社会主义法治国家是我们党和国家的治国方略，而中国特色社会主义法律信仰则是我们党和国家治国方略的法治精神基础最直接、最明确的具体体现。中国特色社会主义法律信仰的重大作用，是养成中国人民的社会主义法律意识、社会主义法律情感、社会主义法律意志、社会主义法律信念。这种意识、情感、意志、信念的建立，对于社会主义法治体系的建成、社会主义法律秩序的

① 邢国忠.社会主义和谐社会建设视野中的法律信仰[J].北京交通大学学报(社会科学版),2009,8(1):94-99.

实现、社会主义法治传统到当代的转换、社会主义法治的健康发展是必不可少的精神保障。它的深远意义则在于始终保持对社会主义法律的信念、对社会主义法律秩序的认同、对社会主义法治国家的向往，确保社会主义法治现代化的最终实现。

二、中国特色社会主义法律信仰的功能

（一）中国特色社会主义法律信仰功能的研究

中国特色社会主义法律信仰具有什么样的功能？迄今为止，尚没有理论的确切回答。学界既有相关研究成果也没有得出明确的结论，但为我们理解中国特色社会主义法律信仰的功能，从不同的侧面提供了一些参考。例如，许章润的《法律的实质理性——兼论法律从业者的职业伦理》一文中指出，法律信仰"为法之具有合法性的自然结果和外在确证"；叶传星的《法律信仰的内在悖论》一文中指出，法律信仰是"对法律之下生活的德性的一种确认"；刘旺洪的《法律信仰与法律法制现代化》一文中指出，法律信仰是"对法的理性、情感和意志等各种心理因素的有机结合"；常桂祥的《法律信仰：法治国家之灵魂》一文中则指出，法律信仰"寄托着现代公民对法的终极关怀及法律人的全部理想情感"。这些认识给我们的启示，对"社会主义法律""社会主义法治""社会主义法律信仰"的理解与把握，是解释中国特色社会主义法律信仰功能的重要思路。

"社会主义法律"的价值，是打开中国特色社会主义法律信仰功能问题的一把钥匙。法律功能指向法律价值。社会主义法律信仰，即对社会主义法律价值与意义的追寻。美国学者E.博登海默认为，"可以根据两个概念来分析法律制度：秩序和正义，正义又包含自由、平等、安全、公共福利、理性、人权等更具体的内容，法律是秩序与正义的综合体"[1]。社会主义法律在这种意义上发挥着"保证社会主义社会秩序""维护社会主义社会正义"的作用，它必须追求自由、平等、安全、秩序，维护人们的公共福利、保障公民的各种权益、培育人民的理性人格，进而促进社会主义

---

[1] E.博登海默.法理学——法哲学及其方法[M].邓正来,姬敬武,译.北京:华夏出版社,1987:339.

法律正义价值、秩序价值的实现。尽管在社会主义法律的价值研究中，社会主义法律的价值向来仁智各见，例如：姚建宗的《中国特色社会主义法的价值论》一文中将中国特色社会主义法律的价值概括为"法的秩序价值""法的自由价值""法的平等价值""法的人权价值""法的正义价值""法的和谐价值"等六种；武树臣的《爱国主义与以人为本——"国家·个人本位"法律价值观的现代诠释》一文中把社会主义法律价值观定义为双向的"国家·个人本位"法律价值观，认为这种价值观的内容为维护社会主义国家的整体利益和维护公民个人的权利；董立山的《论以人为本法律价值观的基本内涵及其在我国法治建设中的作用》一文中提出了以人为本的社会主义法律价值观，将以人为本的法律价值观的内涵理解为突显人文精神、保障人的权利、追求人的全面自由发展。但由于社会主义社会性质始终决定社会主义法律的价值——既是社会秩序的维护者，又是社会正义的维护者；既是国家利益的保护者，又是个人合法权益的保护者；既是社会自由的促进者，又是社会民主的促进者；既是公民人文精神的培育者，又是公民价值共识的培育者，即社会主义法律价值兼具"秩序、正义价值""国家、个人本位""自由、民主底蕴""人性、人文本质"的四重内涵。

社会主义法治的精神，为我们理解中国特色社会主义法律信仰的功能提供了另一路径。其中最具资源意义的是20世纪80年代以来我国法学界提出的"三种学说"①。一是三观念说。王家福、李步云等的《论依法治国》一文中把社会主义法治的理念描述为法律具有极大的权威、法大于权、任何人在法律面前都是平等的。二是十原则说。李步云的《实施依法治国战略论纲》一文中以法制完备、主权在民、人权保障、权力平衡、法律平等、法律至上、依法行政、司法独立、程序正当、党要守法这10个概念来分析社会主义法治理念。三是法治十大规诫。夏勇的《法治源流——东方与西方》一书中强调社会主义法治的理念需要有普遍的法律、法律为公众知晓、法律可预期、法律明确、法律无内在矛盾、法律可循、法律稳定、法律高于政府、司法权威、司法公正。尽管既有研究成果中的相

---

① 谢鹏程.论社会主义法治理念[J].中国社会科学,2007(1):84.

关论述对社会主义法治理念的概述有着不同的分析视角，但是，我们依然发现了其中的共通之处，即从社会主义法治的核心内容、本质要求、价值追求、重要使命中查究社会主义法治理念。在这一点上，中共中央政法委员会编印的《社会主义法治理念教育读本》所阐述的包含依法治国、执法为民、公平正义、服务大局、党的领导等社会主义法治理念，无疑最为清晰地反映了这一基本路向。"依法治国是社会主义法治的核心内容，执法为民是社会主义法治的本质要求，公平正义是社会主义法治的价值追求，服务大局是社会主义法治的重要使命，党的领导是社会主义法治的根本保证。"[1]由是观之，社会主义法治的理念始终体现出强烈的法治指向与依法治国、执法为民、公平正义、服务大局和党的领导内涵。社会主义法治的根本标志是其理念特征，这些蕴含于社会主义法治规则，并为社会主义法治发展导航的社会主义法治的内在理念，实质就是社会主义法治的终极价值追求。

社会主义法律信仰的主观动机，一头连着法律信仰主体的情感寄托，一头连着法律信仰主体的内心需求，它是我们理解中国特色社会主义法律信仰功能的关键。法律成为信仰对象，必须反映主体的情感寄托和内心需求，而且由于法律调整对象的普遍性，它反映的是一种整体需求，而非个体需求。[2]社会主义法律信仰既要关注法律信仰主体的情感寄托，又要关注法律信仰主体的内心需求，这种情感寄托和内心需求，应该是社会主义法律信仰主体出于社会主义法律信仰上的主观动机。对于社会主义法律信仰的主观动机，个体中拥有的主观动机不尽相同，通常以不同的形式出现。可能来源于权力的要求或利益的需求，也有可能来源于主体价值的追求或社会地位的谋求等。但是，整体的主观动机则具有普遍性，因而，基于整体的主观动机的个体主观动机也会有较多的共同性。具体而言，个体主观动机的共同性主要出于法律价值的信守或法律秩序的维护，也是出于法律规范的遵循或社会正义的捍卫，又是出于对权力的主张或对利益的关注等。个体拥有的这些共同的主观动机是形成和发展整体的主观动机的前提。作为社会主义法律信仰的整体的主观动机，个体共同的主观动机在社

---

① 十六大以来重要文献选编[M].北京:中央文献出版社,2008:401-402.
② 谢晖.法律信仰的理念与基础[M].济南:山东人民出版社,1997:8.

会主义法律信仰生成中得到充分体现，成为社会主义法律信仰形成、发展的主观条件。个体共同的主观动机也在社会主义法律信仰生成主观方面的影响因素的探讨中受到广泛的重视，成为研究社会主义法律信仰的课题。我们选取学界现有相关研究成果，总结归纳出对于社会主义法律信仰生成具有促进意义的个体共同的主观动机的三个核心要素：一是在正当利益、合法权力之外，存在对自由价值的诉求；二是存在与这种诉求相关的向往社会主义法治及其价值的主观心理状态；三是上述主观心理状态体现和反映社会主义法律信仰主体对社会主义社会正义、公正、平等、自由、民主、人权等美好法律价值的追求。

社会主义法律的价值、社会主义法治的精神、社会主义法律信仰的主观动机之间既有区别，又有联系。社会主义法律的价值、社会主义法治的精神和社会主义法律信仰的主观动机，不管我们认识与否，它们都会对社会主义法律信仰功能的生成产生影响。社会主义法律的价值是社会主义法律信仰功能生成的基础，因为社会主义法律信仰的功能，关系到社会主义法律价值的实现。社会主义法律信仰功能的生成，皆起于社会主义法律价值的生动实践。正是社会主义法律价值实践的体验，使人们对社会主义法律形成信仰。社会主义法律信仰始终将信仰主体的法律信仰置于信仰的核心，就社会主义法律信仰主体而言，社会主义法律信仰个体共同的主观动机，对社会主义法律信仰主体来说是最刻骨铭心的，对信仰客体来说是最具有决定性的。此外，社会主义法律的价值、社会主义法治的精神、社会主义法律信仰的主观动机之间有不少重叠，因此，三者对社会主义法律功能的生成的意义也会有较多的相关性。关于三者之间的相关性，我们认为，无论是基于"社会主义法律的价值"，还是基于"社会主义法治的精神"，还是基于"社会主义法律信仰的主观动机"视角，去构建社会主义法律信仰的功能，都不可否认社会主义法律信仰的功能是一种多维结构，既包括社会主义法律价值的取向，也包括社会主义法治精神的关怀，又包括社会主义法律信仰主体的终极追求。社会主义法律信仰功能结构中关于社会主义法律价值取向、社会主义法治精神关怀、社会主义法律信仰的主观动机三者之间的关系，蕴含着社会主义法律信仰生成"外在条件"与

"内在条件"的逻辑密码，折射出扩张社会主义权利意识、增强社会主义法律意识、传承社会主义法治精神、遵守社会主义法律规范、维护社会主义法律正义等一系列制度和程序。据此，我们认为社会主义法律信仰的功能至少有如下几点：一是社会主义法律共识的凝聚功能；二是社会主义法律责任的激活功能；三是社会主义法律秩序的控制功能；四是社会主义法律情感的慰藉功能；五是社会主义法律觉悟的提升功能；六是社会主义法律行为的定向功能；七是社会主义法律权威的维护功能。

（二）中国特色社会主义法律信仰的功能省察

社会主义法律共识的凝聚功能主要是从社会主义法律认知、认同方面，对社会主义法律共识所进行的把握，它是指在优化人们社会主义法律认知的基础上，为了求取人们社会主义法律认同而发挥的一种指导统一思想的作用。社会主义法律共识的凝聚功能主要表现在五个方面：凝聚学法共识、凝聚知法共识、凝聚立法共识、凝聚守法共识、凝聚用法共识。关于社会主义法律共识的凝聚功能，我们并不陌生。中华人民共和国成立以后，尤其是党的十一届三中全会以来，人们对社会主义法律信仰的功能的认识，首先是从学法、知法、立法、守法、用法开始的，例如，遵守法律、敬畏法律、依法办事、依法行政、信任法律等。换句话说，人们在这一时期已经认识到了社会主义法律信仰的社会主义法律共识凝聚功能。社会主义法律共识的凝聚功能之所以作为一个重要功能被提出来，是因为社会主义法律信仰因社会主义法律认同而形成、发展。因此，我们提出并强化社会主义法律共识的凝聚功能，实际上是凝聚法律共识、增强法律信念、形成法治合力的一种长期基础性的工程。

社会主义法律信仰的形成和发展，在一定程度上表现为对社会主义法律责任的认可和遵守。不存在不认可、不遵守法律责任的社会主义法律信仰。社会主义法律信仰能形成、要发展，就必须激活社会主义法律责任。社会主义法律信仰生成前期，人们的社会主义法律责任观念并不突出，有的多是权利意识及被动接受的法律责任，这根源于法律的强制性和人们生存的功利性。社会主义法律信仰在一定意义上说，是随着社会主义法律责任被高度认同、自觉遵守而形成和发展起来的。因此，社会主义法律责任的激活功能的出场，也就成为社会主义法律信仰功能发展的必然。社会主义法律责任的激活功能，可概括为民事责任激活功能、刑事责任激活功能、行政责任激活功能。其关键在于增强人们的法律责任意识，规范人们的法律责任行为，理顺人们法律上的功利与道义关系，培养人们理性的法律行为判断能力和守法精神，从而确保社会主义法律中的主体责任得以实现，形成社会主义法律责任成为人们自觉追求的共同价值标准，进而限制命令的强制，实现人们自愿守法、用法。

社会主义法律信仰如何生成，人们对社会主义法律秩序的维护和遵从必不可少。没有人们与社会主义法律的维护关系和遵从关系，也就没有社会主义法律秩序，社会主义法律秩序就存在于人们对社会主义法律的维护和遵从之中。社会主义法律秩序及其属性是在人们的维护和遵从中被发现、规定、改进的。社会主义法律秩序能否形成，并不依赖于国家强制力的强制遵守，而是取决于人们的信仰程度。"确保遵从规则的因素如信任、公正、可靠性的归属感，远为强制力更为重要。"①同时，社会主义法律秩序及其价值也是在人们的持久信仰中被不断改进，不断发展的。社会法律秩序的改进和发展，不是强制力的制裁，而是人们对自由、权利、平等等法律精神的尊重、崇尚和追求。尊重越普遍、崇尚越普及、追求越执着，社会主义法律秩序就越丰富、越巩固。更重要的是，社会主义法律信仰植根于社会主义法律信念之中，成为人们维护法律秩序直接的"力量来源"。人们不仅仅考虑社会应该有什么样的法律秩序，有哪些法律秩序，而且考虑这些法律秩序需要什么样的环境，如何把这些法律秩序从可能变为现实，这就要将维护、捍卫社会主义法律秩序转化为信念。

"人需要信仰，不仅在于通过信仰的形式超越短暂、有限的人生，实现对无限、永恒的价值追求，而且在于人有从信仰中得到激励、慰藉的欲求。"②在人们的社会主义法律需求中追求自由、秩序、权益的共创与共享，实现社会的正义、公平，这才是社会主义法律信仰的基本价值追求。这种基本价值追求的存在带来的将是社会主义法律情感慰藉功能的提升。

---

① 哈罗德·J.伯尔曼.法律与宗教[M].梁治平,译.北京:生活·读书·新知三联书店,1991:128.
② 王晓朝.金规则是一种道德信仰[J].学术月刊,2003(4):15-18.

首先，自由、秩序、权益的追求满足社会成员最基本的需求，可以体现人的尊严，可以感受到自由、秩序、权益的价值所形成的信仰，通过法定权利的应用、法定义务的遵守、法定利益的分配，实现对法定权力、法定义务、法定利益的需求，形成彼此之间的自我实现、自我确证。其次，逐步实现社会公平、正义，形成学法、知法、守法、用法的传统。这些"传统又植根于一种深切而热烈的信念之中，那就是，法律不仅是世俗政策的工具，而且还是生活的终极目的和意义的一部分"①。正是这种终极目的和意义，激励着人们向共同理想的进发。一方面，使人们形成愿意为社会主义法律而献身的境界；另一方面，也激起了人们依靠社会主义法律的力量去实现自己人生价值的自信。

　　社会主义法律信仰质的规定性是人们在社会主义法律上的自我超越。这种自我超越的不断超越，必然带来人们社会主义法律觉悟的不断提升。社会主义法律觉悟的程度是社会主义法律境界的标志，是社会主义法律信仰的主体，其法律修养、法制观念、法治意识均达到了一定的程度。所谓社会主义法律觉悟是指人们通过接受法律教育、提升法律修养、培养法律意识，所达到的社会主义法律觉醒程度和社会主义法律以及所形成的法律素养状况。这种觉悟是以社会主义法律为前提和基础的，因而必然有其特殊性。这种特殊性可以表述为领悟社会主义法律的真谛，而不是非社会主义法律的真谛。人们对社会主义法律的领悟，在某种意义上恰恰是人们社会主义法律文明进步、社会主义法律觉悟提高的一个明证。

　　社会主义法律信仰的直接意义在于社会主义法律信仰的信念，更在于社会主义法律信仰的行为。这是因为社会主义法律信仰的信念如果不外化成为社会主义法律行为，就不能对社会主义社会发生影响，成为促进社会进步、法治发展的动力②。社会主义法律行为是人们拜从社会主义法律的外在表现，而社会主义法律则是人们社会行为的法律规则，人们社会行为才能真正步入社会主义法律轨道。社会主义法律的最大的现实作用是保证人们在社会主义法律准则支配下活动。这种活动的存在，对于人们争取正义之法，纠正非正义之法是必不可少的前提。有了社会主义法律，社会主

---

① 哈罗德·J.伯尔曼.法律与宗教[M].梁治平，译.北京：生活·读书·新知三联书店，1991：43.

② 刘建军.信仰的呼唤——社会主义市场经济条件下的信仰问题研究[M].北京：人民出版社，2011：125.

义法律信仰就有了基础，人们就会清楚哪些行为是应该做的，哪些行为是不应该做的，哪些行为是必须坚持的，哪些行为是必须纠正的。如果说社会主义法律是社会主义法律行为养成的"硬件"，那么社会主义法律信仰就是社会主义法律行为养成的"软件"。社会主义法律信仰是人们对社会主义法律的认同与信服，行动中表现为对社会主义法律的遵循与拜从，确立了社会主义法律信仰，就可按照社会主义法律准则来约束自己的行为，并将它转化成为自觉、自愿的社会行为。如此，这种社会行为就不至于是易变的和前后矛盾的。

社会主义法律在社会主义社会的诸种调整手段中具有最高的权威①。要维护社会主义法律权威，有一个先决条件，即社会主义法律必须被信仰。在姚建宗的论文《信仰：法治的精神意蕴》中，用这样的话回答了社会主义法律如何才能被信仰这个问题，"法律必须靠原则的公正以及国民对它的兴趣才能获得支持"。这既是对美国著名法学家哈罗德·J.伯尔曼的"法律必须被信仰，否则它将形同虚设"传统理念的认同，也可以视为当代中国人民对社会主义法律认识的正确把握。实际上，维护社会主义法律权威，并不仅仅在于建立和完善社会主义法律体系和社会主义法治体系。若如此，凡是建立和完善社会主义法律体系和社会主义法治体系的国家，其法律都可视为已具有至高无上的权威。但是，正如亚里士多德指出的那样，"法律能见成效，全靠民众的服从"，即"邦国虽有良法，要是人民不能全部遵循，仍然不能法治"②。因此，要树立社会主义法律至高无上的权威，在人们的内心中应当是对社会主义法律的高度信服，并将之作为其行为准则。反过来说，即社会主义法律被共同信仰时，人们才会有维护社会主义法律权威的现实诉求。

三、大学生社会主义法律信仰的培育机制

法律不被信仰，必然失去支持，失去支持的法律将会导致法律形同虚

① 刘建军.信仰的呼唤——社会主义市场经济条件下的信仰问题研究[M].北京:人民出版社,2011:126.
② 亚里士多德.政治学[M].吴寿彭,译.北京:商务印书馆,1983:453.

设。这条铁律告诉我们，有效地培育社会主义法律信仰，其逻辑起点在于社会主义法律，根本途径是逐步推动社会主义法律被信仰。这就要求我们在构建大学生社会主义法律信仰培育机制的过程中，应当在反映中国特色社会主义法律信仰特征的同时，还要从体现中国特色社会主义法律信仰功能的角度来认识和把握大学生社会主义法律信仰培育机制构建问题。

　　大学生社会主义法律信仰处于社会转型阶段，区别于其他群体信仰，有着特有的特征与功能。所以，在推进大学生社会主义法律培育机制构建的过程中，需要深度追问：大学生社会主义法律信仰有哪些特征，有哪些功能，这些特征和功能对于我们正在构建的大学生社会主义法律信仰培育机制将形成哪些影响，并根据这些特征和功能构建出相应的机制。

　　这里所说的大学生社会主义法律信仰的特征与功能，实际是在强调大学生社会主义法律信仰培育机制的构建，应该注意找回培育机制的"当代大学生特性"，即将大学生社会主义法律信仰培育机制构建的机制选择，建立在以大学生为对象的基础之上，不清楚大学生的社会主义法律信仰特征和功能，是很难构建出符合实际的大学生社会主义法律信仰培育机制的。

　　大学生社会主义法律信仰特征和功能，同中国特色社会主义法律信仰特征和功能之间存在着密切的联系，断裂开来查究是无法真正理解大学生社会主义法律信仰特征和功能的。但是，把大学生社会主义法律信仰特征和功能，等同于中国特色社会主义法律信仰特征和功能，也无法处理不同主体的社会主义法律信仰特征和功能之间的关系。中国特色社会主义法律信仰的主体可以划分为几个不同种类，其中，大学生是本文研究的对象，这个直接指向的社会主义法律信仰特征与功能，与社会主义法律信仰特征与功能的密切关系，必然彰显中国特色社会主义法律信仰特征与功能的大学生特性。处理大学生与其他主体的社会主义法律信仰的特征与功能之间的关系，发现此特性，才能真正使社会主义法律特征与功能成为大学生的社会主义法律信仰的特征与功能。

　　大学生社会主义法律信仰特征与功能的"当代大学生特性"，"在场"表现为当代大学生的强调和对中国特色社会主义法律信仰特征与功能坚守的承诺。在这样一个"场"内，大学生不仅相互继承中华法律文化传统、相互保护中华民族的终极价值、相互维护社会主义法律权威、相互捍卫中国社会公平正义，还要共同建设社会主义法治国家。这个"在场"的成形是建立在大学生对社会主义法律的认同、法律责任的认可、法律秩序的接受、法律规范的服从、法律至上的情怀、法律价值的坚信的基础上的。为了谋求社会的公平正义，其中也不乏对利益的维护。如此"在场"的构想可以在八个层面上得到实施：一是社会主义法律精神的内化；二是社会主义法律价值的选择；三是社会主义法律情感的运行；四是社会主义法律信仰培育主体的互动；五是社会主义法律信仰权益的联结；六是社会主义法律信仰培育环境的优化；七是社会主义法律信仰危机的化解；八是社会主义法律行为的评价。就此看，社会主义法律吸收内化机制、社会主义法律价值选择机制、社会主义法律情感运行机制、社会主义法律信仰培育主体互动机制、社会主义法律信仰权益联结机制、社会主义法律信仰培育环境优化机制、社会主义法律信仰危机化解机制、社会主义法律行为评价机制的组合，提供了一个构建大学生社会主义法律信仰培育机制的基本框架。

第一，社会主义法律吸收内化机制。大学生社会主义法律信仰培育本意是，引出和唤醒大学生社会主义法律信仰。其本质是引导大学生顺其自然的内在生长过程，其立论基础是大学生及其健康、全面、自由发展。大学生理性地对待社会主义法律的认识，其最高境界是敬仰。而达到此境界必然经过吸收、处理、加工、内化四个层阶，其中吸收是处理之基、加工之初、内化之源；内化是吸收的目标、处理的要求、加工的结果。大学生社会主义法律吸收内化过程，就是大学生对社会主义法律的吸收、处理、加工、内化的自然展开，是高校法律信仰培育助力于学生后，由学生主导先吸收、处理、加工而消化为一种世界观、人生观、价值观的过程。针对大学生社会主义法律信仰培育目标导向的外在生长倾向，尤其需要强化大学生对于社会主义法律的吸收内化，这是培养大学生发自内心的信仰社会主义法律的关键。大学生社会主义法律信仰培育要内外兼修，彼此促进，尤其应重视大学生社会主义法律吸收内化机制的构建。具体地说，要构建社会主义法律吸收内化四个机制，即社会主义法律吸收机制、社会主义法律处理机制、社会主义法律加工机制、社会主义法律内化机制。

第二，社会主义法律价值选择机制。大学生对社会主义法律的关注，更多的是为了保护和实现自己的最高价值中的作用。因此，社会主义法律价值的选择被大学生重视，社会主义法律的应用、评判、认同、遵从则被看作大学生社会主义法律价值选择的四个维度。大学生社会主义法律价值的选择，经历了一个由应用社会主义法律，到评判社会主义法律，到认同社会主义法律，再到遵从社会主义法律的过程。其中具体的测量指标进入设计层面，具体内容包括以下四个方面：一是社会主义法律实践的指标，用来测量大学生社会主义法律实践需要的相关社会主义法律完善程度；二是社会主义法律作用评判指标，用来测量大学生的法律行为、法律活动所需社会主义法律的适用度；三是社会主义法律影响指标，用来测量社会主义法律对大学生成才成长成功的影响程度；四是社会主义法律与大学生互动指标，用来测量大学生对社会主义法律的遵从程度，以及社会主义法律对大学生的全面、健康发展的保障程度。这种选择机制要求大学生社会主义法律信仰培育要在四个重点方向上行动起来：一是社会主义法律及其应用；二是社会主义法律作用及其评判；三是促进大学生对社会主义法律高度信服与尊重；四是确保大学生的价值追求与社会主义法律价值达到一致。

第三，社会主义法律情感运行机制。大学生社会主义法律情感是有确切内容的，它带有大学生对社会主义法律的情感寄托，在大学生社会主义法律信仰活动的各个阶段均有对应。大学生信仰社会主义法律，这是因为大学生对社会主义法律的接受、肯定与服从，社会主义法律也在表达大学生对于社会主义法律的共同情感。大学生社会主义法律情感的运行，对于实现大学生对社会主义法律的共同情感意义重大。如果没有大学生社会主义法律信仰情感的运行，真正的大学生的社会主义法律信仰就不会出现。因此，大学生社会主义法律情感的运行，对大学生社会主义法律信仰的形成和发展很重要，其运行机制的构建与创新更为重要。大学生社会主义法律情感的特殊性必然体现大学生对社会主义法律的自然情感、科学情感、道德情感、美学情感。大学生社会主义法律信仰情感机制的构建与创新，是指创建一种机制，让大学生的社会主义法律自然情感、科学情感、道德情感、美学情感等，在有效的体系内合理、合规运行，让大学生在进入社会主义法律体系后，就对社会主义法律行为有着浓厚的兴趣和深厚的情感。社会主义法律的传递、体验、辨认、表达、调适等方式都可作为社会主义法律情感运行的相关方法加以应用。针对大学生社会主义法律情感运行系统而言，需要推进"传递—体验—辨认—表达—调适"系统的建立与完善。

第四，法律信仰培育主体互动机制。大学生社会主义法律信仰培育，涉及社会、学校、家庭、大学生之间的多种主体互动。传统的以社会、学校、家庭为主体、大学生为对象的机制，在大学生社会主义法律信仰培育上已经凸显"力不从心"。大学生对社会主义法律的尊重、传播、捍卫，为大学生社会主义法律信仰的培育带来了新的活力。破解传统方法遇到的困境，强化大学生社会主义法律信仰培育，需采纳主体互动方案加以应对。基于社会、学校、家庭的主体价值，尊重大学生的主体性，由此构建大学生社会主义法律信仰主体互动方案。所谓大学生社会主义法律信仰培育主体互动方案，指的是多种主体共同开展大学生社会主义法律信仰培育的规划。社会、学校、家庭、大学生是大学生社会主义法律信仰培育的四个主体。在大学生社会主义法律信仰培育互动方案中，虽然主体之间的关系表现为较明显的相互依赖关系，但其都是作为某类独立性的主体而发生相互关系。现有研究中，研究者大多关注的大学生社会主义法律信仰培育主体的互动关系主要包括四个维度，即社会教育、学校教育、家庭教育、大学生自我教育。因此，在制订大学生社会主义法律信仰培育主体互动方案时，有必要区分上述四种教育不同的作用机制。

第五，社会主义法律信仰权益联结机制。在大学生社会主义法律信仰中，大学生合法权益的社会主义法律保护具有极其重要的意义，它是大学生社会主义法律情感生成和维护特别重要的基础要素。大学生是"社会人"，更是"学校人"，因此有着特殊的合法权益的社会主义法律保护。其合法权益的社会主义法律保护理念核心要求在于，大学生的使用权、知情权、选择权、监督权、奖贷权、就业权、创业权等均受社会主义法律保护。同时，无论是使用权的实现，还是知情权的实现和选择权、监督权、奖贷权、就业权、创业权等的维护，又都应当在严格遵守社会主义法律的框架内作为。在大学生群体当中，社会主义法律保护上的合法权益，涉及上述大学生特有的权益，这些权益的保护又在各个不同的方面为大学生社会主义法律信仰的形成和发展提供直接的、现实的物质利益。尊重和保护大学生的使用权、知情权、选择权、监督权、奖贷权、就业权、创业权，是大学生社会主义法律信仰培育应当秉持的价值理念和实践准则。大学生合法权益的社会主义法律保护，需要维护大学生拥有的各种权益，又要化解大学生各种权益纠纷，但无论是哪种情况，都需要以实现大学生各种权益联结为根本前提。"权益联结"意味着大学生合法权益的社会主义法律保护，既是出于对大学生各个方面权益实现的考虑，同时更是全面推动大学生各个方面权益保护共同作用于大学生社会主义法律信仰培育的结果。这种权益联结一定是在高校实施、政策支持、法律保护、大学生主动捍卫下，有一套系统高效与大学生合法权益保护密切相关的措施作保证。

第六，社会主义法律信仰培育环境优化机制。大学生社会主义法律信仰的培育是一个高校与大学生的对话和互动过程，在不同的法律学习环境、法律应用环境、依法治校环境、普法创新环境背景下产生的效果是不同的。在高校，不断优化的法律学习环境、法律应用环境、依法治校环境和普法创新环境，一定会带来大学生对社会主义法律认同度的提高、对社会主义法律信服水平的增加，与此同时，高校法律学习环境、法律应用环境、依法治校环境、普法创新环境的优化也引起大学生社会主义法律信仰能力的提升。而这种局面的形成是需要建设的，它有赖于高校的大学生社会主义法律信仰培育措施的不断推进。可以说，社会主义法律信仰培育环境优化机制，对高校提高大学生社会主义法律信仰培育的质量是特别重要的。大学生社会主义法律信仰培育环境优化机制的构建，首先，在于建立一个宽松的法律学习环境，让学生找到学习法律的乐趣与需要；其次，在于形成一个重视法律应用的环境，推进法律应用进宿舍、进教室、进校园，真正使学生教育、管理、服务的合法性和信任得到增强；再次，在于创建一个依法治校的环境，通过学校制度管理体系来促进社会主义法律价值的表达，并最终承载社会主义法律价值；最后，高校在普法工作理念、工作机制、工作载体等的创新上形成一个有利于普法创新的环境，即直接地通过学生广泛参与普法过程，或间接地通过学生对高校普法的感知来促进学生对社会主义法律的信服与遵从。

第七，社会主义法律信仰危机化解机制。学界对大学生社会主义法律信仰危机及其化解有过许多的讨论。这一讨论的展开，有其现实背景：一是不少大学生对社会主义法律认知不全面，存在片面性；二是少数大学生由于社会主义法律观念模糊而违法，甚至坠入犯罪的深渊；三是大学生社会主义法律信仰危机，不论是新问题还是新情况，都亟待破解。大学生社会主义法律信仰危机化解所希望解决的问题：（1）认清大学生社会主义法律信仰危机的危害性；（2）厘清大学生社会主义法律信仰危机的成因及影响因素；（3）理解大学生社会主义法律信仰危机的构成并积极应对这些危机；（4）通过对大学生社会主义法律信仰危机的预防、管控、善后处理使得危机化解效果最大化；（5）突破大学生社会主义法律信仰形成、发展的阻碍，引导大学生广泛参与社会主义法律生活，在提高大学生社会主义法律认知的同时，增强大学生社会主义法律情感。以上问题若能解决好，大学生社会主义法律信仰危机可转化为社会主义法律信仰，否则，轻则大学生法律意识淡薄，法律精神缺失，法律素质弱化；重则使大学生蔑视社会主义法律，规避社会主义法律，甚至破坏社会主义法律秩序，变成社会主义法治中的不稳定因素。关键之处在于面对大学生社会主义法律信仰危机，我们既要发现危机、分析危机、预防危机，又要管控危机、善后处理危机。核心在于建立大学生社会主义法律信仰危机发现机制、分析机制、预防机制、管控机制和危机善后处理机制，然后应用机制化解危机。

第八，社会主义法律行为评价机制。所谓"大学生社会主义法律行为"是指社会主义法律对大学生合法行为和违法行为的确认，对大学生合法行为的保护，对大学生违法行为的扬弃。其要义是大学生行为的社会主义法律规定，着眼点是对大学生的合法行为进行有效保护，对大学生的违法行为进行有效控制。大学生社会主义法律行为是大学生有计划、有组织、有目标的行为，一般包括发动、实施、调控、完成四个阶段，强调行为前的价值判断、行为中的行为解释和行为调控、行为后的合法行为激励和违法行为制止。与其对应的是价值判断、行为解释、行为调控、利益激励、规范限制五种运行机制。对于发动阶段的行为，予以价值判断，即确认行为的价值或是确保行为符合社会主义法律规范；对于实施阶段的行为，可进行行为解释，即致力于行为方向与社会主义法律规范所指一致；对于调控阶段的行为，适宜行为调控，即支持合法行为、扬弃违法行为；对于完成阶段的行为，则予以利益激励和规范限制，即推动社会主义法律规范对大学生行为的规范和调整。确保这些评价机制运行的有效性，还需依据上述分析框架，对应具体的运行机制，确定切实可行的评价指标并制订清晰可行的匹配细则。

第三节　大学生社会主义道德信仰培育的机制构建

大学生社会主义道德信仰培育机制构建，就是要建立系统完整的、具有独特作用的、符合社会主义道德要求和大学生发展需要的道德信仰培育机制，这是大学生社会主义道德信仰形成与发展的内在要求。

学界对大学生社会主义道德信仰培育机制多有讨论，但对中国特色社会主义道德信仰的特征与功能，在大学生社会主义道德信仰培育机制构建中的应用未加以关注。考虑到大学生社会主义道德信仰培育的特殊性，除了一些共性的指标外，还应针对中国特色社会主义道德信仰的特征与功能，构建独有的培育机制。因此，大学生社会主义道德信仰培育机制的构建，应将中国特色社会主义道德信仰的特征与功能作为最重要的依据。

一、中国特色社会主义道德信仰的特征

（一）中国特色社会主义道德信仰特征的研究

学界对于中国特色社会主义道德信仰特征的认识，是与对中国特色社会主义的理解、对社会主义道德信仰特征的讨论分不开的。全面理解中国特色社会主义，准确阐释社会主义道德信仰的特征，是中国特色社会主义道德信仰特征研究中最具决定意义的两个部分。

中国特色社会主义是一个中国化的概念，如何理解这一概念？既有研究认为，有七种不同的表述，或为"有中国特色社会主义"，或为"建设中国特色社会主义"，或为"中国特色社会主义道路"，或为"中国特色社会主义伟大旗帜"，或为"建设有中国特色社会主义理论"，或为"中国特色社会主义理论体系"[①]。这些表述尽管提法有所不同，但都围绕"中国特色社会主义"展开，以社会主义初级阶段为立论基础，从而使当代中国的社会主义理论、社会主义道路、社会主义制度得以充分体现。韩庆祥的《中国特色社会主义的独特优势——坚定道路自信、理论自信、制度自信》则谈到中国特色社会主义的优势，指出中国特色社会主义"注重从客观实际出发""坚持'一元主导'的社会主义根本政治原则""强调改革发展历史进程中基本的矛盾关系的结合与协调""注重定标、定向、定心"。

改革开放以后，国内研究社会主义道德信仰问题的学者有很多，关于社会主义道德信仰的特征也有不同的说法。黄明理的《社会主义道德信仰研究》针对社会主义道德信仰的特征曾有如此阐释，"道德信仰是情感（或非理智性）与理智的有机结合""道德信仰是现实性与超越性（或非现实性）的辩证统一"。而对于具有特殊类型的信仰来说，这些特征在魏长领、刘学民、刘晓靖的《道德信仰与社会和谐》中被描述为具有"建立在辩证唯物主义和历史唯物主义基础之上""有其客观的物质基础""与共产主义有着共同的理想目标"等特征。对于社会主义道德信仰的特征，另有

[①] 陈文通.深化对中国特色社会主义道路的理论认识[J].中国特色社会主义研究,2008(1):4-14.

文章指出，社会主义道德信仰具有"超越性""神圣性""形而上性"①的特征。但这些讨论尚未对社会主义的道德信仰的特征作具体说明，也未指出社会主义道德信仰特征与道德信仰特征的区别。

以社会主义道德信仰的特征作为了解中国特色社会主义道德信仰特征的依据，以中国特色社会主义的质的规定性来反映社会主义道德信仰的中国特色，是研究者们分析中国特色社会主义道德信仰特征的通行做法。我们归纳既有研究成果的相关论述，结合学界对中国特色社会主义和社会主义道德信仰特征的有关讨论，认为中国特色社会主义道德信仰主要有四个特征，即承接中华民族传统美德、弘扬人类文明的共同成果、倡导共产主义道德、践行中国特色社会主义道德体系。

（二）中国特色社会主义道德信仰特征的审视

中国特色社会主义道德信仰是区别于其他社会主义道德信仰，而为当代中国所独有的社会主义道德信仰。中国特色社会主义和社会主义道德信仰则是研究中国特色社会主义道德信仰最为关键性的概念范畴。承接中华民族传统美德、弘扬人类文明的共同成果、倡导共产主义道德、践行中国特色社会主义道德体系，之所以是中国特色社会主义道德信仰最为突出的特征，就在于中国特色社会主义和社会主义道德对中国特色社会主义道德信仰的影响尤为深刻、有效。

第一，社会主义道德的中国特色很重要的方面就是继承中华民族传统美德。"我们这个民族有数千年的历史，有它的特点，有它的许多珍贵品质。"②中华民族数千年所凝聚、沉淀下来的传统美德，如"仁爱孝悌、谦和好礼、诚信知报、精忠爱国、克己奉公、修己慎独、见利思义、勤俭廉正、笃实宽厚、勇毅力行"③等，既是中国特色社会主义道德建设承接的对象，又是中国特色社会主义道德体系构建的范围，继承这些传统美德，包括中国共产党领导中国人民在社会主义革命和建设中形成的革命传统道德，是中国特色社会主义道德信仰的情怀和志向。

---

① 任媛.论道德信仰的特点及形成机制[J].山西煤炭管理干部学院学报,2010(1):124-125.
② 毛泽东选集(第二卷)[M].北京:人民出版社,1991:534.
③ 张岱年,方克立.中国文化概论[M].北京:北京师范大学出版社,2004:212-219.

第二，中国特色的社会主义道德没有脱离人类文明共同成果大框架。人类文明的共同成果，不仅是中国特色社会主义形成、发展的理性基础，而且是中国特色社会主义道德认定、追求的既定目标。中国特色社会主义道德实践一直是以借鉴和吸收人类共同的文明成果来认识和发展中国特色社会主义道德的。"党的十一届三中全会决定实行改革开放，积极采用、吸收世界先进技术和其他对我们有益的东西。中国由此进入了紧跟世界发展进步潮流、独立自主地建设中国特色社会的历史新时期。"[1]在这个广泛吸取、借鉴人类文明共同成果并赋予鲜明的中国特色的时代，中国特色社会主义道德体系逐步展开，始终围绕社会主义社会公德、职业道德、家庭美德、个人品德建设等重要层面，辗转推陈，于广泛吸取、借鉴人类文明共同成果的过程中给予"中国特色"。凡此种种选择与超越，可谓是中国特色社会主义道德信仰对人类文明共同成果内化于强烈的道德情感并长期坚守的精神境界。

第三，中国特色社会主义的道德发展方向是共产主义道德，虽说是一种新型社会道德体系，却与共产主义道德是同一个道德体系。中国特色社会主义道德是共产主义道德在社会主义初级阶段的具体体现，共产主义道德是中国特色社会主义的道德在社会主义现阶段的目标迈向。就中国特色社会主义的道德发展与建设目标而言，中国特色社会主义的道德不仅要适应社会主义初级阶段生产力发展的需要，而且要向共产主义道德迈进。"社会主义是向共产主义高级阶段前进的历史运动。我们社会的先进分子，为了人民的利益和幸福，为了共产主义理想，站在时代潮流前面，奋力开拓，公而忘私，勇于献身，必要时不惜牺牲自己的生命，这种崇高的共产主义道德，应当在全社会认真提倡。"[2]因此，所谓经由中国特色社会主义的道德信仰转换来实现共产主义道德信仰，其间最为重要的途径就是倡导共产主义道德，特别是落实于中国特色社会主义道德建设的探索与实践。

第四，中国特色社会主义道德以中国特色社会主义道德体系为引领，践行中国特色社会主义道德体系是中国特色社会主义道德持续发展的制度

---

① 谢春涛,范晓春.不断吸收人类文明共同成果的社会主义[N].学习时报,2008-12-15(3).
② 佚名.中共中央关于社会主义精神文明建设指导方针的决议[N].宁波日报,1986-09-29(2).

保障。中国特色社会主义道德体系"与中国特色社会主义经济体系、政治制度体系、法律法规体系、文化体系等相互配合和支撑，共同维系着社会主义社会的有序运行"[①]。它是当代中国推行的有利于社会整体利益的道德体系，也是当代中国人们的原则规范、行为准则。发展中国特色社会主义道德体系，方有中国特色社会主义道德建设发展规律，进而促进中国特色社会主义社会体系建设，最终实现现实中的人的全面自由发展。中国特色社会主义道德信仰是对中国特色社会主义道德体系的全面认同、自觉遵从，将倡导和践行中国特色社会主义道德体系纳入中国特色社会主义道德培育轨道，是促进中国特色社会主义道德信仰形成与发展的一个关键着力点。

二、中国特色社会主义道德信仰的功能

（一）中国特色社会主义道德信仰功能的研究

关于中国特色社会主义道德信仰的功能，都会提到道德信仰的功能和社会主义道德信仰的功能。魏长领的《论道德信仰及其功能》将道德信仰的功能分为五个方面的具体表现，即道德境界的提升功能、道德人格的塑造功能、道德行为的动力功能、道德信仰的价值定向功能和道德信仰的凝聚功能。黄明理的《道德信仰研究综述》则将道德信仰的功能理解为，"道德信仰赋予道德以自律的本性和意义""道德信仰是人们的精神支柱和道德选择的坐标""道德信仰是道德的精神本体""道德信仰是人的精神生命形式"。

对比国内研究者对道德信仰功能的理解，我们不难看出，国内研究者理解的社会主义道德信仰的功能与道德信仰的功能大致上是相同的。荆学民的《道德信仰及其当代意义》就将社会主义道德信仰的功能勾画为，"明晰社会主义道德的精神基础""强化社会主义道德的凝聚功能""改善社会主义道德的教育方式"。黄明理的《社会主义道德信仰研究》则以明

[①] 焦国成.论中国特色社会主义道德体系研究[J].江西师范大学学报(哲学社会科学版),2015(1):3-4.

确的方式对此作了表述，指出社会主义道德信仰的功能表现在四个方面，即"是人们道德行为选择的价值坐标""推动着人格升华""是人的高级精神需要和根本的精神支柱""是个体的精神生命的主要形式"。在这里，通过对社会主义道德信仰的特征分析以及与道德信仰的特征讨论，虽然实现了"无缝对接"，但这种讨论却一直停留在道德信仰特征讨论的层面。

在中国特色社会主义道德信仰功能研究上，道德信仰的功能和社会主义道德信仰的功能讨论结果的启示至少有三点：一是中国特色社会主义道德信仰的功能，应该是对道德信仰和社会主义道德信仰功能的反映和体现；二是仅仅以道德信仰的功能或社会主义道德信仰的功能为依据来概述中国特色社会主义道德信仰的功能，这是偏重就轻，无法直接回答中国特色社会主义道德信仰功能问题；三是中国特色社会主义道德信仰功能研究，比较道德信仰和社会主义道德信仰功能分析的区别在于，被置于中国特色这个共同话题之下，其中区别最明显的莫过于"当代中国"的特色。

改革开放以来，中国特色社会主义道德信仰作为一个重要研究领域，很多学者对其进行了较为深入的研究。问题是迄今为止，学界既有研究成果还没有对中国特色社会主义道德信仰的功能进行深入的总结提炼。但是，学界既有研究勾画出了道德信仰和社会主义道德信仰的功能，彰显出中国特色社会主义道德信仰的功能中有道德信仰、社会主义道德信仰的功能，道德信仰、社会主义道德信仰的功能又有中国特色的特点，为我们总结提炼中国特色社会主义道德信仰功能提供了参考依据和分析的框架。据此，我们在这里尝试提出中国特色社会主义道德信仰的功能，即包括社会主义道德境界的提升功能、社会主义道德理想的导向功能、社会主义道德信念的强化功能、社会主义道德人格的塑造功能、社会主义道德力量的凝聚功能、社会主义道德行为的激励功能。

（二）中国特色社会主义道德信仰功能的审视

从根本上来看，中国特色社会主义道德信仰是贯彻和实现中国特色社会主义道德的内在需要。"道德的基础是人类精神的自律"[①]，中国特色社

---

① 马克思恩格斯选集(第一卷)[M].北京：人民出版社，1995：15.

会主义道德的基础是中华民族当代精神的自律。培育中国特色社会主义道德信仰，可以成为中华民族当代精神得以贯彻、实现的保障条件。具体而言，中国特色社会主义道德信仰在其目标取向上，主要包括保持信仰主体的社会主义道德情操、明确信仰主体的社会主义道德理想、巩固信仰主体的社会主义道德信念、发展信仰主体的社会主义道德人格、汇聚信仰主体的社会主义道德力量、引导信仰主体的社会主义道德行为等六个方面的内容。中国特色社会主义道德信仰的功能，可以将这六个方面的内容都转化为实践，进而保障它的充分展开和预期效果的达成。

第一，社会主义道德境界的提升。"所谓境界，就是指人们接受道德教育、进行道德修养所达到的程度。"①社会主义道德境界就是指人们接受社会主义道德教育、进行社会主义道德修养所达到的社会主义道德觉悟程度。中国特色社会主义道德信仰的一个重要实践价值，体现在激发信仰主体不断地进行社会主义道德修养，从而达到自身社会主义道德境界的提升。

第二，社会主义道德理想的确立。"道德信仰本身和道德境界是密切联系的，其联系的中介是道德理想目标。"②中国特色社会主义道德信仰所力图促成的，是一种真正意义上的"社会主义道德目标被长期追求的状态"，它意味着信仰主体都确信社会主义道德目标，并显现在行为实践层面，对社会主义道德目标的无尽向往、不懈追求。

第三，社会主义道德信念的强化。《现代汉语词典》将"信念"解释为"认为自己可以确信的看法，如坚定信念，必须的信念"。据此，我们可以将社会主义道德信念理解为人们对社会主义道德始终不移的信赖和执着不渝的追求。"信仰又比信念更高一层次""当某一信念上升为信仰时，人们就会对之崇拜，并把它作为自己行动的指针和必须遵循的行为"③准则。社会主义道德信仰对于社会主义道德信念的强化无疑是重要的。以此为基点，社会主义道德信念会进一步在社会主义道德信仰的作用下转为内在的道德需要，成为信仰主体外在的行为准则。

---

① 罗国杰.伦理学[M].北京:人民出版社,1989:465.
② 魏长领,刘学民,刘晓靖.道德信仰与社会和谐[M].武汉:武汉大学出版社,2013:51.
③ 马多秀,王妙玲.道德信仰与道德教育[J].现代教育论丛,2010(5):24-28.

第四，社会主义道德人格的塑造。所谓道德人格，就是个人做人的尊严、价值和品质的总和，是人的主体性、目的性和社会性的集结。也可以说，道德人格是"人的位格、性格、品格的统一"①。从道德人格的形成看，道德信仰可以看作是其形成的根据，其结果是道德责任、道德义务的全面贯彻，人的道德价值与意义充分体现，这种道德责任、道德义务、人的道德价值与人生意义的认定、被实践进入人的道德生活环节，使道德人格的形成得以有效展开。社会主义道德信仰"必然表现为对人生价值和意义的设问、探索、追求和回答，制约和引导着人生的方向和道路"②。

第五，社会主义道德力量的凝聚。道德信仰是"人的各种道德认识、道德观念、道德情感、道德意志、道德信念的整合"③。道德认识、道德观念、道德情感、道德意志、道德信念在本质上是相互联系和统一的，它们同是道德信仰的元素，根基都是道德信仰。与之相联系，社会主义道德信仰意味着从社会主义道德的角度反映人的道德认识、道德观念、道德情感、道德意志、道德信念。宽泛而言，人们的道德认识、道德观念、道德情感、道德意志、道德信念都是以"社会主义道德观之"。社会主义道德信仰以此凝聚道德认识、道德观念、道德情感、道德意志、道德信念而得到丰富、发展。而且，社会主义道德信仰一旦形成，就渗透在人的社会主义道德认识、道德观念、道德情感、道德意志、道德信念之中，"就具有巨大的整合力和顽固的惯性"④。

第六，社会主义道德行为的激励。"信仰对于至善的可达性必然是前提"⑤。由此，我们可以说，社会主义道德信仰的崇高和神圣决定于社会主义道德的至善性。社会主义道德的至善性"给人以道德根基和道德支柱"⑥，为人"提供关于人生行为善恶的最高标准"⑦。出于社会主义道德的至善性，社会主义道德行为始终体现出社会主义道德指向和社会主义道

---

① 魏英敏.新伦理学教程[M].北京:北京大学出版社,1993:494.

② 魏长领.论道德信仰及其功能[J].道德与文明,2003(6):15.

③ 李霞,樊翠英.当代社会道德信仰及其重建[J].石家庄经济学院学报,2009,32(1):128.

④ 魏长领.道德信仰简论[J].伦理学研究,2003(4):105.

⑤ 康德.逻辑学讲义[M].许景行,译.北京:商务印书馆,1991:60.

⑥ 费尔巴哈.基督教的本质[M].荣震华,译.北京:商务印书馆,1984:104.

⑦ 杨百成.社会环境与信仰[J].华北电力大学学报(社会科学版),2001(2):56.

德义务。社会主义道德指向通过善恶评价和善恶赏罚迫使行为者的道德行为服从社会主义道德规则，社会主义道德义务通过社会主义道德认知、社会主义道德体验，对行为者的道德行为产生直接的规范和限制作用[①]。

三、大学生社会主义道德信仰的培育机制

大学生社会主义道德信仰培育机制构建的基本取向是，构建起与大学生道德品质发展内在规律相适应、与中国特色社会主义道德信仰特征相符合、与中国特色社会主义道德信仰功能相协调的制度体系。在这个前提下，大学生社会主义道德信仰培育机制的构建应顺应大学生道德品质发展内在规律，结合中国特色社会主义道德信仰特征、功能的要求，解决好培育机制构建与大学生道德品质发展需求脱节问题及其中国特色、广度与深度问题。

面对大学生社会主义道德信仰的多样化趋势，我们必须在确立的社会主义道德信仰认同的基础上，引导大学生践行中国特色社会主义道德体系。面对大学生对社会主义道德信仰依然存在的困惑和迷茫，我们必须帮助大学生重新梳理和树立社会主义道德理想。面对社会主义意识形态多极化和各种社会思潮对大学生社会主义道德信仰产生的冲击，我们必须找到社会主义道德的力量和大学生社会主义道德心理的调节方式。面对诸如大学生社会主义道德信仰教育重整体轻个体、重说教轻实践、重管理轻服务的倾向，我们必须改进方式，重视大学生在社会主义道德品质、思想意识方面的自我发展，以激发大学生内在的社会主义道德需求。面对大学生社会主义道德信仰"个体化"的现实，我们必须坚持积极引导、消极限制、禁止和惩罚个体欲望、行为，证明集体主义道德信仰具有可实现性和复制性。面对大学生共产主义道德信仰、中华传统道德信仰的淡化倾向，我们必须坚持共产主义理想和社会主义信念，厘清和还原共产主义道德、中国传统道德的价值取向，并把它转化为大学生的社会主义道德诉求。面对市场经济对大学生带来的世俗化、功利化，我们必须强化社会主义道德利益导向意识，净化大学生社会主义道德信仰的愿望和动机。面对大学生对自

① 王进鑫.培养大学生道德信仰的理论与实践研究[J].中国青年研究,2007(9):28-31.

己生存的道德基础与价值意义的追问，我们必须以中华民族传统美德、社会主义道德风尚、人类文明共同成果为评价标准和衡量尺度，通过社会主义道德信仰转化为大学生的行为与习惯。面对部分大学生社会主义道德目标、道德规范的缺失，我们必须重新审视、进一步完善社会主义道德规范，保证社会主义道德责任和道德义务成为大学生的行为准则。为此，构建社会主义道德观念引领机制、社会主义道德危机化解机制、社会主义道德心理整合机制、社会主义道德教育体认机制、社会主义道德意义还原机制、社会主义道德利益创造机制、社会主义道德治理吸纳机制、社会主义道德义务内化机制、社会主义道德实践评价机制是必须的，它们为大学生社会主义道德信仰培育提供制度的保障。

第一，社会主义道德观念引领机制。中国特色社会主义道德体系引领，是大学生社会主义道德信仰培育的重要原则，必须长期支持，不容有半点折扣，更不能弃之不顾。从20世纪80年代起，我们就不断加强大学生社会主义道德信仰引领，大学生大都认同社会主义道德，并以社会主义道德作为自己的行为准则。但随着多元化的社会经济成分、生活方式的不断影响，多样化的社会思潮不断撞击，多元化的价值观不断渗透，大学生开始忽视中国特色社会主义道德体系引领，"经济理性""实用主义"的道德取向、"多元伦理""多元文化"的道德情感、"享乐主义""拜金主义"的道德观念等信仰在部分大学生中存在，我们必须常抓不懈。中国特色社会主义道德是大学生共同的道德理想和目标追求，除了完善社会主义道德教育制度，加强社会主义道德传播外，最重要的举措就是构建社会主义道德观念引领机制，通过道德楷模示范、道德价值表达、道德思想影响、道德真理传播、道德话语较量、道德思潮筛选、道德体系创新等形式，让大学生高度认同社会主义道德，自觉践行社会主义道德，使之真正在大学生社会主义道德信仰培育中落实。

第二，社会主义道德危机化解机制。大学生社会主义道德危机突出表现为社会主义道德理想的丧失、社会主义道德情感的冷漠和社会主义道德人格的分裂。危机所引发的问题，例如，少数大学生对物质的崇拜、对道德的漠视、对现实的否定、对宗教的归依、对人格的双重标准等，提醒我们要建立和完善社会主义道德危机化解机制。社会主义道德危机化解机制是社会或学校通过社会主义道德信仰重建实现的，对大学生社会主义道德信仰的形成和发展给予保障的一种正式制度安排，所有大学生都可以从中获得对社会主义道德的新认识，对社会主义道德情感的新体验，对社会主义道德精神的新需要，对社会主义道德理想的新追求，对社会主义道德修养的新提升，从而确保大学生道德理想的丧失、道德观念的功利化、道德人格的双重化、道德评价标准的模糊等问题必须在很大程度上依靠社会主义道德信仰重建来克服。社会主义道德危机化解机制建立的关键，是必须区分和协调好社会主义道德和社会主义法律之间的关系，即必须重视社会主义法律的实施，让其成为大学生坚守社会主义道德信仰的切实的依托。

第三，社会主义道德心理整合机制。大学生社会主义道德心理是由社会主义道德认知、社会主义道德情感、社会主义道德意志、社会主义道德人格构成的一个系统，各构成部分的功能是互补的。这样，整合社会主义道德认知、社会主义道德情感、社会主义道德意志、社会主义道德人格，就是对大学生社会主义道德心理的维护与调节。社会主义道德心理的整合是大学生社会主义道德心理优化的表现形式，被认为社会主义道德心理优化的形式有四种，即社会主义道德对象的确立、社会主义道德情感的产生、社会主义道德意志的形成、社会主义道德人格的完成[1]。大学生社会主义道德心理整合的行为主体为大学生，大学生大多关注社会主义道德心理整合中的以下问题：一是倾向社会主义道德信仰随着社会主义道德的发展而不断发展；二是维护本身的社会主义道德利益，使社会主义道德权利和道德义务达到最佳平衡；三是肯定社会主义道德规范，主张从接受、信奉到自觉应用；四是坚持通过社会主义道德内化促进自己道德人格最终完成，"无限地提升自我作为理智存在者的价值"[2]。大学生关注的这些问题理应受到社会主义道德心理整合机制的重视。

第四，社会主义道德教育体认机制。大学生社会主义道德信仰培育在集体教育与自我教育上的分割，催生了社会主义道德教育体认机制的提出。在社会主义道德教育日益受到重视的情况下，大学生社会主义道德信

---

① 魏长领.试论道德信仰的发生机制[J].郑州大学学报(哲学社会科学版),2004(9):66-69.
② 康德.实践理性批判[M].韩水法,译.北京:商务印书馆,1999:177.

仰培育的知识教育与考试越来越普遍，而其对大学生社会主义道德理想人格的设定及其实现则被不断弱化。这不仅在结果上决定了大学生社会主义道德信仰培育的低效，而且也在源头上反映了大学生社会主义道德信仰培育缺乏针对性。正是基于这样的状况，强调构建社会主义道德教育体认机制就显得十分重要。强化大学生社会主义道德情感的体验和认知，正成为当下大学生社会主义道德培育的共识与主动追求。于是，一些研究者们提出了开展"体验式教育"的教育价值，研究者们提出要安排四种体验以构成大学生社会主义道德教育体认的支柱，即自我改造、自我培养、自我锻炼、自我转化。这种体认可以避免长期以来大学生社会主义道德教育对于"核心价值和终极价值问题的实践和理论的回避"①。

第五，社会主义道德意义还原机制。大学生社会主义道德信仰培育应着眼于形成社会主义道德意义还原机制，推动机制转化动力的自然生成。构建社会主义道德意义还原机制，旨在持续激发能深入进行大学生社会主义道德信仰培育的内在"胀力"。大学生社会主义道德信仰不是仅仅凭借理性和能力就能实现，只有获取社会主义道德内在"胀力"的不断推动与强化，这种信仰才会生成、发展。因此，大学生社会主义道德信仰培育的必然要求，应是对社会主义道德的意义进行本质上的还原，给出社会主义道德信仰的缘由，给出社会主义道德发生、存在和延续的理由。通过给出缘由、理由，消除道德信仰对话的隔阂，提高社会主义道德认知，激发社会主义道德情感，形成社会主义道德意志，提升大学生形成和发展社会主义道德信仰的元气。

第六，社会主义道德利益创造机制。大学生社会主义道德信仰培育过程中，为了既维护大学生社会主义道德的形成和发展，又不忽视大学生对自己生活的深切关怀和美好期待；既维持社会主义道德信仰对大学生的精神支撑和动力作用，又不忽视信仰社会主义道德的大学生任何"个人利益"的实现，就必须采取一种利益性作用策略，重视大学生个体利益的存在，关心作为一个群体的社会生活中的不同利益个体的大学生如何在"集体主义"中获取"个人利益"。社会主义道德价值体系、中华民族传统道

---

① 檀传宝.信仰教育与道德教育[M].北京:教育科学出版社,1999:1.

德被部分大学生怀疑甚至否定，重要原因是社会主义道德利益的缺失。解决此问题，标本兼治的根本办法是建立并实施社会主义道德利益创造机制。从某种程度上讲，社会主义道德的利益在于维护大学生的某种利益关系结构。所说的社会主义道德利益创造，是要将大学生的不同利益诉求和满足限制在"集体主义"的原则和框架之内，侧重于从不同角度满足大学生的现实利益需要的多样性。

第七，社会主义道德治理吸纳机制。大学生社会主义道德建设出现以下态势：一是中华民族传统道德模式继续被突破；二是社会主义道德信仰出现不平衡发展；三是社会主义道德信仰生成基础多样化；四是社会主义道德信仰危机出现；五是社会主义道德实践有待深化；六是社会主义道德建设内容不断拓展，超出了社会主义道德已有的规范内容。随着社会主义道德建设的不断深化，大学生社会主义道德信仰形成、发展中产生了变革现实的要求，以上态势如何改进或改变对于大学生社会主义道德信仰培育的重要性日益加重。针对这种情况，加强社会主义道德吸纳治理成为十分重要的工作。社会主义道德吸纳治理，就是大学生社会主义道德治理中要注重"道德吸纳"，坚持统筹兼顾，重视互补互融，推进平衡发展。在做好中国特色社会主义道德信仰培育的同时，也要重视中华民族传统道德教育；在加强共产主义道德建设的同时，也要重视承接中华民族传统美德、弘扬社会主义道德风尚；在巩固社会主义道德信仰生成传统基础的同时，也要重视打牢其他基础；在树立社会主义道德权威的同时，也要重视提高失德行为的成本；在提升社会主义道德实践水平的同时，也要重视加快实践成果的转化；在完善社会主义道德规范的同时，也要重视构建中国特色社会主义道德体系，不断增强大学生社会主义道德信仰培育持续性、协同性和可操作性。

第八，社会主义道德义务内化机制。社会主义道德义务内化是大学生社会主义道德信仰培育的难题。大学生社会主义道德信仰教条、说教式培育已经失去应有的作用，人们转而将道德教育与各种管理挂钩。大学生社会主义道德信仰培育强制化、形式化实施现象较普遍地出现在学校甚至家庭中。社会主义道德功能被弱化现象正以特有的方式影响着大学生社会主义道德信仰培育的良性运行，大学生社会主义道德义务受阻问题的出现与之息息相关，导致大学生的社会主义道德信仰状况不尽如人意。应对社会主义道德信仰功能弱化挑战的主要措施是：构建大学生社会主义道德义务内化机制，促进社会主义道德信仰培育入脑、入耳、入心，做到因人、因材施教；完善社会主义道德考核制度，变"要我考核"为"我要考核"；完善社会主义道德规范，特别是大学生行为准则，使之被大学生自觉遵守、依赖。

第九，社会主义道德实践评价机制。建立这一机制追寻的是社会主义道德信仰基础上的社会认同。社会认同具有道德实践评价上的优先性。因为社会认同具有共同的连接基础，这种基础是所有集体认同，并通过共享社会主义道德认知、道德情感而形成的一体感。大学生社会主义道德实践评价主体可以是社会，也可以是大学生，这两个主体通常会彼此互动，但均以社会认同为主要依据。大学生社会主义道德实践评价是指具有社会主义道德信仰的实践过程中，以社会主义道德的标准为核心，以社会认同为前提，通过考评、体验、先进典型选树等手段，确定社会主义道德实践的评价方式。这种评价方式的实质是试图跨越大学生的差异性，为大学生社会主义道德认知、情感、意志上的结合提供实践活动载体，以实现大学生社会主义道德实践评价标准的构设。但是，社会主义道德实践评价在现实中也遇到一些问题，这就是当下有些学校或家庭将大学生社会主义道德评价进行过多的物质激励、考评引领、活动导向运作，违背了社会主义道德实践评价的初衷，助长了大学生社会主义道德信仰的功利性。长此以往，大学生便会渐渐淡忘社会主义道德信仰的超现实性与超功利性。因此，大学生社会主义道德实践评价的核心是中国特色社会主义道德的存在和中国特色社会主义道德的指向。

第四节 大学生社会主义文化信仰培育的机制构建

大学生社会主义文化信仰从形成到发展，既是一个理论不断完善的过程，更是一个实践不断深化的过程。而且，这应该也是一个保障机制逐步形成、不断完善的过程。毫无疑问，构建大学生社会主义文化信仰培育机制是大学生社会主义文化信仰不断发展的制度保障。

大学生社会主义文化信仰培育机制的构建必然反映中国特色社会主义文化信仰的特征，体现中国特色社会主义文化信仰的功能。因此，本节以中国特色社会主义文化信仰的特征、功能为视角，建构大学生社会主义文化信仰培育机制。

一、中国特色社会主义文化信仰的特征

（一）中国特色社会主义文化信仰特征的研究

中国特色社会主义文化信仰是由中国特色社会主义文化发展，并以中国特色社会主义文化为客体的信仰，因此，研究和阐释中国特色社会主义文化信仰的特征，必须诉诸中国特色社会主义文化特征问题研究。

改革开放以来，朱旭东、张景荣、夏兴有、魏恩政、肖贵清、章传家、冯天瑜、孟宪平、成胜云、张瑞才等先后对中国特色社会主义文化进行研究。与此同时，杨奎、辇大吉对中国特色社会主义文化特征问题进行

分析，提出"先进性"与"和谐性"统一的特征①；王东方对中国特色社会主义文化特征进行研究，提出"民族性""科学性、大众性""时代性""开放性""创新性""超前性"的特征②；与杨奎、辇大吉、王东方强调中国特色社会主义文化特征的角度相似，李佳国强调中国特色社会主义文化的"现代性"特征③；曲慧敏强调中国特色社会主义文化的"先进性""民族性""开放性"特征④；秦正为强调中国特色社会主义文化的"民族性""阶级性""发展性""人民性""包容性"特征⑤。

中国特色社会主义文化的特征研究，给我们讨论中国特色社会主义文化信仰的特征提供了依据。因为对中国特色社会主义文化信仰特征的解释，会涉及对中国特色社会主义文化特征的理解。中国特色社会主义文化信仰的特征与中国特色社会主义文化的特征存在联系。这种联系至少包括五个方面：一是中国特色社会主义文化信仰形成和发展对于中国特色社会主义文化的正确认识，这种认识关照中国特色社会主义文化的历史发展进程；二是中国特色社会主义文化信仰体现的是立足中国当前、面向中国未来的中国特色社会主义文化的选择，这种选择展示社会主义文化的中国特色；三是中国特色社会主义文化信仰反映中华民族的"社会主义文化自信"，这种自信体现中华民族的文化情感方式；四是中国特色社会主义文化信仰体现中国特色社会主义文化价值，它所带来的文化价值观正是来自社会主义核心价值；五是中国特色社会主义文化信仰是在中国特色社会主义文化基础上的精神活动，这种活动承载着传递中华文明、展示中国文化思想的责任。

根据这种联系来把握中国特色社会主义文化信仰的特征，我们可以得出结论：中国特色社会主义文化信仰是贯通古今的品格、中华民族的情

---

① 杨奎,辇大吉.论中国特色社会主义文化的"先进性"与"和谐性"的统一[J].理论学刊,2008(4)：13-17.

② 王东方.论中国特色社会主义文化的特征[J].徐州师范大学学报(哲学社会科学版),1999,25(2)：22-24

③ 李佳国.论中国特色社会主义文化的现代性[J].西南民族大学学报(人文社科版),2008(11)：270-273,296.

④ 曲慧敏.关于中国特色社会主义文化特征的思考[J].科学社会主义,2012(1)：104-106.

⑤ 秦正为.国家利益与意识形态：中国特色社会主义文化的发展道路[J].内蒙古社会科学(汉文版),2012(3)：6-11.

怀、当代中国的特点、社会主义核心价值的引领和社会主义文化理论的指引。这些特征不是中国特色社会主义文化信仰之外的空洞抽象，而是内在于中国特色社会主义文化信仰之中，作为中国特色社会主义文化信仰的精神支撑、信念支持、文化理想。

（二）中国特色社会主义文化信仰特征审视

关于中国特色社会主义文化信仰的结构，有多种划分，我们主张中国传统文化信仰、中华各民族文化信仰、中国红色文化信仰、社会主义核心价值体系信仰、社会主义文化理论信仰五分说，认为中国特色社会主义文化信仰以中国特色社会主义文化为客体，与中国特色社会主义文化在结构上存在对应性。这一认识并非要将中国特色社会主义信仰机械地拆解成彼此没有任何关联的几大块，而是要清楚地表明，可以从中国传统文化信仰、中华各民族文化信仰、中国红色文化信仰、社会主义核心价值体系信仰、社会主义文化理论信仰几个维度展开考量。

第一，中国传统文化信仰。历史和现实都表明，中国特色社会主义文化信仰形成和发展的根基是中国传统文化信仰。从历史来说，没有中国传统文化信仰依托的中国特色社会主义文化信仰是根基不牢的信仰；就现实而言，没有中国传统文化信仰内涵的中国特色社会主义文化信仰是历史底蕴缺少的信仰。中国特色社会主义文化信仰的形成和发展，一条最传统、最现实的途径就是贯通古今的道路。

第二，中华各民族文化信仰。中华各民族文化信仰是中国特色社会主义文化信仰的重要维度，在形成与发展中，铸就了独有的文化精神，培育了特有的民族情怀。没有中华各民族文化信仰，中国特色社会主义文化信仰就不是完整的。"只有民族的才是世界的"，这句话同样适用于中国特色社会主义文化信仰。中国特色社会主义文化信仰在传输社会主义文化信仰之真、之值的同时，也发展着中华民族的情怀。

第三，中国红色文化信仰。中国红色文化信仰是中国特色社会主义文化信仰的重要组成部分，推进中国特色社会主义文化信仰的发展，必须重视中国红色文化信仰建设，而中国红色文化信仰的长期延续，又必然会对中国特色社会主义文化信仰的不断发展起到积极的推动作用。中国红色文化信仰具有与时俱进的特征，显然有其"当代中国特点"。

第四，社会主义核心价值体系信仰。"社会主义核心价值体系是社会主义意识形态的本质体现"[①]，是中国社会运转、向前的精神依托，直接而深刻地影响着中国特色社会主义文化信仰的吸引力和凝聚力。中国特色社会主义文化信仰以中国特色社会主义共同理想为主题，以社会主义核心价值观为基础，以民族精神、时代精神为精髓，以建设和谐文化为任务。这些理念均保持了中国特色社会主义文化的核心价值，都反映了社会主义核心价值体系的引领。因此，社会主义核心价值观引领，成为中国特色社会主义文化信仰发展强大的依托。

第五，社会主义文化理论信仰。"中国特色社会主义文化理论是对马克思主义文化理论的继承和发展，具有中国特点和时代表征。"[②]中国特色社会主义文化理论信仰是对社会主义文化方向论、事业论、产业论、交流论、领导论的心悦诚服，并以之为行动指南。中国特色社会主义文化理论信仰建设，助推中国特色社会主义文化信仰发展。这样，中国特色社会主义文化信仰就形成高度的社会主义文化理论指引的自觉。

二、中国特色社会主义文化信仰的功能

（一）中国特色社会主义文化信仰功能的研究

对于中国特色社会主义文化信仰的功能，在既有研究中，学者们一直关注不多，迄今没有取得学术成果。这对于中国特色社会主义文化信仰的研究无疑是个缺憾，也对中国特色社会主义文化信仰功能的深入讨论产生不利的影响。将中国特色社会主义文化与中国特色社会主义文化信仰功能上的联系——勾连，构建中国特色社会主义文化信仰功能的分析框架，可能也可行。我们带着这种直觉与预感，尝试就中国特色社会主义文化信仰

---

① 胡锦涛.高举中国特色社会主义伟大旗帜 为夺取全面建设小康社会新胜利而奋斗——在中国共产党第十七次全国代表大会上的报告[J].实践(党的教育版),2007(10):13.
② 韩永进.社会主义文化理论的新发展——论中国特色社会主义文化理论[J].艺术百家,2011(6):19.

问题功能进行讨论，并提供相应可能的研究工具及分析结论。

中国特色社会主义文化特征的五个关键词，概括而言，即传承功能、凝聚功能、固基功能、辐射功能和引领功能。中国特色社会主义文化具有的这五个功能，在现有研究中表现出"五个强调"：一是强调传承功能。正如蒋乾麟指出的那样，"中国特色社会主义文化大发展大繁荣，将更好地满足中华民族优秀文化传承和发展的需要"①。二是强调凝聚功能。刘云山在《高扬先进文化的旗帜　推动中国特色社会主义文化的发展繁荣》一文中提到，中国特色社会主义文化是民族灵魂，是维系国家统一和民族团结的精神纽带。这一评价适用于说明中国特色社会主义文化的凝聚功能。三是强调固基功能。如宁先圣指出，加强中国特色社会主义文化建设对于"夯实党的执政基础和巩固党的执政地位……具有特别重要的意义"②。四是强调辐射功能。沈丹提出"文化已不仅仅是一种意识形态，更是一种生产力"③。这一观点看到了中国特色社会主义文化的辐射功能。五是强调引领功能。学者们关于中国特色社会主义文化理论的论述，提出了这个看法，充分肯定中国特色社会主义理论对传统文化转型、文化事业繁荣、文化生产力建设的直接引领作用④。

中国特色社会主义文化信仰的功能与中国特色社会主义文化的功能尽管多有不同，但是存在着密切的内在联系。一是中国特色社会主义文化信仰拥有特定的中国传统文化根基，有传承中国优秀传统文化的思想倾向；二是中国特色社会主义文化信仰拥有特有的中华各民族文化基因，有维护祖国统一的强烈情感；三是中国特色社会主义文化信仰拥有坚固的中国红色文化基石，有巩固党的先进性、执政地位的共同意志；四是中国特色社会主义文化信仰拥有社会主义文化理论基础，有信守正确理论的价值承诺；五是中国特色社会主义文化信仰拥有科学的社会主义核心价值观引领，有实现"中国梦"的理想信念。之所以这么说，主要是因为中国特色社会主义文化被赋予了中国传统文化、中华各民族文化、中国红色文化、

---

① 蒋乾麟.谱写中国特色社会主义文化大发展大繁荣的时代篇章[J].马克思主义研究,2012(1):24.

② 宁先圣.社会主义先进文化的特征及重大意义[J].理论观察,2011(6):23.

③ 沈丹.论中国特色社会主义的文化生产力建设[J].改革与开放,2011(2):192.

④ 周超超,杨梁玮.十六大以来中国特色社会主义文化研究评述[J].扬州大学学报(人文社会科学版),2012,16(6):9.

社会主义核心价值体系、社会主义文化理论的内涵，这些内涵是我们理解中国特色社会主义文化信仰功能不可或缺的因素。

基于这种联系视角，结合现有研究提出的相关看法，我们可以总结出中国特色社会主义文化信仰的五个功能：一是文化传承的多样性功能。例如，中国传统文化信仰以中国传统文化为客体，影响着人们的思维方式，也影响着人们的行为方式。二是民族力量的凝聚功能。例如，中华各民族文化信仰以中华各民族文化为客体，凝结着中华各民族的情感，也凝结着中华民族精神。三是科学信仰的激励功能。例如，中国红色文化信仰以中国红色文化为客体，构成中国文化发展的"航标"，也构成中国文化发展的"后盾"。四是价值取向的引导功能。例如，社会主义核心价值体系信仰以社会主义核心价值体系为客体，引领着时代进步，也引领着社会发展。五是正确理论的导航功能。例如，社会主义文化理论信仰以社会主义文化理论为客体，指引着中国社会文化建设方向，也指引着中国社会文化建设保持稳定、持续、快速推进的态势。

（二）中国特色社会主义文化信仰功能省察

中国特色社会主义文化信仰的五大功能主要来源于五个方面。

第一，中国特色社会主义文化信仰的传承性发展。中国特色社会主义文化信仰并非无源无根，而是处在连续不断的传承之中。具体地说，体现在以下四个方面：一是中华传统文化的传承。"中华优秀传统文化已经成为中华民族的基因……今天，我们提倡和弘扬社会主义核心价值观，必须从中汲取丰富营养，否则就不会有生命力和影响力"[1]。二是中华各民族文化的传承。中华各民族"对其文化有'自知之明'，明白它的来历，形成过程，所具的特色和它发展的趋向"[2]。三是中国红色文化的传承。中国"红色文化随着时代进步和社会发展，其内涵与功能也与时俱进，体现

---

① 习近平.青年要自觉践行社会主义核心价值观——在北京大学师生座谈会上的讲话(2014年5月4日)[J].中国高等教育,2014(10):5.

② 费孝通.反思·对话·文化自觉[J].北京大学学报(哲学社会科学版),1997(3):22.

出了强烈的时代性"①。四是世界优秀文化的传承。"我们提出的社会主义核心价值观……既体现了社会主义本质要求……也吸收了世界文明有益成果,体现了时代精神。"②因此,中国特色社会主义文化信仰的传承性发展实质上就是一个通过传承中国传统文化、中华各民族文化、中国红色文化、世界优秀文化,促使中国特色社会主义文化被广泛认同、信服的过程。

第二,中国特色社会主义文化信仰的凝聚性形态。中国特色社会主义文化信仰由五个部分构成:中国传统文化信仰、中华各民族文化信仰、中国红色文化信仰、社会主义核心价值体系信仰和社会主义文化理论信仰。中国特色社会主义文化信仰这五种形态,是有内在关联的逻辑关系的,也是有内在一致的凝聚性系统的。我们理解中国特色社会主义文化信仰的凝聚性形态,主要关注两点:一是中国特色社会主义文化信仰的五个形态,这五个形态都具有凝聚功能;二是这五个形态涵摄的五种信仰客体,即五种形态文化,也都具有凝聚功能。据此,我们可将中国特色社会主义文化信仰的凝聚性理解为"五个凝聚",即爱国热情的凝聚、民族团结的凝聚、人民力量的凝聚、时代精神的凝聚和价值共识的凝聚。

第三,中国特色社会主义文化信仰的激励性载体。深入分析中国特色社会主义文化信仰的激励功能,不仅要揭示中国特色社会主义文化信仰的形成和发展的根源,还要深刻揭示中国特色社会主义文化信仰的激励性载体。中国特色社会主义文化信仰的激励性载体,可划分为传统文化激励、各民族文化激励、红色文化激励、核心价值激励和共同理想激励五个方面。与此相一致,激励性载体的各种特质在中国特色社会主义文化信仰的形成和发展中得到全面展现。在社会主义文化建设实践中,我们坚守历史文化传统,传承各民族文化精神,推动红色文化发展,践行社会主义核心价值体系,树立社会主义共同理想,形成了中国特色社会主义文化,为形成和发展中国特色社会主义文化信仰提供了可靠的保障。

第四,中国特色社会主义文化信仰的引导性资源。中国特色社会主义

---

① 韩延明.红色文化与社会主义核心价值体系建设研究[M].北京:人民出版社,2013:12.

② 习近平.青年要自觉践行社会主义核心价值观——在北京大学师生座谈会上的讲话(2014年5月4日)[J].中国高等教育,2014(10):5.

文化信仰的引导性资源,是中国特色社会主义文化信仰形成和发展的内在感召力量。引导性资源是中国特色社会主义文化信仰所内含的信仰、信念、理想、理论等内在的引导之力。中国特色社会主义文化信仰的引导性资源并非是一个抽象的概念,其有着特有的来源和形式,可概括为五个方面,即中国传统文化资源、中华各民族文化资源、中国红色文化资源、社会主义核心价值资源和社会主义文化理论资源。这五个方面的引导性资源,是中国特色社会主义文化信仰形成与发展的重要影响因素。由于引导性资源的相对独立性,使得信仰结果具有相对独立性的特征,直接影响了中国传统文化信仰、中华各民族文化信仰、中国红色文化信仰、社会主义核心价值体系信仰、社会主义文化理论信仰的形成与发展。

第五,中国特色社会主义文化信仰的理论性依据。在中国特色社会主义文化信仰形成与发展中,信仰形成与发展的可能性、可行性、必要性与其理论依据是紧密联系的。中国特色社会主义文化信仰依据的理论由系统理论构成,包括社会主义文化方向论、社会主义文化事业论、社会主义文化产业论、社会主义文化交流论、社会主义文化领导论等理论。这些理论的内在逻辑,就是中国特色社会主义文化的信仰在社会主义文化理论下的统一性。理解这些理论在中国特色社会主义文化信仰形成与发展上的导航功能,关键是把握以下两点:一是中国特色社会主义文化信仰所依据的理论并不是一种理论,而是按照内在的逻辑组合而成的多种理论,它包含的每一个理论都有特定的来源,既有重要的理论价值,又有重要的实践价值;二是中国特色社会主义文化信仰所依据的理论虽然比较多,但这些理论之间的关系不是零碎的,而是一个系统,可以从不同的方面对中国特色社会主义文化信仰的形成与发展进行导航。

三、大学生社会主义文化信仰的培育机制

大学生社会主义文化信仰培育机制的构建,既要有中国特色社会主义文化信仰的特征、功能基础,又要符合大学生全面发展对中国特色社会主义文化信仰的内在需求。大学生社会主义文化信仰培育机制构建的内在逻辑,就是中国特色社会主义文化信仰的特征、功能在大学生全面发展理念

下的统一性。这样，就构成了中国特色社会主义文化信仰培育过程中的三大要素，即大学生、影响因素和机制。其中大学生包括大学生的发展需求与发展目标；影响因素包括中国特色社会主义文化信仰的特征、功能因素；机制包括中国特色社会主义文化信仰培育系列制度。鉴于此，我们可以归纳总结出大学生社会主义文化信仰培育机制，主要有社会主义文化信仰传播融汇机制、社会主义文化信仰教育融入机制、社会主义文化信仰情感培养融合机制和社会主义文化信仰驱动融通机制。

（一）社会主义文化信仰传播融汇机制

对于社会主义文化信仰传播而言，社会主义文化信仰各种形态协同传播有利于发挥社会主义文化信仰特征的集聚效应，扩大社会主义文化信仰功能辐射的深度和广度。考察大学生社会主义文化信仰传播，不能忽视中国传统文化信仰、中华各民族文化信仰、中国红色文化信仰、社会主义核心价值体系信仰和社会主义文化理论信仰传播五个维度。

大学生社会主义文化信仰传播融汇机制，是指中国传统文化信仰传播、中华各民族文化信仰传播、中国红色文化信仰传播、社会主义核心价值体系信仰传播、社会主义文化理论信仰传播之间的融汇。该融汇机制是一个拥有多个层面传播组成的融汇，主要由中国传统文化信仰传播融汇机制、中华各民族文化信仰传播融汇机制、中国红色文化信仰传播融汇机制、社会主义核心价值体系信仰传播融汇机制和社会主义文化理论信仰传播融汇机制构成，五种融汇机制之间相互独立又互相协调，体现着大学生社会主义文化信仰不同层面传播之间的协同传播。

中国传统文化信仰传播融汇机制是对中国传统文化信仰传播的关注和保障，表现在对中国传统文化信仰传播的多个方面的规定和安排，将中国传统文化信仰传播规范在机制之内。中华各民族文化信仰传播融汇机制将中华各民族文化信仰传播纳入中国特色社会主义文化信仰培育系统，基于中华各民族文化信仰传播起独特作用这一背景进行构建，以保证中华各民族文化信仰培育的深入开展。中国红色文化信仰传播融汇机制对中国红色文化信仰培育的原则、方法、程序等进行界定，并对中国红色文化信仰传播有针对性地提出对策和办法，以保证中国红色文化信仰培育的有效开展。社会主义核心价值体系信仰传播融汇机制属于社会主义核心价值体系信仰传播的保证机制，大学生社会主义文化信仰培育要求对社会主义核心价值体系信仰进行传播，这种传播主要通过社会主义核心价值体系信仰传播融汇机制实施。社会主义文化理论信仰传播融汇机制体现大学生社会主义文化信仰培育对社会主义文化理论信仰传播的选择，这就要求大学生社会主义文化信仰培育要考虑社会主义文化理论的传播，并将社会主义文化理论信仰传播纳入中国特色社会主义文化信仰培育的整体规划。

（二）社会主义文化信仰教育融入机制

中国特色社会主义文化信仰的特征、功能，是中国特色社会主义文化信仰的派生物，是受中国传统文化、中华各民族文化、中国红色文化、社会主义核心价值体系、社会主义文化理论因素影响制约的。大学生社会主义文化信仰教育至少应当包括"五个教育"，即中国传统文化教育、中华各民族文化教育、中国红色文化教育、社会主义核心价值体系教育和社会主义文化理论教育。要加强中国大学生社会主义文化信仰教育，就需要对这"五个教育"进行统一规划、整体布局，实现由点到面、由分到合，全面、扎实、有效推进。

构建大学生社会主义文化信仰的教育机制，必须对上述"五个教育"予以统筹考虑，通过"点"上逐一引领和"面"上总体安排等措施，激发教育的内在动力。学术界正在深入研究这个问题，取得的研究成果有的已在实践中推广。但既有研究往往集中于某一教育，没有提出"五个教育"综合模式和统一答案。学术界还没有形成"五个教育"联动的理论体系，高校也没有形成"五个教育"互动的实践体系，亟须构建"五个教育"融入机制。

大学生社会主义文化信仰教育融入机制，是指依据中国特色社会主义文化的五个构成，设定中国特色社会主义文化信仰教育的五个方面，对五个方面教育的过程施加影响，以形成大学生社会主义文化信仰教育的制度性安排。这种机制的要求就是要同时关注五个方面教育融入机制的构建。

据此，我们可把大学生社会主义文化信仰教育融入机制划分为五种机制，即中国传统文化教育融入机制、中华各民族文化教育融入机制、中国红色文化教育融入机制、社会主义核心价值体系教育融入机制和社会主义文化理论教育融入机制。

就此而言，大学生社会主义文化信仰传播融汇机制与大学生社会主义文化信仰教育融入机制的适用范围有重叠却不重复。在适用范围之间，两者对任务、内容等的关注不同，大学生社会主义文化信仰传播融汇机制集中关注五种形态文化信仰的传播，五种形态文化教育仅是社会主义文化信仰培育中必须采取的措施。与之不同，大学生社会主义文化信仰教育融入机制则集中关注五种形态文化教育，五种形态文化信仰传播却只是围绕社会主义文化信仰教育终极目标的实现而开展的工作。五种形态文化信仰传播虽然重要，但不能忽视五种形态文化教育。换言之，五种形态文化教育之所以重要，主要是因为这几种教育是五种形态文化信仰传播的传统路径依赖。因此，大学生社会主义文化信仰教育融入机制既有别于中国大学生社会主义文化信仰传播融汇机制，又与之保持指导思想、终极目标上的一致。

（三）社会主义文化信仰情感培养融合机制

"信仰＝理性+情感。"[①]对这个看法进行分析，并结合学界有关讨论，可以得出这样的结论，即大学生社会主义文化信仰是大学生基于对社会主义文化认知而产生的对中国特色社会主义文化的信服，并以此设定理想文化人格、赋予中国特色社会主义文化以精神本体的特殊情感。因此，中国特色社会主义文化情感培养，包括培养机制的构建，都是值得我们思考的问题。

回答上述问题，必须建立在对中国特色社会主义文化信仰特征、功能分析的基础上。中国特色社会主义文化信仰的特征、功能包含的情感相当丰富，包括信仰者对中国传统文化、中华各民族文化、中国红色文化、社会主义核心价值体系和社会主义文化理论的情感，更宝贵的在于反映了信

---

① 张锡金.人生哲语:信仰说[M].合肥:安徽人民出版社,1992:1.

仰者对社会主义文化建设、发展的期待。那么，大学生的社会主义文化情感必然体现在五个方面，即中国传统文化情感、中华各民族文化情感、中国红色文化情感、社会主义核心价值体系情感和社会主义文化理论情感。

首先，这五个方面情感之间是相辅相成的关系。中国传统文化情感可以铸就社会主义文化信仰的认知高度；中华各民族文化情感可以奠定社会主义文化信仰的认知宽度；中国红色文化情感可以拓展社会主义文化信仰的认知长度；社会主义核心价值体系情感可以增强社会主义文化信仰的认知厚度；社会主义文化理论情感可以增加社会主义文化信仰的认知深度。其次，这五个方面的情感分别突出的是传统文化情感、各民族文化情感、红色文化情感、社会主义核心价值体系情感、社会主义文化理论情感。大学生社会主义文化信仰情感培养"五为"，才可促成五个方面情感的共鸣。因此应通过构建中国传统文化情感融合机制、中华各民族文化情感融合机制、中国红色文化情感融合机制、社会主义核心价值体系情感融合机制和社会主义文化理论情感融合机制来完善对大学生社会主义文化信仰情感培养的制度规划。

（四）社会主义文化信仰驱动融通机制

所谓大学生社会主义文化信仰驱动融通机制，是指针对大学生社会主义文化信仰的形成与发展驱动而言，围绕其动力因素并保证其持久发力的各种动力机制的总和。人类的一切精神活动都需要并依赖活力的激发，大学生社会主义文化信仰的形成与发展也不例外，离不开社会主义文化发展的基础、社会主义共同理想的激励、社会主义核心价值的引领、社会主义文化资源的保证、社会主义信仰培育政策的支持。同时，大学生社会主义文化信仰培育作为一项实践活动，归根结底是社会主义文化发展、社会主义共同理想、社会主义核心价值、社会主义文化资源、社会主义信仰培育政策共同作用的结果。因此，大学生社会主义文化信仰形成与发展的动力因素，可以是社会主义文化发展、社会主义共同理想、社会主义核心价值、社会主义文化资源、社会主义信仰培育政策。这几种动力因素相互独立但并非彼此孤立，而是彼此互动、互相耦合的系统。

　　大学生社会主义文化信仰培育需要通过社会主义文化发展驱动、社会主义共同理想驱动、社会主义核心价值驱动、社会主义文化资源驱动和社会主义信仰培育政策驱动才能有效开展，体现出高校对学生社会主义文化信仰的指导思想、教育理念、组织目的、实施目标，而五重驱动则表明大学生社会主义文化信仰驱动融通机制构建的思路。因此，形成五重驱动融通机制，即社会主义文化发展驱动融通机制、社会主义共同理想驱动融通机制、社会主义核心价值驱动融通机制、社会主义文化资源驱动融通机制和社会主义信仰培育政策驱动融通机制。

　　构建大学生社会主义文化信仰驱动机制，旨在更好地发挥社会主义文化发展、社会主义共同理想、社会主义核心价值、社会主义文化资源和社会主义信仰培育政策五种动力因素。在大学生社会主义文化信仰培育中的作用，通过五重驱动，突破目前大学生社会主义文化信仰培育中存在的"学校主动开展""学生被动参加""以活动为主""一活动一实施方案"等弊端，重视社会主义文化信仰特征的关联，强调社会主义文化信仰功能的完善，保证社会主义文化信仰健康、持续发展。

第四章

大学生社会主义信仰培育的措施创新

第一节　大学生社会主义政治信仰培育的措施创新

大学生社会主义政治信仰培育是培养和造就新时期社会主义事业建设者、接班人的战略举措，为我国高校普遍采纳、实施。改革开放以来，我国高校积极探索、强化大学生社会主义政治信仰培育新路，涌现出了各具特色的做法和经验。它为我国高校今后有效开展学生社会主义政治信仰培育工作提供了有益参考、奠定了良好基础，需要我们深入系统地进行总结提升。

一、大学生社会主义政治信仰的现状调查

为了了解当前在校大学生社会主义政治信仰现状，我们做了本次调查。调查中共发放问卷1000份，实际回收980份，回收率为98%。具体到每个变量，有效率略有不同。具体样本结构为：从性别来看，男性474人，占48.4%；女性506人，占51.6%。从在读学历来看，专科生有332人，占33.9%；本科生614人，占62.7%；硕士研究生及以上的占比相对较少，共34人，占3.4%。从政治面貌来看，共青团员占大多数，有773人，占78.9%；中共预备党员有88人，占9.0%；中共党员有73人，占7.4%；民主党派为3人，占0.3%；群众为43人，占4.4%。另外，我国社会经济发展仍不均衡，城乡差距依然存在，被调查者来源地的城乡差异应作为一

项考虑因素。本次调查中，在城市居住的被调查者有299人，占30.5%；在小城镇居住的有318人，占32.5%；在农村居住的被调查者有363人，占37.0%。在调查中，考虑到历史文化传统因素的影响，本次调查将民族也列为一项变量。样本中汉族大学生最多，为935人，占95.4%；少数民族大学生45人，占4.6%。

（一）对马克思主义的认知和态度

马克思主义是我党的指导思想，也是全国人民行动的指南。它应该成为大学生的主流信仰。在调查大学生的政治信仰选择时，结果显示，虽然在大学生群体中，信仰马克思主义和集体主义的人数居多，但也只分别占被调查者的26.0%和14.3%，其他各种非马克思主义思潮在大学生中也影响甚广，甚至有11.2%的大学生信仰宗教（见表4-1-1）。

表4-1-1　大学生政治信仰的选择

政治信仰	人数（人）	百分比
信仰宗教	110	11.2%
信仰马克思主义	255	26.0%
信仰集体主义	140	14.3%
信仰革命英雄主义	73	7.4%
信仰个人主义	74	7.6%
信仰享乐主义	44	4.5%
信仰科学主义	238	24.3%
信仰其他	46	4.7%
合计	980	100%

了解马克思、恩格斯著作是对马克思主义认知的基本途径之一。本次调查，笔者选取了马克思、恩格斯经典著作《资本论》和《共产党宣言》，并将其与其他世界政治史上三本名著——《国富论》《论法的精神》和《人权宣言》放在一起，让被调查者指出其中哪些是马恩著作。调查发现，有66.9%的被调查者能指出《资本论》和《共产党宣言》均为马克思、恩格斯著作。

在针对大家了解马克思主义的途径（多选题）进行调查时发现，有

88.9%的大学生是通过学校课程对马克思主义进行了解的，仅有少部分大学生是通过报刊、电视媒体、网络媒体、阅读马克思和恩格斯的著作等主观渠道对马克思主义进行了解的（见表4-1-2）。这也表明，大学生了解马克思主义经典著作主要靠有组织的学校教学来完成，而通过其他途径去了解马克思主义的大学生只有2.4%。

表4-1-2　大学生了解马克思主义的途径（多选题）

了解途径	人数(人)	百分比
学校课堂教育	871	88.9%
报刊	266	27.1%
电视媒体	227	23.2%
网络媒体	188	19.2%
阅读马克思和恩格斯著作	158	16.1%
其他	24	2.4%

大学生对学习马克思主义的积极性较低，马克思主义在大学生心目中的地位逐渐淡化。针对这一问题产生的原因（多选题），我们进行了调查。结果显示，有72.2%的被调查者认为淡化原因与人们更多地追求物质生活、忽视精神家园的建设、出现信仰危机有关；有62%的被调查者认为淡化原因与多元文化和思想的冲击有关；有22.9%的被调查者认为淡化原因与马克思主义教育理论与实践脱节有关；还有17.7%的被调查者认为淡化原因与市场经济的负面效应的影响有关（见表4-1-3）。

表4-1-3　少数大学生马克思主义信仰淡化的原因（多选题）

淡化原因	人数(人)	百分比
市场经济的负面效应的影响	173	17.7%
人们更多地追求物质生活、忽视精神家园的建设、出现信仰危机	708	72.2%
马克思主义教育理论与实践的脱节	224	22.9%
多元文化和思想的冲击	608	62.0%

马克思主义是否还具有生命力？经过调查，有72.5%的被调查者对市场经济条件下坚持马克思主义信仰非常有信心和比较有信心，有23.5%的被调查者对市场经济条件下坚持马克思主义信仰不太有信心，仅有4.0%的被调查者对市场经济条件下坚持马克思主义信仰没有信心（见表4-1-4）。

可以看出，虽然有的大学生对在市场经济条件下坚持马克思主义信仰持怀疑态度，但大多数学生对此还是比较乐观。

表4-1-4　对市场经济条件下坚持马克思主义信仰的信心程度

信心程度	人数(人)	百分比
非常有信心	161	16.4%
比较有信心	550	56.1%
不太有信心	230	23.5%
没有信心	39	4.0%
合计	980	100%

邓小平理论、"三个代表"重要思想和科学发展观是马克思列宁主义在中国的继承和发展，也是全党的指导思想。调查结果表明（多选题）：88.2%的被调查者认为"邓小平理论是对马克思主义、毛泽东思想的继承和发展，是马克思主义在中国发展的新阶段，是当代中国的马克思主义"；81.1%的被调查者认为"'三个代表'重要思想是我们的立党之本、执政之基、力量之源"；87.6%的被调查者认为"科学发展观是立足社会主义初级阶段基本国情，总结我国发展实践，借鉴国外发展经验，适应新的发展要求提出的重大战略思想"；另外，还有2.1%的被调查者认为"以上各说法还不尽完善"（见表4-1-5）。

表4-1-5　对邓小平理论、"三个代表"重要思想和科学发展观的认识（多选题）

认识	人数(人)	百分比
邓小平理论是对马克思主义、毛泽东思想的继承和发展，是马克思主义在中国发展的新阶段,是当代中国的马克思主义	864	88.2%
"三个代表"重要思想是我们的立党之本、执政之基、力量之源	795	81.1%
科学发展观是立足社会主义初级阶段基本国情,总结我国发展实践,借鉴国外发展经验,适应新的发展要求提出的重大战略思想	858	87.6%
以上各说法还不尽完善	21	2.1%

在培育大学生马克思主义信仰的途径方面，58.7%的被调查者认为应以"强化思想政治理论课教育"为主；认为应通过"网络传播"和"电视传播"形式来培育的分别占17.9%和10.1%；认为通过"报刊等纸质媒介宣传"的占8.1%；认为通过其他方式宣传的占4.3%；还有0.9%（9人）对

这一问题没有回答（见表4-1-6）。

表4-1-6　大学生马克思主义信仰形成的渠道

渠道	人数（人）	百分比
强化思想政治理论课教育	575	58.7%
网络传播	175	17.9%
电视传播	99	10.1%
通过报刊等纸质媒介宣传	80	8.1%
其他	42	4.3%
未回答	9	0.9%
合计	980	100%

（二）对中国共产党的认知和态度

中国共产党是中国特色社会主义事业的领导核心。中国革命的实践证明，没有共产党就没有新中国。在本次调查中，绝大多数被调查者认同这一历史结论，但也有少数被调查者所持看法是错误的；还有被调查者对这一问题态度模糊，表现出信仰不够坚定的一面（见表4-1-7）。

表4-1-7　对"没有共产党就没有新中国"的看法

看法	人数（人）	百分比
非常正确	365	37.3%
比较正确	548	55.9%
有点正确	54	5.5%
不正确	10	1.0%
不清楚	3	0.3%
合计	980	100%

中国共产党是执政党，中国共产党人立党为公、执政为民，深受广大人民群众拥护和爱戴。近年来出现的一些党员干部贪污腐败等不正之风，在影响或改变着一些人的认知。调查发现（多选题），有64.9%的被调查者认为"中国共产党是中国最广大人民利益的忠实代表，是社会主义事业的领导核心"；有58.0%的被调查者认为"只有坚持和改善党的领导，中国共产党才能完成自己的使命"；还有14.4%的被调查者认为"党内腐败事件层

出不穷，已严重损害了党的形象"；另有17.8%的被调查者认为"只有实行多党轮流执政，才能根除腐败"（见表4-1-8）。总体上来看，大部分学生认同中国共产党的执政理念，拥护中国共产党的领导。加强和改善党的领导是中国社会主义建设事业的有力保障。

表4-1-8 对中国共产党的看法（多选题）

看法	人数(人)	百分比
中国共产党是中国最广大人民利益的忠实代表，是社会主义事业的领导核心	636	64.9%
党内腐败事件层出不穷，已严重损害党的形象	141	14.4%
只有坚持和改善党的领导,中国共产党才能完成自己的使命	568	58.0%
只有实行多党轮流执政,才能根除腐败	174	17.8%

在调查"你认为十一届三中全会以来，我党制定的路线、方针、政策是否符合我国的国情"时，76.1%的被调查者选择了"完全符合"和"基本符合"；选择"不太符合"和"完全不符合"的分别为8.6%和1.7%；另外还有13.6%的被调查者选择了"没关注过"（见表4-1-9）。

表4-1-9 对"十一届三中全会以来，
我党制定的路线、方针、政策是否符合我国的国情"的看法

看法	人数(人)	百分比
完全符合	533	54.4%
基本符合	213	21.7%
不太符合	84	8.6%
完全不符合	17	1.7%
没关注过	133	13.6%
合计	980	100%

加入党组织、成为党组织中的一员是拥护党的领导，坚定社会主义政治信仰的直接体现。调查显示，有16.0%的被调查者加入了中国共产党，未加入但已提出申请的占38.5%，未申请但打算提出申请的占21.7%，三者共占被调查者的76.2%；另外，暂时没有入党意愿的占13.9%，从未想过入党的占8.6%，还有1.3%的被调查者未做回答（见表4-1-10）。

表4-1-10 对"是否想要加入中国共产党"的想法

想法	人数(人)	百分比
已加入中国共产党	156	16.0%
已提交入党申请书	377	38.5%
准备提交入党申请书	213	21.7%
暂时没有入党意愿	137	13.9%
从未想过入党	84	8.6%
未回答	13	1.3%
合计	980	100%

入党动机,即申请加入党组织的真实目的,一个人"为什么要入党"是衡量其入党动机是否纯正的首要标准。调查显示,在被调查的746名已经加入或打算申请加入中国共产党的大学生中,有48.8%的学生选择"坚定对党的信仰,愿意为党的事业奋斗终身";有8.6%的学生选择"家人的期望"作为自己入党动机;而选择"为了以后的工作需要"和"为了证明自己的能力"的分别占34.9%和7.7%(见表4-1-11)。本次调查发现,部分在校大学生的入党动机不够端正,他们把是否给自己带来"实惠"作为入党的出发点。这种功利主义思想虽然与市场经济条件下鼓励个人利益至上有直接的联系,但这也绝不能成为入党动机不纯的借口。因此,如何在大学课堂教学和社会实践中,结合革命理想教育,培育大学生对党的热爱与忠诚,是新时期高校各级思想政治工作者要着重解决的问题。

表4-1-11 大学生入党的主要动机

入党动机	人数(人)	百分比
坚定对党的信仰,愿意为党的事业奋斗终身	364	48.8%
家人的期望	64	8.6%
为了以后的工作需要	260	34.9%
为了证明自己的能力	58	7.7%
合计	746	100%

(三)对中国特色社会主义制度的认同情况

中国特色社会主义道路,就是在中国共产党领导下,立足基本国情,以经济建设为中心，坚持四项基本原则，坚持改革开放，解放和发展社会生产力，巩固和完善社会主义制度，建设社会主义市场经济、社会主义民主政治、社会主义先进文化、社会主义和谐社会、社会主义生态文明，促进人的全面发展，逐步实现全体人民共同富裕，建设富强、民主、文明、和谐的社会主义现代化国家。中国特色社会主义道路是中国人民的历史选择，是实现"中国梦"的必由之路。作为大学生，应当理直气壮地反对各种非社会主义的错误思潮，坚定走中国特色社会主义道路的决心和信心。在对"走中国特色社会主义制度和中国特色社会主义道路的看法"调查（多选题）中发现，有72.2%的大学生坚信"社会主义制度是历史和人民的选择，是中国走上繁荣富强的正确的路"；有61.3%的大学生认为"只要社会主义制度不断完善，中国必将越来越强大"，这些都表现出大学生对社会主义的道路自信。但也有极少数大学生认为"我国不是走社会主义道路，而是在走资本主义道路"，对坚持社会主义道路持怀疑态度（见表4-1-12）。

表4-1-12　对走中国特色社会主义制度和中国特色社会主义道路的看法（多选题）

看法	人数(人)	百分比
社会主义制度是历史和人民的选择,是中国走上繁荣富强的正确的路	708	72.2%
只要社会主义制度不断完善,中国必将越来越强大	601	61.3%
中国特色社会主义道路不是社会主义发展的必然选择	132	13.5%
我国不是走社会主义道路,而是在走资本主义道路	61	6.2%

中国特色社会主义是马克思主义基本原理同当代中国实际和时代特征相结合的伟大创造，具有伟大的实践意义。中国特色社会主义是在实践中产生和发展起来的，有着深厚的实践基础，具有鲜明的实践特色。它深深植根中国大地，着眼解决中国的问题，是当代中国发展进步的根本方向。因此，大学生需要深刻了解中国特色社会主义，了解其中的深刻意义，并对中国特色社会主义充满信心。据本次统计，有98.8%的被调查者对中国特色社会主义有信心，其中非常有信心的占29.3%，这体现出大学生对走中国特色社会主义道路的坚定信心（见表4-1-13）。

表4-1-13　对坚持中国特色社会主义道路的信心

信心程度	人数(人)	百分比
非常有信心	287	29.3%
较有信心	568	58.0%
有点信心	113	11.5%
没有信心	12	1.2%
合计	980	100%

集体利益和个人利益相互依赖，相互包容，互为前提，共生共荣。实现集体利益的最终目的是保障所有社会成员的共同幸福。本次调查中，22.8%的被调查者认为应该坚决维护集体利益，66.4%的被调查者认为二者可以协调兼得，只有8.0%的被调查者会选择坚决维护个人利益（见表4-1-14）。

表4-1-14　对个人利益和集体利益的选择

选择	人数(人)	百分比
坚决维护集体利益	223	22.8%
坚决维护个人利益	78	8.0%
尽量协调两者关系,可以兼得	651	66.4%
两者都放弃	20	2.0%
未回答	8	0.8%
合计	980	100%

在调查个人幸福与对社会贡献两者之间关系时（可多选），被调查者大多数赞成人生就应该"既追求个人幸福又为社会做贡献"，这部分人群比例高达80.1%；赞同"人生最大的幸福就是为人民服务"的被调查者占到34.8%；有15.7%的被调查者选择应"追求个人幸福"；另外还有8.6%的被调查者追求纯粹的个人享乐，把自己的利益放于国家利益、集体利益之上（见表4-1-15）。

表4-1-15　对待个人幸福与社会贡献的态度（多选题）

态度	人数(人)	百分比
既追求个人幸福又为社会做贡献	785	80.1%
追求个人幸福	154	15.7%

续 表

态度	人数（人）	百分比
幸福的人生必须有纯粹的享乐	84	8.6%
人生最大的幸福就是为人民服务	341	34.8%

集体主义淡化的原因各种各样（多选题）。首先，市场经济激发人的奋斗精神，刺激了人们对物质的过分追求；其次，集体主义教育的缺失也影响到人们的集体主义信仰；另外，个人主义的膨胀也直接影响集体主义思想的产生（见表4-1-16）。

表4-1-16 少数大学生集体主义淡化的原因（多选题）

原因	人数（人）	百分比
市场经济的负面效应	754	76.9%
家庭、学校、社会集体主义教育的缺失	521	53.2%
个人主义的膨胀	588	60.0%
其他	67	6.8%

在当今社会中，大学生集体主义观念变得不那么强烈，国家、社会、家庭和个人都应该做好加强大学生集体主义观念的准备，让集体主义信仰深入大学生心理，成为日常生活中的重要价值观。调查显示，从加强大学生集体主义信仰的途径来说（多选题），首先，国家和社会发挥着巨大的作用，创造良好的氛围是加强大学生集体主义信仰的重要途径；其次，家庭和学校发挥着重要的教导灌输作用；最后，个人的作用也是大学生加强集体主义信仰的途径之一（见表4-1-17）。

表4-1-17 加强大学生集体主义信仰的途径（多选题）

途径	人数（人）	百分比
国家和社会应提倡、宣传、鼓励集体主义，为人们践行集体主义创造良好的氛围	714	72.9%
家庭是集体主义教育的第一站，家长应做好榜样带头作用	550	56.1%
学校思想政治理论课应把集体主义教育作为主要内容，并切实灌输到学生心中	478	48.8%
就学生自身而言，应把集体主义确立为一种价值观，并上升为信仰	326	33.3%
其他	33	3.4%

（四）对民主、自由、法治的认知和态度

大学生的民主意识、民主要求很强烈，他们渴望我国能够尽快建设成一个高度民主的国家。但是，大学生对民主的内容、我国民主现状的认识情况令人担忧[①]。在进行"你对当前我国的民主现状是否满意"时，约有20.0%和15.4%的大学生回答"不太满意"和"很不满意"；回答"很满意"和"比较满意"的分别为15.6%和24.4%；还有24.6%的大学生对这一问题认识不清楚（见表4-1-18）。

表4-1-18　对当前我国的民主现状是否满意

满意度	人数(人)	百分比
很满意	153	15.6%
比较满意	239	24.4%
不太满意	196	20.0%
很不满意	151	15.4%
说不清楚	241	24.6%
合计	980	100%

在调查对我国依法治国，建设社会主义法治国家是否有信心时，多数被调查者回答"很有信心"或"较有信心"，选择"不太有信心""没有信心"的所占比例较低。这表明，十八大以来，我国加快法治国家的建设进程取得了一定的成效，也得到大学生们的认同（见表4-1-19）。

表4-1-19　对我国依法治国，建设社会主义法治国家有无信心

有无信心	人数(人)	百分比
很有信心	348	35.5%
较有信心	435	44.4%
不太有信心	64	6.5%
没有信心	48	4.9%
说不清楚	85	8.7%
合计	980	100%

总体上看，大学生社会主义政治信仰比较坚定，但也出现了政治立场

[①] 葛晨光.当代大学生政治信仰状况的调查与思考[J].河南社会科学,2003,11(6):148.

不坚定、政治冷漠与投机、个人利益至上的现象。在一定程度上符合研究者提出的"当代大学生出现不同程度的政治信仰危机"的论断。多数大学生对马克思主义是拥护的，态度是积极的，但落实到个人信仰选择上，出现了认知与行动的脱节。也有一些大学生对马克思主义的认识仍存在误区，认为马克思主义已经过时，不能解释和解决当下的现实问题。多数大学生认为中国特色社会主义制度适合我国国情，也有人认为资本主义制度更为优越。大学生对党在革命和建设时期的地位和作用都持认同态度，但不少人的入党动机还是由功利主义的角度来决定的。总之，大学生们非常拥护我党提出的"依法治国"方略，对建设社会主义法治国家充满信心。

二、大学生社会主义政治信仰的培育探索

要增强大学生社会主义政治信仰培育的针对性、有效性和可操作性，需构建长效机制，并采取有效措施组织实施，才能将培育目标转化为现实。我国高校在此方面进行了有益的探索。

第一，采取多种形式教学，强化信仰培育科学性。思想政治理论课是高校对大学生进行社会主义政治信仰培育的主渠道、主阵地。以思想政治理论课教学为形式探索，增强大学生思想政治教育实效，成为高校学生社会主义政治信仰培育的重要内容。改革开放以来，高校思想政治理论课教学的方法，如专题式、讨论式、启发式、体验式和案例教学法等，陆续推出且深受学生欢迎，深得学校肯定。对大学生社会主义政治信仰进行培育的经典案例纷纷问世，例如，温州大学的本土教学基地现场教学、风采展示竞赛教学、课外品行养成教育，安徽师范大学的激情教学、现场教学、移动课堂，兰州大学的专题教学、实践教学、新媒体教学等。随着高校思想政治理论课教学改革不断深化，如何实现创新思想政治理论课教学方式方法的探索，成为这一教学改革的重要内容。其间，新建思想政治理论课教学模式的不断涌现，例如，厦门大学的问题导向的实践教学模式，兰州大学的学生+、教师+、实践+为一体的教学模式，北京联合大学的问题导入式教学模式，等等。高校思想政治理论课教学形式日趋多样，必然作用于大学生社会主义政治信仰培育。

第二，进行较为系统的培训，强化信仰培育层次性。坚持对大学生进行系统培训，是确保大学生社会主义政治信仰培育开展富有生机和活力的重要保证。改革开放以来，我国高校对学生从学校统一安排、院系组织实施、班级落实计划三个层面，推进团校"青马"学员培训和党校入党积极分子、党员培训，各高校依托学校团校、党校开展，推出了许多好的措施，例如，上海第二工业大学构建的进阶式党校培养模式、长春师范大学推行的百优青马工程、福建农林大学实施的"青马"工程"5133"模式等。目前，围绕学校团校、党校培训有三个层次，分别是"青马"学员培训、入党积极分子培训和学生党员培训。例如，北华大学开设了精英学子研修班，对精英学子进行重点培养；安徽师范大学定期举办入党积极分子培训班，选拔优秀大学生进行培训；大连理工大学构建了全过程教育培训体系，将学生党员教育培训全过程的5个阶段贯通起来，对大学生进行系统、规范地集中培训。这些以大学生为对象的教育培训具备层次性、系统性等特性，使大学生社会主义政治信仰培育显示出层次和系统。

第三，构建"三个课堂"联动机制，强化信仰培育的实践性。"三个课堂"深化了大学生社会主义政治信仰培育，"三个课堂"联动在大学生社会主义政治信仰培育中发挥重要作用。改革开放以来，我国高校对思想政治教育理论课、大学生校园文化活动、大学生社会实践三个课堂联动问题进行了深入的探索。例如，浙江师范大学打通第一课堂、第二课堂、第三课堂，形成"理论—实践"到"实践—理论"的良性循环；皖江学院着力建设"3456"工程，做活第一课堂，做优第二课堂，做大第三课堂，推动"三个课堂"联动育人。"三个课堂"联动的作用已经从过去主要解决第一课堂、第二课堂、第三课堂相互脱节问题，演化成各校实行全员育人、全程育人、全方位育人的重要措施。例如，上海财经大学以"三个课堂"联动践行社会主义核心价值观；新乡学院让学生在"三个课堂"中学习、"十类实践"中成才；广州工商学院构建"校企共育——三个课堂联动"人才培养模式，促进学生德、智、体、美全面发展，均试图通过推进"三个课堂"联动，推动大学生社会主义政治信仰培育得到有效实施。随着"三个课堂"联动广泛开展，大学生社会主义政治信仰培育逐步由理论灌输、主题教育趋向于"理论灌输+主题教育+实践体验"。

第四，"量身定制"系列制度，强化信仰培育规范性。我国高校具有重视学生社会主义政治信仰培育的传统，改革开放前，我国高校的社会主义政治信仰培育一直沿袭这样的传统。改革开放以后，尤其是中央16号文件印发以来，建立在传承优良传统的基础上，开始逐步重视并强调制度保障的"量身定制"理念和做法，并由此走向对大学生社会主义政治信仰培育制度"量身定制"的探索。采取的措施主要有三种：一是编制专门的实施方案，强调政治信仰培育的顶层设计，例如，中国人民大学制定并印发《中国人民大学进一步加强和改进学生思想政治教育工作实施方案》。二是健全专一的工作机制，强调领导体制、工作机制的健全与完善，例如，郑州电子信息职业技术学院构建并实施大学生思想政治教育领导体制、长效工作机制。三是推行专项的培育计划，强调政治信仰培育工作的重点突破，例如，华中师范大学实施的"融合计划"、东莞理工学院推行的五个大学生思想政治教育系统、甘肃政法学院启动的"大学生思想政治教育百千万工程"等。无论是编制专门的实施方案、健全专一的工作机制，还是推行专项的培育计划，都存在规范大学生社会主义政治信仰培育的功效。因此，"量身定制"系列制度给大学生社会主义政治信仰培育规范化、制度化提供了保障。

第五，扩大主题教育范围，强化信仰培育全面性。我国高校大学生社会主义政治信仰教育主题具有时代性特征，不同时代的社会主义政治信仰教育主题，反映当时社会高校党建和思想政治教育主流。改革开放以来，大学生社会主义政治信仰培育主题教育包括了三个维度，即先进性教育、社会主义核心价值观教育、"中国梦"教育，不同维度的主题教育均被拓展为系列主题教育。扩大主题教育范围是深化大学生社会主义政治信仰培育的必经之路，也是促进大学生社会主义政治信仰培育可持续的战略选择。改革开放以来，大学生社会主义政治信仰培育中，我国高校已有不同主题系列教育被不断推出。例如，河北联合大学从2012年习近平提出"中国梦"开始，全面开展"中国梦"主题教育活动，一方面开展"我的中国梦"主题征文、我的中国梦主题团日、与信仰对话——学生理论社团经典研读季等活动，另一方面紧密结合形势、坚持基本原则、构建科学体系、吸引大学生广泛参与；淮阴师范学院1997年启动"主题教育月"，坚持每年3月开展"主题教育月"系列活动。系列活动联系时代主题，结合学校精神，围绕一个目标、三个重点、五个平台展开，取得良好的育人成效和社会影响。①扩大主题教育范围，不仅可以拓展大学生社会主义政治信仰教育的渠道，更重要的是有利于丰富大学生社会主义政治信仰培育的内容，从而保证大学生社会主义政治信仰培育的全面推进。

第六，营造校园政治舆论，强化信仰培育引导性。引导和营造校园政治舆论"就是要以科学的理论武装人，以正确的舆论引导人，以高尚的精神塑造人，以优秀的作品鼓舞人"②。校园政治舆论的引导和营造作为一项提升大学生社会主义政治信仰培育质量、改善大学生社会主义政治信仰培育系统绩效的措施，在我国高校学生社会主义政治信仰培育领域得到了广泛应用。改革开放以来，随着大众传媒的进一步发展，我国高校开始探索建设新媒体平台，营造校园政治舆论氛围，并形成了以西南大学的"樟树林论坛"、北京外国语大学的"校园SNS社区"、河北工程大学的"网上党校""网上团校"、中南大学的"云麓园BBC""中南大学贴吧"、山东大学的"官方微博"、安徽师范大学的"微思享"等为代表的诸多校园网络社区。校园网络社区主要着眼于弘扬、传播校园政治舆论正能量，通过"精力聚焦网络""资源汇聚网络""力量集结网络"③，形成"学校主导、多元参与"的网络思想政治教育模式。一是突出网络宣传主线。现阶段，校园网络宣传主线主要是学习贯彻习近平新时代中国特色社会主义思想。二是抓住网络宣传主题。目前主要是对中国特色社会主义理论、社会主义核心价值观、"中国梦"教育进行更深入地开展。三是把握网络宣传导向。主要目标是把全体学生的思想统一到学校事业发展上来，把全体学生的积极性、创造性引导到正确的发展方向上来。四是强化舆论价值引领。积极推动校园精神文明、基础文明创建，引领大学生健康成长。五是占领

① 戴正东.塑造品牌活动 推进大学生思想政治教育工作——以淮阴师范学院持续17年塑造"主题教育月"品牌活动为例[J].学理论,2013(24):368-370.
② 张广鑫,于振元.校园政治舆论引导与营造路径探讨[J].辽宁师范大学学报,2005(1):57.
③ 张子荣.高校宣传思想工作落实习总书记8·19讲话精神探析——以河北工程大学为例[J].中小企业管理与科技,2014(11):150.

网络虚拟空间。构建文明健康的网络思想阵地，把校园网络教育"阵地化"。[①]

第七，加大师生双向互动，强化信仰培育主体性。改革开放以来，大学生社会主义政治信仰培育措施呈现出多样化的态势，加大师生双向互动是其中一个重要的方面。加大师生双向互动，是高校实现师生互动目标，对教师的主导作用、学生的主体性和主动性进行发挥和调动的重要措施。在加大师生双向互动过程中，我国各高校都出现了一些结合本校实际的探索，而上海交通大学搭建的"创新交流社区"、中国海洋大学构建的思想政治理论课师生互动教学模式、燕山大学开设的"红色旋律"讲坛、南京航空航天大学创建的"师说——名师有约"师生互动微平台等，很大程度上反映了这些富有成效的探索。这种注重促进教师和学生互动共进的做法，体现出一系列强化大学生社会主义政治信仰培育的措施。例如，注重运用师生双向互动规律，在发挥教师主导作用的同时，高度重视学生的主体性、主动性；确定师生互动主题，相应地搭建师生互动平台；改革同师生互动经常化不相适应的思想政治理论课教学方法；构建师生对话模式，大力促进师生交融；改变学校包揽教育的格局，建立并完善"学校主导、多元主体参与"的教育机制；在实践中不断创新形式，提高师生互动的有效性；把增进师生互动重任交给教师和学生，使教师的"教"和学生的"学"相协调；着力培育学生的主体精神，激发学生的参政热情，使大学生社会主义政治信仰培育的质量与效果在师生互动中得到提升。

第八，注重研究成果转化，强化信仰培育效用性。推进大学生社会主义政治信仰培育持久、有效开展，重要的措施是相关研究成果的转化。这里的"相关研究成果的转化"是蕴含价值判断的，意味着通过"相关研究成果的转化"为大学生社会主义政治信仰培育提供好思路、好做法、好方法，形成一个实践创新长效机制。对"相关研究成果的转化"长期以来已渐渐扩大，我国高校大都注重相关研究成果的推广与应用，从大学生素质拓展，到大学生综合测评、大学生志愿者行动，再到大学生思想政治教育，都有充分的课题研究基础。改革开放时期，马克思主义中国化最新成

[①] 张子荣.高校宣传思想工作落实习总书记8·19讲话精神探析——以河北工程大学为例[J].中小企业管理与科技,2014(11):149-150.

果"三进"（进课堂、进教材、进头脑）的提出到实施，既反映了我国高校对大学生社会主义政治信仰培育的坚守，也反映了我国大学生社会主义政治信仰培育的中国特色。近30年来，我国高校对最新"相关研究成果的转化"已经推出了很多成果。例如，清华大学实施了"百本好书、百篇论文、百人课件、百个历史图像、百道问题、百部图片"等"六个一百工程"，推广了在线课程"慕课"，变学生"要我学"为"我要学"，实现学习由被动式转化为主动式；四川警察学院获批的"四川省2009—2012年高等教育人才培养质量和教学改革项目"立项项目"构建高校思想政治理论课大课堂，推进实践教学改革研究"研究成果转化于实践，形成独具特色的思想政治理论课实践教学模式，突出一个理念、注重两个环节、实现三个融合，这使得该校思想政治理论课深受学生喜爱。改革开放以来，我国高校对于"相关研究成果的转化"进程采取的措施，主要包括：推进马克思主义中国化最新理论成果"三进"，应用项目研究成果推进思想政治理论课教学改革，运用"地方资源"研究成果丰富大学生社会主义政治信仰培育内容，转化本校教师承担的相关立项课题研究成果，搭建大学生社会主义政治信仰培育新平台等。

三、大学生社会主义政治信仰的培育经验

改革开放以来，我国高校学生社会主义政治信仰培育探索，促进了大学生社会主义政治信仰培育向纵深发展。各高校独具特色的探索先后展开，出现了一个又一个经典案例。

第一，优化信仰培育，需要科学理论导航。大学生社会主义政治信仰培育离不开中国特色社会主义理论的引领。要把大学生的知和行凝聚到实现"中国梦"上来，我国高校必须坚持用中国特色社会主义理论武装学生头脑。首先，各高校都在着力推进邓小平理论、"三个代表"重要思想、科学发展观、习近平新时代中国特色社会主义思想"三进"。例如，第四军医大学坚持将中国特色社会主义理论"三进"，并将之转化为实践。做法主要是校领导"把脉"，师生代表"会诊"，约请专家"寻方"。其他高校也纷纷制订中国特色社会主义理论"三进"方案并组织实施。例如，上

海师范大学实施的邓小平理论"三进"工程，南京工业大学推行的党的理论创新成果"三进"计划，西南大学推进的"思想政治理论建设三大工程"等。其次，近几年的"社会主义核心价值观""习近平新时代中国特色社会主义思想""三进"已成为高校学生社会主义政治信仰培育工作的最大亮点。例如，安徽工商学院始终坚持的"五个融入"、辽宁大学的"理论武装工程"、兰州理工大学的"24字人知人晓工程"等，均已成为师生培育和践行社会主义核心价值观的重要抓手。我国高校正在有计划、有组织地为师生培育和践行社会主义核心价值观、学习贯彻习近平新时代中国特色社会主义思想，搭建形式多样的平台。我们可以用这些实例总结出我国高校改革开放以来实施的理论武装工程的"TSM"模型。高校实施的理论武装工程应该具备：（1）推进马克思主义中国化最新成果进"教材"；（2）推进马克思主义中国化最新成果进"课堂"；（3）推进马克思主义中国化最新成果进学生"头脑"。

第二，实化信仰培育，需要发挥特色资源优势。我国高校始终把开发、利用特色资源，作为加强大学生社会主义政治信仰培育的重要途径，使大学生社会主义政治信仰培育充满生机。在发挥特色资源优势、特色资源重复利用的过程中，极大地更新了大学生社会主义政治信仰培育的理念，丰富了大学生社会主义政治信仰培育的内容，使特色资源成为大学生社会主义政治信仰培育的一大理论基础和现实依据。井冈山大学充分利用井冈山红色资源，从开发校本课程、布置大型展览、推行研究式教学、参与教学演出等方面展开全方位思想政治教育。[①]武汉理工大学对校友资源进行了充分挖掘，各届校友赠送的雕塑、墙镜、主题石刻和捐赠命名的会馆场所等被充分利用，形成校园新的文化景观。成都理工大学工程技术学院设立了以"追寻核工人足迹，传承核工业精神"为主题内容的特色项目，这一专项的目标是依托学校核工业资源优势，在军工文化凝练、社会主义核心价值观培育、核工业精神"三进"等方面取得一定成效。从这几个实例中，我们可以得出这样的结论：特色资源为大学生社会主义政治信仰培育提供了优质资源。发挥特色资源优势是实现大学生社会主义信仰培

① 佚名.井冈山大学充分利用井冈山红色资源开辟大学生思想政治教育新天地[J].江西教育,2010
(31):11.

育的重要途径，它要回答和解决"为什么要发挥特色资源优势，如何发挥特色资源优势"这两个重要问题。

第三，深化信仰培育，需要推进教育教学改革。大学生社会主义政治信仰培育针对性和实效性的增强，贯穿着以思想政治理论教学改革，发挥思想政治理论课主渠道作用的历史脉络。深化高校思想政治理论课教学改革，是提高思想政治理论课质量的关键，也是加强大学生社会主义政治信仰培育的关键。宁波大学通过充实教学案例、完善教学模式、搭建网络平台、定期开展调研，把实现"八个一"课改目标固化下来并加完善，强化思想政治理论课教学改革，使思想政治理论课更好地贴近学生实际，贴近学生需要。浙江师范大学着力加强顶层设计，严把内容关、备课关、质量关，注重解决教什么、怎么教、如何评问题，既提升了思想政治理论课教学水平，又提高了大学生社会主义政治信仰培育的吸引力。北京联合大学着眼于构建全新思想政治理论课讲授、实践、考核体系，实施"问题导入式"教学和教材体系专题再造，推动思想政治理论课教学告别"灌输"，推动大学生社会主义政治信仰培育向问题导入方向发展。如此等等教育教学改革启示我们，大学生社会主义政治信仰培育的主渠道，关键在思想政治理论课教学改革。各高校积极主动的思想政治理论课教学改革，都为该校大学生社会主义政治信仰培育提供坚实可靠的第一渠道保证。

第四，强化信仰培育，需要政策制度保障。在大学生社会主义政治信仰培育方面，我国高校大都根据本校实际，构建多种形式的长效机制，有的注重大学生志愿服务机制建设，有的重视健全党建进学生公寓长效机制，有的扎实推进校、院（系）领导、老师联系学生制度，有些没有形成政治信仰培育长效机制的高校积极主动探索构建大学生社会主义政治信仰培育机制。这些机制中，北京林业大学推出"思想引领+学术成长+职业发展+成才保障"四轮驱动教育机制，具有代表性。"四轮驱动"教育机制包括党建创新工程、党员先锋工程、十佳特色党建、红色"1+1"、党员课题立项、党员述责测评等。它的特点是深化党建引领拉动，加强"学术成长"推动，注重"职业发展"带动，着力"成才保障"促动。西安邮电大学的党建进公寓"三个一"模式是另一个具有代表性的机制。西安邮电大学为进一步推进党建进学生公寓工作，构建并实施"三个一"新模式。"三个一"模式为"一个工作站，四个阵地；一种身份，五个角色；一个主题，七项活动"。"三个一"模式，紧紧围绕"立德树人"这一根本任务而构建，调动了校内各学院党委、指导老师、学生党员骨干、广大同学参与活动的积极性。北京林业大学和西安邮电大学推行的新机制，对强化学校大学生的社会主义政治信仰培育具有保障作用，因而对于深化大学生社会主义政治信仰培育具有重要的启发意义。该意义大致来说可以表现在四个方面，即政策制度的制定，能确定大学生社会主义政治信仰培育的范围；教育者能根据政策制度安排合理地做好大学生社会主义政治信仰培育规划；既保证大学生社会主义政治信仰培育规范化，又使大学生社会主义政治信仰培育可持续；为大学生社会主义政治信仰培育提供了更多的切实可行的措施。

第五，固化信仰培育，需要拓宽政治教育渠道。政治教育渠道的拓展，是我国高校加强大学生社会主义政治信仰培育的重要方法，也是我国高校落实中央16号文件的重要途径。为落实中央16号文件，我国高校大都结合实际做出拓宽大学生思想政治教育的尝试。一方面，从推出新办法、新途径入手，采取多种措施作为大学生思想政治教育渠道的补充。例如，重庆工商大学坚持多渠道拓展大学生思想政治教育方法渠道，它是以不同的措施为基础，以在校大学生为对象，分项目开展的思想政治教育活动。提出的措施主要包括实施"36182"素质拓展工程、搭建"师生直通车""党群连心桥"、建立"义工志愿者协会"、开展"感动校园人物"评选活动、编发"红色短信"等。[1]近几年，我国许多高校都在进行类似的尝试。另一方面，从开展特色活动入手，围绕活动主题，采取多种措施，进行大学生思想政治教育特色品牌创建。例如，吉首大学坚持立足学校自身特色，紧紧围绕"四主"主题，从唱响主旋律、占领主阵地、拓展主渠道、建设主力军四个方面，采取多种措施深入开展大学生思想政治教育。我国高校经过尝试拓展的大学生思想政治教育渠道，不仅让高校学生社会主义政治信仰培育有了更多的途径，而且通过多样化的思想政治教育，为

---

① 黄志亮."读书、感悟、写作、实践、创意"五位一体的人文素质教育实践探索——重庆工商大学以"36182"素质拓展为载体的实践样本[J].重庆高教研究,2013(1):87-91.

大学生社会主义政治信仰培育的可持续开展提供了良好的情感基础和思想准备。

第六，内化信仰培育，需要重视体验式社会实践。从 2004 年 10 月开始，中央印发的《关于进一步加强和改进大学生思想政治教育的意见》明确提出，加强和改进大学生思想政治教育，坚持思想政治理论教育与社会实践相结合的原则，其中，体验式社会实践成为我国高校将思想政治理论与社会实践相结合的一种教育行动。西南大学的"三进三同"体验式社会实践、山东理工大学的"体验式"劳动教育、岭南师院的体验式"暖流"教育等均是长期进行的将体验式教育原则转化为实践的一种行动。2004 年以后，体验式社会实践被推广至我国各高校，推广的路径大致有三种：内部路径、外部路径和内外结合路径。内部路径，即学校内部自行组织的社会实践，例如，安徽师范大学依据《安徽师范大学本科生劳动实践教学实施暂行办法》，从 2011 年开始安排新生必修校内"劳动课"。外部路径则是学校组织大学生走进社区、街道、乡镇等地开展"暑期社会实践"活动。例如，西安电子科技大学提出"四项育人"工程，分主题组织大学生走向社会开展暑期社会实践活动。采取较多的路径是内外结合路径，即学校与政府、社会、企业协同，共建大学生实习、实训基地，按计划、分专业定期组织大学生到校内外实践基地实习、实训。例如，江南大学长期携手无锡市南长区共建江南大学南长区"众创空间"，邀请优秀企业家担任大学生辅导员、创业导师。这三种体验式路径一方面可以保证体验式社会实践的运行，另一方面也可以促使高校大学生体悟人生哲理、升华人生理想。

第七，净化信仰培育，需要加强党建带团建。我国高校学生社会主义政治信仰培育质量的不断提升，在相当大程度上与党建和团建配套联动，与大学生社会主义政治信仰生成中的作用密切相关。由于党团良好、健康的关系，使得高校党组织在抓好基层党建的同时，也加强对基层团组织的领导。自 20 世纪末 21 世纪初中共中央组织部和共青团中央决定将党建团建一起抓之后，党建带团建就成了高校学生社会主义政治信仰培育措施的一个重要组成部分。近年来，我国高校先后实施了"团支部推优""党员先进性教育""青马工程""党支部进公寓"等一系列措施。一些高校还通过创新模式、机制、理念等来推动党建带团建。例如，河南科技大学机电工程学院构建"1+2+3+4"党建模式，以1名学生党员、2名预备党员、3名入党积极分子、4名普通同学为党建带团建结构，形成网状展开式党建系统；西南大学启动"五个一"创新措施，以"一帮一"联系制度为基础，每年定期召开1次先进事迹学习会、召开1次党团干部民主生活会、举办1次经典读书交流会、观看1场创先争优主题影片、组织1次志愿帮扶活动；温州大学创设党团博客圈，以团干、入党积极分子、预备党员为主，通过一个又一个党建博客交流学习和实践心得，推进学习型团组织创建。以上案例各具特色，但有共同性特征：一是继承共青团光荣传统，做到"党有号召，团有行动"；二是加强对共青团的领导，重视思想引领、政治把关、工作考评，做实党建带团建；三是强调"建"与"带"，抓好"建"这个根本，着力"带"这个关键；四是坚持党组织和团组织的先进性，党建带团建既有根据可循，又在制度之内；五是凸显党团工作的学校特色。

四、大学生社会主义政治信仰的培育转向

改革开放以来，经过30多年的社会主义政治信仰培育，我国高校大学生大都拥护中国共产党的领导，肯定改革开放成就，认同中国特色社会主义理论，对中国的"两个一百年"目标充满信心，大学生社会主义政治信仰培育的质量和水平逐年提升。随着社会关系的变化趋多、大学生的政治信仰多样化选择趋强，社会主义政治信仰培育作为强化大学生政治文明的重大举措，同时也面临"措施困境"。在社会关系的变化日趋深刻、政治信仰的选择日趋多样的新形势下，大学生社会主义政治信仰培育坚持并实施什么样的培育措施，我国社会极为关注。我们认为，从大学生社会主义政治信仰培育的探索、经验入手，去理解、把握培育措施，意味着大学生社会主义政治信仰培育措施具有八个维度。

第一，从"孤立"向"合作"转变。大学生社会主义政治信仰培育作为我国高校政治文明建设的重要组成部分，其主要渠道从最早的学校教

育、思想政治工作者实施，到学校教育与家庭教育相结合，再到学校教育、社会教育、家庭教育"三位一体"的出现，乃至教育形式的多样化发展，其功能随着教育内容的变化而不断扩展，其实施主体随着教育实施者的增加而不断增多。这种演进与大学生政治文明建设的不断深化密切相关。随着大学生政治参与的扩大、社会主义政治信仰培育实践形式的丰富，大学生社会主义政治信仰培育深受"全员育人、全方位育人、全过程育人"理念的影响，摆脱了在校内由思想政治教育工作者实施的"孤立"状态。大学生社会主义政治信仰的培育主体，已不仅仅是限于高校思想政治教育工作者，也不仅仅限于高校教职工，而是党政管理干部、教师、家长、学生，以及相关部门、企业、街道、乡镇等，而这些主体优势互补也逐渐成了增强大学生社会主义政治信仰培育效果的重要方面。不同参与主体的互动，要求大学生社会主义政治信仰培育在校企、校市、校校、校村、校家等合作方面做更多的文章。我国很多高校也在此合作方面取得了初步成效。例如，西安工程大学坚持将与社会、基层共建的社会实践教育基地，视为大学生受教育、长才干、做贡献的平台，以及通过合作共建、双向受益而进行可持续的源泉。湖南科技大学则建立了高校与家庭的合作长效机制，网络、书信、电话、短信、家长会等成为家校合作的抓手，促进了学校与家长之间在学生社会主义政治信仰培育上的互动①。因此，不同相关主体的合作互动是做好大学生社会主义政治信仰培育的关键，合作意味着改变"孤立"状态，互动则焕发了各相关主体之间合作的生机。

第二，从"单面"转向"全面"。以人为本、育人为本需要社会的内在要求，更需要考虑大学生的需要。我国高校改革开放前后大学生社会主义政治信仰培育的实践表明，学校主导、教工导演的制度性安排、社会本位设计，是大学生社会主义政治信仰培育的主要形式，校内的教职工尤其是思想政治教育工作者，是社会主义政治信仰培育的组织者、管理者和教育者。根据有关制度安排进行的社会主义政治信仰培育，很少考虑学生的心理需要、发展需求，也很少考虑信仰培育的协同推进，仅强调学校、教师应该教什么，因此缺乏激励学生主动、自觉参与的原创探索。随着改革

---

① 罗晶.家校合作：大学生思想政治教育的新途径——以湖南科技学院为例[J].湖南科技学院学报，2010(9):143-145.

开放的深入、社会主义政治信仰培育的深化，大学生社会主义政治信仰培育需要确立学生的主体地位，需要学校、社会、家庭的协同，需要社会、学校、家庭、大学生相互配合的综合培育，社会、学校、家庭、大学生相互之间的工作边界逐渐清晰，不同的培育主体将开始发挥各自的作用，从不同的方面对大学生的社会主义政治信仰的生成施以积极的影响。既然以综合培育为思路，那么，我国高校学生社会主义政治信仰培育未来的推进，必然面对"单面"培育工作减少、"全面"培育工作增多的趋势。可以说，改革开放以来，我国高校先后推出的一些培育措施已经体现这一趋势，例如，甘肃农业大学推出实现学生培养工作"思想上有引导、学习上有辅导、生活上有指导、心理上有疏导"的系列保障制度：通过实施导师制、教师听课制、健康教育工作运行机制等，与学生交流互动的不再只是思想政治教育工作者，而是校内各类相关人员，开展的教育不再只是思想政治教育，而是涵盖学生学习、生活、人际交往、恋爱、就业等方方面面。基于此的大学生社会主义政治信仰培育，将不再是教工的"一言堂""满堂灌"，而是拓展了不同主体的共同参与，以及各层面教育的"全面融合"。

第三，从"封闭"转向"开放"。开放式的大学生社会主义政治信仰培育，源自改革开放式的教育，是对传统封闭式、灌输式教育的建设性批判形式，它对大学生社会主义政治信仰培育实践意义重大。正因为如此，改革开放以来，我国高校越来越强调开放式教育对大学生社会主义政治信仰培育有效开展的重要意义，实行开放式教育已成为当前高校加强和改进大学生社会主义政治信仰培育的常见做法。此外，各高校为了保证大学生社会主义政治信仰培育质量，都着力彰显个性，打造有特色的开放式教育品牌。例如，上海工程技术大学创建了"知行大课堂"，引导大学生通过实践大课堂，到社会实践中树立正确的"三观"，具体的路径包括"系统设计""对接需求""文化共融"等。"知行大课堂"中的育人实践不仅重视大学生业务素质的提高，更加重视政治素质的提高，旨在促进大学生的全面发展和进步。[①]西安电子科技大学建立了优化权威信息平台，并且建

① 徐阳.开放式大学生思想政治教育模式实践探索——以上海工程技术大学"知行大课堂"为例[J].思想理论教育,2014(3):106-108.

立新生QQ群、家长QQ群、校内社交网站，开通官方微博，推出校园手机客户端，从而使该校大学生思想教育工作能够占领校园信息传播制高点。①从这两个实例来看，开放式教育在完成提高大学生社会主义政治信仰培育质量这一主导性任务的同时，往往还要对传统的大学生社会主义政治信仰培育方式进行改进。传统的大学生社会主义政治信仰培育方式相对封闭，理论与实践往往脱节，在目前高校大学生社会主义政治信仰培育实践中，这一问题依然在产生一些不利影响，这为高校推行开放式教育提供了要彻底解决的问题：高校应该彻底解决大学生社会主义政治信仰培育方式的"封闭"问题，同时，学校层面应该坚持"三个面向""三个贴近"，推出更多的"选择"方法，既授之以"鱼"，更授之以"渔"②。这是大学生社会主义政治信仰培育面向世界、面向社会、面向未来、面向生态领域、面向虚拟领域的必然要求，也说明开放式培育是对封闭式培育的超越，变"封闭式培育"为"开放式培育"，是大学生社会主义政治信仰培育工作的逻辑思维。

第四，从"主导"转向"引导"。高校学生社会主义政治信仰培育的过程是教育者和受教育者这两者之间发生关系的过程。传统教育方法的设计一般将教育者作为主体，并用"自上而下"的策略来体现学校的"主导性"。学校的"主导性"不仅体现学校与学生之间的教育与受教育的关系，它更具有一种较强的教育者的教育性、导向性，而教育者的教育性、导向性所折射出来的学校主体性地位、主导性权威，确定了学生的从属、被动地位。因此，在学校与学生之间普遍存在着地位差异，出现学校主导教育、学生被动接受的情形。改革开放以来，我国高校的大学生社会主义政治信仰培育的主体则发生了明显的变化：为了超越传统教育的"主体—客体"模式，实现大学生主动教育功能，适应新形势、新任务、新情况，我国高校将学校和学生视为两个实体，将学校和学生作为"双主体"，提出了"双主体"和谐互动的设想。这一变化的直接结果便是大学生社会主义政治信仰培育在方式上由学校"主导"改为学校"引导"，多种形式引

① 强建周,高巍巍.加强网络文化建设 有效引导校园舆论——运用网络新媒体加强和改进大学生思想政治教育的探索与实践[J].工业和信息化教育,2013(4):90-94.
② 王芳,邢亮.开放式教育：大学生思想政治教育的新理念[J].教育探索,2011(3):125.

导成了一个重要的将"引导"转化为实践的措施，也激发了越来越多的高校将之付诸实践。当前，我国高校在此方面不仅强调"培养什么样的学生""如何培养学生"，更加注重"多样性"引导，其着力点主要表现在五个方面，即强化思想引导、理论引导、教育引导、党建引导和先进典型示范。以下几个实例可以佐证：四川农业大学设立"川农大好人榜"专题网页，坚持开展推荐"川农大好人"评选活动。山东大学创建团刊《青年园》，建立团属网站"青春山大"，开通山大团讯手机报、"青春山大"腾讯、新浪微博，扩大思想引领覆盖面。西安培华学院组织学生热议"社会主义核心价值观"，开展"社会主义核心价值观"演讲比赛，举办"学习和践行社会主义核心价值观"专题讲座，推出"红色文化教育系列活动"，引导大学生树立正确的世界观、人生观和价值观。贵州师范大学实施"育人先锋"工程，加强"一个党组织一个特色""一名党员一面旗帜"创建，以学生党建工作引导学生积极创先争优。

第五，从"被动"转向"主动"。"主动"意味着主动的适应、主动的顺应、积极的应对。在改革开放新时代，解决大学生社会主义政治信仰培育的被动适应问题的策略更加多样化，通过采取切实可行的措施主动适应、主动顺应、积极应对，被认为是解决大学生社会主义政治信仰培育的被动适应问题的出路。加强和改进大学生社会主义政治信仰培育的重大策略正在于此，但既往并未得到我国高校足够的重视，以致本应受到重视的大学生社会主义政治信仰培育成了学校的软任务，组织者、教育者工作的被动局面难以改变，高校中的社会主义政治信仰培育形式化现象长期存在。构建适应、顺应不断深化的改革开放、大众化的高等教育、迅速传播的网络文化、多样化的大学生需求的培育工作机制，是社会主义政治信仰培育的客观要求，也是大学生社会主义政治信仰培育机制发展趋势。正是意识到此点，我国很多高校都纷纷通过与时俱进、开拓创新的工作，积极应对新形势、新任务、新要求。鉴于此，我国高校学生社会主义政治信仰培育与时俱进的走向也趋于明确。突出表现为将中国优秀传统文化、社会主义核心价值观、群众路线教育、"中国梦"教育、"三严三实"教育、"两学一做"活动等融入大学生社会主义政治信仰培育全过程。例如，齐鲁理工学院推出"杏坛大讲堂",坚持以文化人,用齐鲁优秀文化陶冶学生。浙江工业大学依托"全国高校百强网站——精弘苑论坛",改革思想政治理论课教学,其中的"认知、认同、践行一体化"教育教学创新与实践,实现了"中国梦"有效传播。浙江大学宁波理工学院开通"淘思想吧",启动"微化"实践教学,寻找"鄞州抗战红色足迹",宣传"理工好故事",创作"社会主义核心价值观"主题版画作品,让社会主义核心价值观扎根理工校园。

第六,从"共性"转向"个性"。社会主义政治信仰培育的"个性",不仅仅是社会主义政治信仰培育中表现出来的现象,更是社会主义政治信仰培育无法回避的培育规律。大学生社会主义政治信仰培育之所以要从"共性"转向"个性",除此之外,还因为我国高校在过去很长一段时间实施的培育,其做法、措施"共性"有余而"个性"不足,以致往往拘泥于一种模式,没有做到与众不同。当培育中的"个性"被视为"规律"而非"问题"、"共性"被认为"问题"而非"规律"时,其"个性"就更容易被接纳,"共性"就更容易被"矫正"。于是,我国高校在进行大学生社会主义政治信仰培育中,不约而同地选择"个性",因此,个性培育、特色培育已成为当前我国高校"追求品质""尊重差异"的常见做法。例如,西南石油大学将思想政治教育"变脸"为"大学生工作室",着力建设"读书人工作室""明礼工作室"等16个工作室,打造了"菜单式"教育的培育新模式。遵义师范学院基于对红色文化教育的把握,对红城遵义资源的分析,提出"科技创新""四在农家"的基地建设目标,形成了有特色的红色文化教育基地建设工作机制[①]。西南交通大学将思想政治教育品牌创建作为特色教育工作来考察,并把品牌定位、品牌规划、品牌创建、品牌文化作为工作内容,有效实施"磐石计划"品牌培育,为大学生社会主义政治信仰培育提供了一条可选路径[②]。这三个实例都从不同的角度在一定程度上满足了大学生社会主义政治信仰培育的个性化需求。

---

① 娄刚.依托地方资源,加强高校大学生思想政治教育校外基地建设——以遵义师范学院为例[J].长春理工大学学报,2013(3):65-66.

② 桂富强,黄春蓉,宋刚.高校思想政治教育品牌培育刍议——以西南交通大学"磐石计划"品牌培育为例[J].西南交通大学学报(社会科学版),2013(2):59-62.

第二节　大学生社会主义法律信仰培育的措施创新

大学生社会主义法律信仰培育是新时期我国高校用以强化学生思想政治教育、促进学生健康发展的重大举措，是提高学生法制教育质量、推进校园法治化进程的重要途径。改革开放以来，我国高校在高等教育转型过程中，特别重视对学生社会主义法律信仰的培育，尽可能营造"守法光荣、违法可耻"的校园氛围，并注意结合学校实际，根据学生需要，采取多种措施，使学生社会主义法律信仰培育明显收效。

一、大学生社会主义法律信仰现状

为了了解当前大学生社会主义法律信仰现状，本次调查中发放问卷1000份，实际回收892份，回收率为89.2%。具体到每个变量，有效率各不相同。具体样本结构为：从性别来看，男性479人，女性413人，分别占被调查者的53.7%和46.3%。从在读学历来看，专科生90人，比例为10.1%；本科生743人，占83.3%；硕士研究生及以上的比例相对较少，有59人，仅占被调查者的6.6%。从专业类别来看，理工类学生340人，占被调查者的38.1%；文史类学生350人，比例达到39.2%；其他类学生202人，占22.7%。从政治面貌来看，共青团员的占到大多数，比例达89.1%；中共党员和中共预备党员，比例分别为4.3%和4.7%；其他政治面貌的被调查者占1.9%。

对大学生社会主义法律信仰的调查要符合大学生法律信仰的形成规律，大学生社会主义法律信仰存在着一个认知—情感—行动过程，因此本次调查须从这三个阶段来描述大学生社会主义法律信仰现状。

（一）大学生法律信仰认知

法律信仰是一种理念，它以人们对法律的认知为前提。对法律信仰的认知，首先要调查大学生是否具备一些基本的法律常识，并对法的基本内涵和概念有一定的了解，并在此基础上抽象出对法和价值取向的法治精神的认知。在这里，我们选取了对"依法治国""法律至上"等关键词以了解大学生对法律的认识程度。

在对依法治国中"法"的含义的调查中，只有少量被调查者能准确回答出依法治国中的"法"包括"宪法和法律"，多数被调查者认为"法"仅包括"宪法"，还有不少人认为"法"应包括"整个法律体系"（见表4-2-1）。

表4-2-1　大学生对依法治国中"法"的理解

"法"的含义	人数（人）	百分比
宪法和法律	115	12.9%
整个法律体系	386	43.3%
主要指宪法	338	37.9%
法治精神	51	5.7%
未回答	2	0.2%
合计	892	100%

在对"法律至上"含义的理解上，不同国家法律的地位是不一样的。在法治国家里，法律至上要求法律是第一位的，一切都要遵守法律。本次调查中，多数被调查者能理解或基本理解"法律至上"的含义是"任何人都要守法"或"一切按法律办事"，其他被调查者认为法律效力高于其他社会行为规范，虽然该观点也是正确的，但这不是"法律至上"的准确含义（见表4-2-2）。

表4-2-2　大学生对"法律至上"含义的理解

"法律至上"的含义	人数（人）	百分比
任何人都要守法	292	32.7%
法律效力高于其他社会行为规范	355	39.9%
一切按法律办事	209	23.4%

续　表

"法律至上"的含义	人数(人)	百分比
即使有待完善之处,法律仍应该作为最后的决策依据	36	4.0%
合计	892	100%

法律是统治阶级的国家意志，这是马克思列宁主义关于法律的基本原理之一。法律只能反映统治阶级的意志，社会主义法律也有阶级性，它反映的是工人阶级的意志，同时也反映了全体劳动人民的意志。本次调查中，在对何为"社会主义法律的本质"的调查中，只有22.6%和15.9%的被调查者完全理解或基本理解这一含义（见表4-2-3）。

表4-2-3　大学生对社会主义法律本质的理解

社会主义法律的本质	人数(人)	百分比
阶级统治的工具	140	15.7%
推动事业发展与和谐社会建设的工具	408	45.8%
工人阶级领导下人民意志的体现	202	22.6%
维护人民利益的工具	142	15.9%
合计	892	100%

在"是否知道全国法制宣传日"的调查中，多数被调查者能准确回答为每年的12月4日，这一比例高于其他普通的社会群体。但作为已接受高等教育的社会精英群体而言，还有三分之一的被调查者作出了错误回答，这说明大学生对法制宣传的重视程度仍须加强（见表4-2-4）。

表4-2-4　对大学生是否知道全国法制宣传日的调查

全国法制宣传日	人数(人)	百分比
12月4日	567	63.6%
11月14日	117	13.1%
11月4日	81	9.1%
12月14日	127	14.2%
合计	892	100%

在对"依法治国的核心内容不包括哪一项"的问题调查中，60.9%的被调查者作出了错误回答，认为"法律一旦确立，所规范确立的社会关系和秩序自然处于绝对稳定状态"，这一点令人深思（见表4-2-5）。

表4-2-5 大学生对依法治国核心内容的理解

依法治国的核心内容	人数(人)	百分比
是发展社会主义法治的必然要求	105	11.7%
是实现国家长治久安的重要保证	98	11.0%
是党治国理政观念的重大转变	146	16.4%
法律一旦确立,所规范确立的社会关系和秩序自然处于绝对稳定状态	543	60.9%
合计	892	100%

我国目前经济在迅速发展,国家综合国力的提高对法律知识传播的深度和广度产生了重要影响。电影、电视、报刊、书籍和电子网络等是大学生法律知识获得的重要途径。调查结果显示(多选题),传统的电影、电视、报刊、书籍等方式仍是大学生了解法律知识的主要途径,网络的传播也占不小的比例(见表4-2-6)。而家庭作为家风传承的主要阵地,却很少对大学生增长法律知识产生作用。一方面,可能因为很多家庭成员文化素质不高,法律知识欠缺;另一方面,可能是因为大家对法律在社会生活中的作用认识不足。

表4-2-6 大学生了解法律知识的途径(多选题)

途径	人数(人)	百分比
电影、电视	561	62.9%
报刊、书籍	419	47.0%
网络	310	34.8%
他人宣讲	115	12.9%
家庭	85	9.5%
其他	56	6.3%

(二)大学生法律信仰情感

法律的有效性来源于社会公众对上升为法律的普遍价值观念的认同,它的效用在于主体对它的信赖程度。大学生法律信仰培育的基础是对当前我国立法、司法和执法整个法律实施过程的认可。调查发现,虽然有三分之二以上的被调查者认为法律是可以被信任的,但也是相当多的被调查者对此有疑问,回答"说不清楚",甚至还有一些被调查者回答"不信任",

所以这部分被调查者也就无从谈起法律信仰了（见表4-2-7）。

表4-2-7 大学生对现行法律的信任程度

对现行法律是否信任	人数（人）	百分比
信任	597	66.9%
不信任	74	8.3%
说不清楚	219	24.6%
未回答	2	0.2%
合计	892	100%

大多数被调查者认同"法律必须被信仰，否则形同虚设"，但也有被调查者对此持不同观点（见表4-2-8）。

表4-2-8 大学生对"法律必须被信仰，否则形同虚设"的看法

看法	人数（人）	百分比
正确	269	30.1%
基本正确	403	45.2%
不正确	181	20.3%
不理解	39	4.4%
合计	892	100%

多数被调查者对我国现行法律持"满意"或"较满意"的看法，也有一些被调查者持"不满意"或"很不满意"的看法（见表4-2-9）。这说明我国现行的法律制度随着时代的发展，进行相应的司法改革势在必行。

表4-2-9 大学生对我国现行法律现状的满意程度

是否满意	人数（人）	百分比
满意	175	19.6%
较满意	555	62.2%
不满意	149	16.7%
很不满意	13	1.5%
合计	892	100%

在对"当前社会公众的法律信仰是否缺失"这一问题进行调查时，回答"不存在信仰缺失问题"的只有少数，虽然认为法律信仰缺失问题"很严重"的只有18.3%，但认为一定程度存在的有27.2%，还有近半数被调

查者认为"法律信仰缺失存在但问题不严重"（见表4-2-10）。由此可见，大学生对当前社会公众的法律信仰持不乐观的态度。

表4-2-10　大学生认为法律信仰缺失的程度

法律信仰缺失程度	人数（人）	百分比
很严重	163	18.3%
不严重	444	49.8%
一定程度存在	243	27.2%
不存在	42	4.7%
合计	892	100%

在对建设法治国家建设现状的认识方面（多选题），大多数被调查者认为我国目前距离法治国家还有一段很长的距离，法治国家建设任重而道远（见表4-2-11）。

表4-2-11　大学生对我国法治国家建设现状的认识度（多选题）

认识程度	人数（人）	百分比
已然是法治国家	194	21.7%
农村法治建设相当落后	489	54.8%
法治制度较健全,但缺乏执行力	557	62.4%
人治观念还存在	240	26.9%
公民法律意识与法治目标差距很大	303	34.0%

（三）法律信仰行为

大学生群体法律信仰从产生到坚定，除了认知和情感以外，最重要的是在生活中能否以自身行为真正坚守法律。有研究者认为，现在大学生群体存在着信仰理念与行为的矛盾性，即法律信仰与行为选择脱节的现象。"大学生对于法律的信仰还是值得肯定的，但是一旦涉及个人利益时，又往往置法律规范于不顾，盲目行动，表现出法律信仰与法律责任感的缺乏。"[1]本次调查显示，在当前大学生群体面对个人利益与法律规定存在冲突时，确实存在着重自我轻法律的现象，但这并不是主流。大多数大学生还是做到自觉守法，践行法律。例如，在回答违法建房可获得巨额拆迁补

---

[1] 王素.简议社会转型期大学生法律信仰危机及对策[J].双语学习,2007(4):8.

偿问题时，多数被调查者直接回答"不违建"，也有13.8%的持"观望态度"，回答"效仿"和"不大胆违建，但可小打小闹"的占10.3%和15.3%，但这一比例大大低于一般社会公众（见表4-2-12）。

表4-2-12　大学生对于违法建房获得巨额拆迁补偿所持态度

所持态度	人数(人)	百分比
效仿	92	10.3%
观望	123	13.8%
不大胆违建，但小打小闹	136	15.3%
坚决不违建	540	60.5%
未回答	1	0.1%
合计	892	100%

大学生遵纪守法，关键还是从身边做起，大学生了解我国高较学生管理制度和重视遵守本校规章制度是自觉遵守的前提。在"是否了解我国高校学生管理等规章制度"这一调查中，只有43.8%的被调查者回答"很了解"和"比较了解"，回答"一般了解"的比例最高，占38.7%（见表4-2-13）。

表4-2-13　大学生对我国高校学生管理等规章制度的了解程度

了解程度	人数(人)	百分比
很了解	92	10.3%
比较了解	299	33.5%
一般了解	345	38.7%
不了解	115	12.9%
未回答	41	4.6%
合计	892	100%

在"是否重视并遵守学校规章制度"这一问题的调查中，回答"重视并遵守"的占55.7%，回答"不太重视但基本遵守"的占22.8%，两者占多数，直接回答"不重视也不遵守"的只占被调查者总数的2.5%（见表4-2-14）。

表4-2-14　大学生对要重视并遵守学校规章制度的态度

对学校规章制度的态度	人数(人)	百分比
重视并遵守	497	55.7%
重视但有时不遵守	169	18.9%
不太重视但基本上能遵守	203	22.8%
不重视也不遵守	22	2.5%
未回答	1	0.1%
合计	892	100%

　　大学生的守法自觉性不仅表现在对法律的遵守上，在一些热点法律事件的关注上也能得到反映。在网络等新媒体日益发达的今天，社会上一些热点事件是否真正做到依法处理对大学生法律信仰的影响较大，大学生关注社会热点法律事件也是关心我国法治国家建设的一种表现。调查显示，只有少数大学生对社会热点法律事件"经常关注"，大多数"偶尔关注"和"不太关注"，这表明大学生对我国的法律事件仍处在自发关注状态，自觉性仍待加强（见表4-2-15）。

表4-2-15　大学生对法律热点事件的关注程度

关注程度	人数(人)	百分比
经常关注	181	20.3%
偶尔关注	400	44.8%
不太关注	286	32.1%
不感兴趣	25	2.8%
合计	892	100%

　　大学生法律信仰的行动表现，不仅表现在自觉遵守法律规定，而且表现在当自身权益受到侵害时，敢于拿起法律武器来维护。调查显示，近八成的大学生能做到用法律维护自己的权益，有10.4%的认为可以运用社会关系维护权益；另外，还有人选择"以其人之道还治其人之身"和"用武力手段解决"等违法手段，仅有1.5%的大学生选择了"感觉很委屈，但是认为也是没有办法的事"（见表4-2-16）。

表4-2-16　大学生应对权益受到侵害时的选择

应对方法	人数(人)	百分比
用法律维护自己权益	707	79.3%
运用社会关系维护	93	10.4%
以其人之道还治其人之身	60	6.7%
用武力手段解决	19	2.1%
感觉很委屈，但是认为也是没办法的事	13	1.5%
合计	892	100%

（四）影响因素与对策

调查显示，在影响大学生法律信仰的诸多因素中（多选题），认为"政府机关执法部门执法存在问题"的所占比例最大，占71.5%，法律的生命力在于实施，如果法律在实施的过程中不能做到"有法必依、执法必严、违法必究"，法治的概念就不会深入人心，法律的严肃性就得不到保障。排在第二位的是传统文化因素的影响，占70.6%。这是因为在我国传统治国理念中，"以德治国""德主刑辅"的观念长期受到思想家的追捧，民众在受到不公正待遇时，总是期盼有"清官""青天大老爷"出现，为自己主持公道，很少出现对法律依赖的思想，当然就更谈不上拥有法律信仰了。这一传统文化对大学生的影响不容低估。另外，认为现行法律的适用存在一定的问题也占较大比例。认为我国司法成本过高，形成的客观效果却不尽如人意的占52.1%，这也对司法改革中如何简化程序、便民高效提出要求（见表4-2-17）。

表4-2-17　影响大学生对法律信仰判断的因素（多选题）

因素	人数(人)	百分比
传统文化因素	630	70.6%
法律制度不尽完善	552	61.9%
司法成本过高	465	52.1%
政府机关执法仍存在问题	638	71.5%
公民法律素质有待提高	291	32.6%

在调查法律信仰的缺失带来的负面影响时（多选题），认为会导致

"影响社会公平公正""影响法治国家形成""影响经济稳定发展"和"影响国家政权稳定"的均占有较高比例，只有极少数被调查者认为缺失法律信仰"没有影响，社会照样发展"（见表4-2-18）。这说明大学生对法律信仰在我国政治、经济生活中的作用都有着较为清晰的认识。

表4-2-18　大学生法律信仰缺失的影响（多选题）

影响	人数(人)	百分比
影响法治国家形成	666	74.7%
影响国家政权稳定	594	66.6%
影响经济稳定发展	623	69.8%
影响社会公平公正	676	75.8%
没有影响,社会照样发展	55	6.2%

在回答"对公民形成法律信仰所需条件的看法"时（多选题），被调查的大学生认为"领导干部带头遵守法律，不搞特殊化""有法可依、有法必依、执法必严、违法必究"的所占比例较高，分别为84.8%、86.0%；另外，比例较高的依次是"公民有较高的法律素养"和"有良法可依"，分别占76.1%和61.2%（见表4-2-19）。

表4-2-19　大学生对公民形成法律信仰所需条件的看法（多选题）

看法	人数(人)	百分比
领导干部带头遵守法律,不搞特殊化	756	84.8%
有良法可依	546	61.2%
公民有较高的法律素养	679	76.1%
有法可依、有法必依、执法必严、违法必究	767	86.0%
其他	3	0.3%

以上调查结果可以看出，大学生群体接触信息途径较广，对日常法律知识有一定的认识，但尚未形成良好的法律素养，不同群体间没有表现出太多差异性。多数大学生对法律抱有信赖，但由于传统文化和市场经济中消极因素的影响，还有部分大学生对法律的公正性和有效性持怀疑态度。大学生群体普遍存在着信仰理念与自身行为不一致的现象，他们期望国家能制定出既适合国情又能紧随时代发展的良法，并在执法、司法实践中坚持依法治国，这样才能真正使大学生树立起社会主义法律信仰。

二、大学生社会主义法律信仰的培育探索

大学生社会主义法律信仰培育取得了较为明显的成果。这样的成果所体现的有益探索，值得我们认真总结。总结改革开放以来的培育实践，推进大学生社会主义法律信仰培育的成功探索，主要体现在以下几个方面。

第一，积极探索建立"第一课堂"和"第二课堂"联动机制。在大学生社会主义法律信仰培育过程中，培育机制是保证。其中，"第一课堂"和"第二课堂"联动机制的构建，在我国高校无一例外受到重视。高校多年来采取的共同做法，一是发挥"第一课堂"主渠道作用，开设"思想道德修养与法律基础"课程，培养学生法律意识和法制观念，提高学生法律素质；二是对接"第一课堂"，建立"第二课堂"，开展形式多样的法制教育活动，保证法制教育从"第一课堂"向"第二课堂"延伸。这种培育机制好处明显，既可以保障学生"人人皆学、处处可学、时时能学"法律，使培育时空得以拓展、形式得以丰富，在培育内容、质量、成效上也能得到更多的保障，又可为学生知法、守法、遵法、用法提供更好的环境。

第二，积极构建与法律体系对接的校内制度网络。我国高校大学生社会主义法律信仰培育是一项系统工程，实施起来需要有一套与各项工作密切相关的制度作保障。正是基于这一需要，各高校对学生有关教育、管理、服务制度的建设从未停止过，而且均日趋务实且操作性强。特点主要是由高校主导，以学生为对象，强调学生教育、管理、服务的制度安排；以法律法规为依据，体现为制度体系，旨在对学生法律信仰培育过程进行制度管理。形成的经验，一是在开始建立制度时就特别重视校规校纪与法律法规的一致性；二是重要工作如学生干部的选拔、培养与管理，学生奖助学金的设立、评选与管理，学生社会实践的策划、组织与评比等都有相应的制度保证；三是提高制度建设的质量，注重制度的"废、改、立"，特别强调用制度管人管事管物。高校制度建设、制度管理对于强化学生社会主义法律信仰培育的针对性、有效性具有重要的作用，可以增加大学生社会主义法律信仰培育的合规性和信任感，并支持"制度育人"的路径。

第三，积极探索解决学校培育"无大学章程可依"问题。受过去高度

集中的计划经济体制影响，我国高校学生社会主义法律信仰的培育经常由"政府布置""学校部署"，而无"大学章程"可依。自1992年将"设立学校及其他教育机构，必须具有组织机构和章程"写入《教育法》后，这一大学章程才有少数高校制订，直至2006年才有一些高校陆续公布。对此，《国家中长期教育改革和发展规划纲要》明确指出："学校要建立完善符合法律规定、体现自身特色的学校章程和制度"。在教育部推动下，为落实依法治国要求和深化高校治理结构改革需要，我国所有高校都将制订大学章程、实行依法治校作为现阶段的紧迫任务，到2015年年底，教育部及中央部门所属的114所高等学校，分批全部完成章程制订和核准工作。中国特色现代大学制度保证，是大学生社会主义法律信仰培育的必要条件。高校如果发布《大学章程》，根据章程依法治校，就可以使学生社会主义法律信仰培育有大学章程可依，更重要的是可以建立学校遵循大学章程、学生实践法律精神的机制。

第四，积极加强法制教育活动品牌创建。开展法制教育活动是我国高校强化大学生社会主义法律信仰培育的一个重要渠道，所有学校都在积极推进。过去，我国高校主要关注法制教育活动的开展，现在更强调学生法制活动品牌创建。有些高校已把法制教育活动列入学生素质拓展序列，更多的高校开始注重学生法制教育活动品牌的创建。具体到法制教育活动品牌创建层面，绝大多数高校都建有本校的法制教育活动品牌，例如，吉林大学的"模拟法庭赛季教学项目"、清华大学的"内设式法律诊所教学项目"等都是特色的法制教育活动，特色的法制教育活动促使法制教育活动品牌形成。要想了解这些特色活动及其意义，我们需要关注这些活动平台建设的进展及其所取得的成效。北京大学、清华大学、中国人民大学、复旦大学、武汉大学等先后开设法律诊所教育课程，并被逐步推广和完善。这说明我国高校所开展的法制教育活动品牌创建不仅丰富了校园文化，也为学生社会主义法律信仰培育强化提供了一大措施。

第五，积极推出"卓越法律人才"培养计划。大学生社会主义法律信仰培育能不能上更高的台阶，法律人才是十分重要的衡量指标。培育大学生社会主义法律信仰，推进社会主义国家法治建设，实现社会主义法治国家，需要大批高素质法律人才"示范引领"。"卓越法律人才"培养在大学生社会主义法律信仰培育实施过程中被看得十分重要，成为近年来我国高校大学生社会主义法律信仰培育的新动向。为了培养卓越法律人才，构建卓越法律人才培养模式，提高大学生社会主义法律信仰培育质量，我国于2011年实施了以"精英化"和"个性化"为维度的"卓越法律人才"培养计划。而此计划实施后，我国许多高校受其激励、应其要求，积极探索具有本校特点的法律人才培养模式。中国政法大学实施的"高级法律职业人才培养体制改革"、西南政法大学启动的"实务人才实验班"和"学术人才实验班"、西北政法大学创建的"实务培训模式"、南京大学构建的"三三制模式"、上海交通大学试行的"三三制法科特班"、山东大学推出的"4+2"6年制分阶段培养机制①等均是我国高校实施法律人才培养模式所作的尝试。

第六，积极推进法律宣传方式的转变。我国高校几乎都重视法律宣传方式的转变，很大程度上与这些高校的多样化法律教育不可分。多数高校注重利用法律法规加强对学生的法律教育，对于出现的一点违法行为都进行批评教育制止，让学生敬畏法律。不少高校改进法律教育模式，积极开展"法制教育进校园""法制日宣传教育""法制宣传教育周""法制教育精彩一课""警示教育与法律教育同行""普法情景剧展演"等活动，把法制教育从"课堂"延伸到"地摊"，使其更接地气。还有些高校建立了法律宣讲制度，将法律专题讲座、法律专题报告、法律专题图片巡展、网上法律学校等作为法律教育载体，通过法律宣讲来引导、教育学生遵纪守法。还有很多高校对大学生的法制教育融入有组织、有计划、有目标的社会实践活动中，每个寒假、暑假到来，这些学校都会组织学生开展诸如"江淮普法行""专场法律咨询""模拟法庭公演""法律乡村行"等法律社会实践，以此强化学生"自我教育""自我体验"，让学生从中得到法律情感的培养和法律意志的锻炼。更多的高校则利用广播、校刊、简报、校园网络专栏、宣传橱窗等工具来宣传、普及法律知识，弘扬法律精神。

---

① 沈赏,李店标.高校法律人才培养模式的实践探索[J].大庆社会科学,2013(4):141-144,161.

三、大学生社会主义法律信仰的培育经验

我国大学生社会主义法律信仰培育的探索，主要由我国高校去实施。我国高校在长期的、具体的探索实践中，形成的具有参考性、可借鉴的经验主要有多元主体共同培育、法律信仰教育分类开展、大学治理规则正确引导、课堂教学改革尝试不断推进、法律价值体验方式日趋多样、法律信仰培育环境逐步优化等实践经验。

第一，多元主体共同培育。"多元主体共同培育"反映了高校党委为克服单个主体"自弹自唱"的弊端，适应大学生社会主义法律信仰培育的主体建构多元化趋势，主动将校内外的多元主体力量汇聚到校党委主导下的学生社会主义法律信仰培育过程中来，所形成的培育主体具有协同化趋势。改革开放以来，高校学生社会主义法律信仰培育实践对培育主体协同培育保持了长期不变的探索与实践。值得肯定的是，高校干部、教师、学生以及家长等这些主体，已在学生的社会主义法律信仰培育中发挥重要的作用。一方面，他们通过校党委统一安排，和职能部门统一组织，参与到信仰培育中来，创建出了一系列有效的不同主体参与培育的不同载体和不同机制；另一方面，他们借助高校搭建的多元主体协同培育平台，分别作用于信仰培育，较好地回应了大学生对法律信仰日益多元甚至个性化的需求。高校学生社会主义法律信仰培育实践成果表明，在高校现有体制和组织框架下，推进多元主体共同培育，建立多元主体的联动机制，整合多元主体的育人资源，是高校提升学生社会主义法律信仰培育质量的必由之路。

第二，法律信仰教育分类开展。改革开放以来，我国高校大学生社会主义法律信仰教育分类开展，比较常见的路径，包括以"思想道德修养与法律基础"课的教学改革强化学生的法律知识和法治理念教育，以校园传媒的传播、渗透强化对学生的法律观念、法律意识，以"第二课堂"的互动交流强化学生的法律情感和权利意识，以社会实践的法律价值体验强化学生对法律及其价值的感性认识，以学校的日常教育和管理强化法律理论的熏陶和法律精神的渗透等。我国高校一方面通过法律理论的灌输、法律

知识的讲授、法律精神的传播、法律意识的培养、法律情感的培育、法律价值的体验、权利和义务的强化，成功地扮演了学生社会主义法律信仰培育的组织者、指导者、管理者、服务者角色；另一方面，积极地以制度的废、改、立来促进学生社会主义法律信仰培育方案的实施，从而有效地保证了学生社会主义法律信仰培育的常态与长效。在分类开展大学生社会主义法律信仰教育方面，我国高校创造出一些有益的经验，形成了不少有特色的案例，诸如"警示教育""法治学校""法律进宿舍""法律宣传日""普法宣传周""法律教育电影展播"等。

第三，大学治理规则正确引导。"大学治理是对大学本质的回归"[①]，在政府职能转变和大学自主发展战略带动下，我国高校加快现代大学制度建设步伐，制订大学章程。高校现代大学制度建设在为高水平大学建设做出巨大贡献的同时，也强化了大学生社会主义法律信仰培育。一方面，与大学生权益息息相关的困难资助、就业指导、权益保障、奖励惩戒等措施不断走向制度化轨道，不仅能最大限度地保护大学生的权益，而且能有效调动大学生参与学校民主管理，而这恰恰契合着社会主义法律的公平—正义性、自由—人权性、效率—利益性和保障—救济性；另一方面，从大学生管理制度化、规范性切入，通过建立并推行大学生学籍管理、学分、学位与学历、学生团体、学生代表大会、学生参与民主管理等制度[②]，为大学生的行为提供明确的行为模式。这既便于学校提高大学生教育、管理、服务效率，又有利于培养大学生对校规校纪、法律法规的认同感和信任感。越来越多的高校都将"大学治理规则引导"作为大学生形成和发展社会主义法律信仰的主要方式之一。例如，吉林大学、中国政法大学、北京师范大学等都将"学生管理制度"列为大学章程的制度要素，"学生"也成了这些学校章程的一个章节，"大学治理规则引导"已显示出针对性和积极性。

第四，课堂教学改革尝试不断推进。2005年，中共中央宣传部、教育部印发《关于加强和改进高等学校思想政治理论课的意见》，将"思想道

---

① 张文江.大学治理的回归与超越——兼论大学行政化的"去"与"取"[J].高教探索,2012(4):9.
② 肖金明,张强.大学章程的框架体系、治理结构、制度要素与生成机制——基于十所高校章程的文本比较[J].河南财经政法大学学报,2012(1):39-48.

德修养""法律基础"课设置为"思想道德修养与法律基础"课。之后，"思想道德修养与法律基础"课在高校开设。与此同时，"思想道德修养与法律基础"课教学改革不断实施。在这些改革中，大多对"思想道德修养与法律基础"课教学方法都有所探索与尝试。分析这些改革措施可见，高校对"思想道德修养与法律基础"教学方法的改革，主要有八种方式，即实践式、网络式、案例式、体验式、情境式、研究式、启发式、专题式教学。实践式通过法律宣讲、法律调查、法律援助等活动，将大学生的法律认知转化为法律实践；网络式通过法律教育进网络，形成全新的课程新概念，将大学生法律教育延伸至网络；案例式通过诊所式、案例评析性、案例解释性教学，提高课堂教学的吸引力、感染力；体验式通过"学中做""做中学"进行生活体验和训练，让大学生亲身实践、自行探索，主动学到法律知识；情境式通过创设类比、直观、猜测等情景进行教学，使课堂教学过程显得更有趣味，又使法律原则、条文、精神、理念变得更加直观；研究式通过课内探究进行教学，将课前的准备、课中的探究、课后的实践"三位一体"，提升大学生法律教育实效；启发式通过目标、提问、比喻等启发，让学生的"脑"和"嘴"动起来，发展学生的想象力、思维力、理解力和概括力；专题式通过"问题式教学"，保证课堂教学的针对性、实效性。

第五，法律价值体验方式日趋多样。法律价值体验涉及法律价值感受、法律价值体认、法律价值认同。法律价值体验着重从法律信仰形成的内在途径破解法律信仰的内化困境。反观实践维度，改革开放以来，我国高校法律价值感受、法律价值体认和法律价值认同教育都有积极进展。例如，大庆师范学院创立的"卓越法律人才培养实验班"、湖南大学和安徽师范大学建立的"法律援助中心"、燕京理工学院搭建的"社区法律服务平台"、中国人民大学设立的"刑事法律诊所"、清华大学开设的"法律诊所课程"等，均让越来越多的学生亲近法律、实践法律、认同法律。这都表明我国高校法律价值体验教育步入方式多样化阶段。该阶段法律认知体验、法律情感体验和法律意志、行为体验[1]，使高校加强了学生社会主义

---

① 孙绪兵.法律价值体验:培育公民法律信仰的必要途径[J].湖北经济学院学报(人文社会科学版)，2012(8):112-113.

法律信仰培育在法律价值体验方面的机制构建。以上高校采用的法律价值体验方式，或注重学生法律认知体验，或着力法律情感体验，或侧重于法律意志和法律行为体验，或致力于学生法律认知体验、法律情感体验、法律意志和法律行为体验"三位一体"，都取得积极效果。梳理这些成果表明，高校开展的法律价值体验教育所取得的成果主要体现在：已从某一或某些层面丰富了大学生社会主义法律价值体验的形式；已充分认识到大学生社会主义法律价值体验的重要性、必要性，也重视体验计划制订并在体验措施上不断改进。

第六，法律信仰培育环境逐步优化。改革开放以后，尤其是党的十八届四中全会以来，"法治中国"建设通过"全面推进依法治国"的布局展开。在"依法治国"战略的强有力推动下，高校"法治学校"的创建不断加强。高校法治环境从法律知识普及、法治宣传教育到法治文化建设、法律环境改善都发生了深刻的变化，得到了明显的优化。概括起来有：一是校规校纪的修订依法进行。各高校都注重校规校纪的修订，有章可循、有法可依的法治校园文化不断充实。与此同时，法治文化融入校园文化的步伐进一步加快，法治教育的育人作用更加有效。二是教师的言传、身教并举。高校师德师风建设的不断推进，有利于实现教师的素质全面提升。教师依法办事、遵纪守法的榜样示范，必然会形成无穷的榜样力量，潜移默化地引领学生认同、敬畏、遵守法律。三是"依法治校""依法育人"成效不断显现。除了健全体制、建章立制、依法办事外，学生学法、知法、守法、用法的良好氛围正在形成。四是法律宣传深入开展。法律宣传逐渐深入到教室、寝室，宣传的内容不断丰富。大学生社会主义法律信仰培育已具有前所未有的良好环境与条件，需要我们准确把握和有效利用。高校需要坚持开展法律教育，进一步强化大学生社会主义法律信仰培育的共识；高校学生社会主义法律信仰培育不断推进，形成的经验各具特色，各高校可以相互借鉴其他学校经验以弥补不足；各高校都要建立系列制度，在总体上体现法治精神的同时，推动师生对社会主义法律的重视与遵守。

四、大学生社会主义法律信仰的培育转向

大学生社会主义法律信仰培育成功的关键，在于构建一个清晰的、明确的、可以复制、可以预期的措施体系。对于这个培育，我国高校展开了探索，也形成了经验。但是目前已知的做法仅是探索，已积累的经验仍然有限。更重要的是，需要我们构建出深化大学生社会主义法律信仰培育、适应社会转型期我国高校学生法律教育应遵循的措施体系。根据前文对大学生社会主义法律信仰培育的探索所进行的分析，借鉴我国高校大学生社会主义道德信仰培育的经验，这个措施体系应该是通过"六个转移"，实现预期目标。

第一，从做"活动"向做"平台"转移。改革开放以来，我国高校在学生社会主义法律信仰培育过程中强调教育性的形成与发展，并开展了丰富多彩、形式多样的法律教育活动。这既传承了大学生社会主义法律信仰培育创建出来的活动模式，又折射出大学生社会主义法律信仰培育中法律教育活动与法律信仰培育关系的内在联系性与适用性。但是，已有法律教育系列活动仍然存在一些问题。首先，多表现为"学校主导、学生参与"的教育倡导以及组织模式的"自上而下"，真正从大学生需求出发，进而对师生的互动进行验证的活动相对缺乏。其次，过于关注活动的单一性、形式的多样性，从而忽略"活动"与"活动"关系中的联系性、系统性，导致活动的最大效应难以呈现。最后，侧重于体现我国高校开展了哪些法律教育活动，而对这些活动"是什么"，以及"为什么"要开展，缺乏理论上的构想与整体设计。这就导致这些活动成果难以适应"法治学校建设""法律信仰培育"的需要。作为一种特有的培育要"实至名归"，需要高校搭建类型多样、特色各异、主题鲜明、目标明确的平台；重视平台建设规划的系统性、前瞻性、针对性，充分考虑平台建设的稳定性、连续性、创新性，以及各种平台不同功能的开发；采取更有吸引力的措施，引导学生参与各种平台的搭建与建设，进而在平台建设上形成丰富的、立体的、多主体实施的、相互联系的、彼此不可分割的运行机制，推动法律信仰培育扎实有效地向深度和广度拓展。安徽师范大学建设的"模拟法庭"

无疑成为一种示范：整体安排，教师指导，学生参与，自编自导，定期模拟法庭。

第二，从"单兵作战"向"联合作战"转移。当下，大学生社会主义法律信仰培育已成为新时期高校党政工作的重要组成部分，学校党委、行政都十分重视。然而，社会主义法律信仰培育的"单兵作战"仍是各高校都亟待解决的问题。自改革开放至今，高校学生社会主义法律信仰培育在某种程度上说一直没有避免党委系统、学工系统的"自弹自唱"，特别是全员培育、全方位培育等，都缺少教师和管理干部广泛参与的教育实践，从而导致了法律信仰培育的协同不足，全员参与不够，这也正是高校学生社会主义法律信仰要么不组织，要么组织必是党委系统、学工系统"单独行动"状态问题的一个十分重要的原因。因此，必须强化广大教职工的责任意识，调动党政管理干部、广大教师共同参与大学生社会主义法律信仰培育的积极性、主动性、自觉性，使党政管理干部和广大教师成为学生社会主义法律信仰培育的推动者、实践者。这就要采取一种全员性协同策略，关注强化大学生社会主义法律信仰培育如何形成合力。这里的合力，是赋予校内各个部门、单位和全体师生相应的岗位职责，侧重于从不同方面作用于大学生社会主义法律信仰培育。高校学生社会主义法律信仰的培育，首先，应是"多主体"，而不是单一主体的，只有多主体的互动，才能产生集体的力量；其次，应是"有分工"，不同主体的作用力因分工不同而相互区别；最后，应是"重协同"，不同主体的作用目标相同。据此，高校可建立学生社会主义法律信仰培育规划体系，划定党委、行政以及校内各部门、各单位的职责范围，对党政管理干部、教师的分工进行划分，落实各自作用分层管理。

第三，从教师"独唱"向师生"合唱"转移。改革开放以来，我国高校学生社会主义法律信仰培育的传统优势主要体现在教师的"传帮带"，这种优势以教师为中心，"第一课堂"以教师"讲授"为套路，"第二课堂"以教师"导演"为模式，学生的学习需求、接受教育的方式、承担的社会角色都比较单一。大学生的学习需求、接受教育的方式、承担的社会角色正在多样化，学习需求除了专业学习需求、课程学习需求，还有学习过程需求和学习环境需求等；接受教育的方式除了思想政治教育、主题教育活动，还有社会实践活动、就业创业教育等；承担的社会角色除了被教育者、学习者，还有参与者、实践者等。学习需求、接受教育的方式、承担的社会角色的多样，需要高校学生社会主义法律信仰培育遵循"教师主导""学生主体"的原则。这种格局使高校学生社会主义法律信仰培育的传统优势变得相对化，高校不仅要在新形势下改进教育教学方式并形成新优势，而且也要确定教师的主导地位和学生的主体地位，并处理好教师与学生的互动关系。同时，教师既要做"课堂教学"的承担者、促进者、组织者，也要做学生学习的参与者、学生思想的引导者、学生生活的关怀者、学生心灵的倾听者、学生才艺的发现者。而这种要求的回应往往在于"教学不能仅仅意味着讲。教学应当成为一种定约：教师指出一条路，学生经由此路能够理解并能进入他自己的那个活着的、流动的传统中去"①。因此，解决大学生社会主义法律信仰培育现存的"教师主动、学生被动"问题，不是继续唱好教师的"独唱"，而是创新形式演好师生互动、大学生广泛参与的"大合唱"。青岛大学所作探索与实践形成的经验，值得肯定与推广。该校坚持主办"法律情景剧"，学生分主题以情景剧本为基础自编、自导、自演，邀请教师指导并担任点评嘉宾，观众现场体验学习法律的乐趣，充分形成师生互动。

第四，从"线下"向"线下"与"线上"并举转移。"线下"培育以教室、宿舍、校园、社区等为载体，其活动遵循"面对面"规则，"面对面"规则的本质是统一计划、分班安排、整体推进、规定动作、限时完成。"线上"培育以网络为工具或载体，利用网络信息技术和各种有利条件，其活动遵循"网友互动"逻辑，"网友互动"逻辑的本质是线上交流、平等交往和虚拟互动。在我国高校，对于学生社会主义法律信仰培育，长期侧重于"线下"开展，而且得到不断加强。改革开放以来，随着网络信息技术的广泛应用和不断发展，探索学生社会主义法律信仰"线上"培育的高校越来越多，大学生社会主义法律信仰"线上"培育形式也日趋多样，且受到越来越多的师生关注和参与。例如，北京大学、复旦大

---

① 大卫·杰弗里·史密斯.全球化与后现代教育学[M].郭洋生,译.北京:教育科学出版社,2000:230.

学等开设的"思想道德修养与法律基础"混合式"慕课"、华东师范大学推广的中国普法网的微信公众平台"中国普法"、西安交通大学搭建的"南洋法脉"微博公众号平台等，在大学生社会主义法律信仰培育实践中均变得相当重要。以西南大学"线上线下法律宣传"为例，该校"线上线下法律宣传"一是把"线上"法律宣传与"线下"法律宣传结合起来，依托"法治中国"大学生宣讲团，采用模拟庭审、手绘图片展、普法情景剧等形式，定期组织普法宣讲，形成了西南大学"线下"法律宣传长效机制；二是把"线下"法律宣传与"线上"法律宣传结合起来，依托"法律援助中心"，通过网站、微博、电话等方式，支持进行法律咨询和法律援助，形成了西南大学"线上"法律宣传长效机制；三是把建设"线上法律宣传"平台与建设"线下法律宣传"平台结合起来，依托报纸、广播、电视、网络、微博、微信等平台，制作《法治中国》微信专刊、《法律职业人》电子杂志、《视界说法》《法眼看天下》普法视频等，构建了西南大学的法治宣传网络。西南大学的法治宣传教育正是通过这个结合而重新焕发出生机和活力。

第五，从"自上而下"向"自上而下"与"自下而上"并行转移。改革开放以来，我国高校在学生社会主义法律信仰培育上存在"自上而下"和"自下而上"两大基本模式。根据我国高校经验，学生社会主义法律信仰培育的"自上而下"，主要是通过在学校层面的"党委主导、自上而下"来实现的，而学生社会主义法律信仰培育的"自下而上"，则主要是通过班级、社团、院系团委学生会等层面的"多元主体实施、教师指导、自下而上"来实现的。这两大培育模式都是高校学生社会主义法律信仰培育深入开展的关键因素，无所谓优劣，各有利弊。"自上而下"培育模式是保障学生社会主义法律信仰培育的方向、性质、功能、定位的决定性条件，也是保障学生社会主义法律信仰培育深入开展的关键，但可能引发信仰培育"供"与"需"之间的矛盾，忽视学生的主体地位。"自下而上"培育模式则符合学生实际，呼应学生需求，可激活学生的主动性和自我教育的欲望，进行满足自我需求的自我培育与超越，却可能导致培育的活动化、短期性、低水平。正因为如此，高校大都逐渐走上了"自上而下"与

"自下而上"培育两种模式并行的道路。例如，延安大学自2011年"六五"普法规划实施以后，开始成立普法和依法治校工作领导小组，把普法教育工作纳入各单位、各部门党政工作责任目标，形成党委领导、各单位、各部门齐抓共管、共同参与的普法教育领导体制和运行机制，使得学生的社会主义法律信仰培育"自上而下"逐级开展。但该校与此同时也以学生为中心开展普法实践教学活动，通过模拟法庭、社会调查、课堂案例讨论等多种有效途径，提高学生们学习、应用法律的积极性，对学生社会主义法律信仰"自下而上"培育作了有益尝试。这实际上已经构成了多元主体在该校提供的普法教育框架中"自下而上"推动普法的雏形。

第六，从"行政管理"向"依法管理""依规管理"转移。这里的"行政管理"是指具有高度计划性的、学校学生一体的、学校安排学生服从原则的、含有法律信仰培育内容的管理活动。"行政管理"是高校学生社会主义法律信仰培育得以顺利、有效进行的一种方式，而对学生社会主义法律信仰培育进行安排的行政要求、指示、规定、奖惩等则是"行政管理"的主要要素。我国高校在全面推行"依法治校"战略之前，对学生社会主义法律信仰培育进行的管理，大多从行政管理的角度把握并推进学生社会主义法律信仰培育。例如，成都文理学院把开展学生法制教育纳入人才培养总体方案，让法律教育进课堂、常规化；西安工程大学充分发挥在大学生安全法制教育中形成的经验和优势，运用有关安全法制教育的方法和手段，有目的、有计划地开展多种形式的安全法制教育；西华大学成立"法律进学校"工作领导小组，切实推进法律进课堂、进党建、进团建和进头脑"四进"活动，等等。这足以证明，长期以来，我国高校对学生社会主义法律信仰培育，在管理方面主要沿用行政规划、安排、推动来进行的。但在全面推进"依法治校"的实践中，要加强、重视学生社会主义法律信仰培育中的管理，就不能再侧重于"行政管理"，而要着眼于"依法管理""依规管理"。鉴于此，对于学生社会主义法律信仰培育最为重要的是相关法律规定、学校规章制度，而不是学校的应对措施。只有这样，才能保证大学生社会主义法律信仰培育的高起点、高质量。

第三节　大学生社会主义道德信仰培育的措施创新

如果检视我国高校改革开放以来社会主义道德信仰的培育，可以说"大学生社会主义道德信仰培育"是最为重要的内容。历经多年的探索与实践，大学生社会主义道德信仰培育取得了显著的成果，它不仅对准确回答"大学生为什么要有社会主义道德信仰"这一至关重要的问题非常必要，而且对于破解"如何培育大学生社会主义道德信仰"这一根本问题起了特别重要的作用。这样的成果所体现的有益探索、显示的实践经验、预留的发展空间，值得我们认真概括和总结。

一、大学生社会主义道德信仰的现状调查

本次调查发放问卷 1100 份，实际回收 1036 份，回收率为 94.2%。具体到每个变量，有效率各不相同。调查样本结构为：从性别来看，男性 491 人，女性 545 人。从在读学历来看，专科生 302 人，比例为 29.2%；本科生 703 人，占 67.9%；硕士研究生和博士研究生的比例相对较少，分别为 2.5% 和 0.4%。从专业类别来看，理工类学生为 476 人，占 46.0%；文史类学生 313 人，比例达 30.2%；艺术类学生 72 人，占 6.9%；体育类学生 8 人，占 0.8%；另外还有其他类别的学生 167 人，占被调查者的 16.1%。从政治面貌来看，共青团员占大多数，比例达 83.8%；中共预备党员和中共党员其次，比例占 7.4% 和 5.2%；余下的为群众和民主党派，分别占 3% 和 0.6%。

（一）大学生道德理想状况

道德理想指理想人格和理想的社会道德状况，是个人和社会道德的最高境界。在"是否愿意为了理想付出生命"的问题调查中（见表 4-3-1），

回答"愿意"和"不愿意"的人数所占百分比相当,回答"视情况而定"的人数所占百分比最大,说明这些学生在考虑理想时更具有现实性和理性,在考虑理想与现实的问题时更加客观,能从自身的实际出发,视情况而定,减少因一时感性而给自己和社会所带来的不可挽回的损失,具有一定难度的合理性。调查的数据也同时说明大多数人对待理想的态度具有待定性和不确定性,受环境因素和事实因素影响较大。

表4-3-1 大学生对"是否愿意为了理想付出生命"的态度

是否愿意为理想付出生命	人数(人)	百分比
愿意	259	25.0%
不愿意	294	28.4%
视情况而定	483	46.6%
合计	1036	100%

在对"当国家和民族生存受到威胁时是否愿意挺身而出"的问题调查中(见表4-3-2),大多数人的回答是肯定的,说明在国家和民族的大义面前,大部分人愿意舍弃小我的利益,顾全国家的利益;同时,也有一部分人表示会视情况而定,但从整体上而言,大学生的爱国热情还是比较强烈的。

表4-3-2 大学生对"当国家和民族生存受到威胁时是否愿意挺身而出"的态度

是否愿意挺身而出	人数(人)	百分比
愿意	634	61.2%
不愿意	68	6.6%
视情况而定	334	32.2%
合计	1036	100%

民族自豪感是爱国主义的重要因素,是指对本民族的历史文化、传统精神、价值取向、现实状况、未来发展等表示高度认同,充满信心和乐观主义精神的情感。从统计结果中我们可以看到(见表4-3-3),绝大部分大学生为自己是中国人而感到自豪,只有一小部分大学生不感到自豪或说不清楚。可见大学生民族自豪感很高,值得肯定,但也有一小部分大学生社会主义道德信仰有待提高,国家对其教育任重而道远。

表4-3-3 大学生对自己是一名中国人感到自豪的程度

自豪程度	人数(人)	百分比
非常自豪	433	41.8%
比较自豪	355	34.2%
有点自豪	145	14.0%
不感到自豪	66	6.4%
说不清楚	37	3.6%
合计	1036	100%

道德的阶级本质是维护阶级统治和利益的过程,其立论基础是道德的阶级性,用以说明不同阶级的道德标准与要求,表达不同阶级对道德的不同追问及理想道德的追求。

俗话说:"大河有水小河满,大河无水小河干。"坚持集体主义至上是我党的优良传统,也是对个人利益最大的保护。从大学生的政治面貌来看,中共党员思想觉悟高,道德追求更高,在面对二者矛盾时,将近一半的中共党员大学生愿意服从集体利益,中共预备党员、民主党派、共青团员、群众的服从意愿依次递减。但是总体来看,近三分之一的大学生在面对二者冲突时,选择服从集体利益;近五分之三的大学生选择"在不损害集体利益的同时,实现个体利益,权衡二者",而选择"个人利益为重,放弃集体利益"的仅占3.7%。由此可见,个人利益至上不是大学生的主流观点。

老舍说过,"生命是不容易得来的,也不能轻易地舍掉"。"生命无价"这一传统思想观念已深入人心。本次调查结果显示(见表4-3-4),对于生命是否可以用金钱来衡量这一问题,有78.8%的大学生认为不可以;还有14.3%的大学生回答不确定;但仍有6.9%的大学生认为可以,生命可以用金钱来衡量。从本次调查的数据来看,大学生的社会主义道德信仰整体状况良好,但仍需加强教育建设。

表4-3-4 大学生对"生命是否可以用金钱来衡量"的观点

观点	人数(人)	百分比
不可以,生命是无价的	816	78.8%
可以,物质是生命的保障	72	6.9%

观点	人数（人）	百分比
视情况而定	148	14.3%
合计	1036	100%

在道德理想调查中（见表4-3-5），结果显示：成为一个"至善"的人在大学生的道德理想里占多数，其次是实现平等、自由、博爱的理想社会。这表明在大学生的理想人格中"善"是很重要的成分，同学们更希望在一个平等、自由、博爱的社会里生活，对一个平等、自由的环境有着极大的追求，但是选择实现共产主义、全心全意为人民服务的占少数。一方面，可能是因为大学生对于实现如此宏大、宏观的社会理想较为敏感；另一方面，也表明学校以及学生自身要加强对于共产主义、社会主义道德理想的追求。

表4-3-5　大学生对道德理想的追求

对道德理想的追求	人数（人）	百分比
成为一个"至善"的人	296	28.5%
实现平等、自由、博爱的理想社会	268	25.9%
实现共产主义,全心全意为人民服务	57	5.5%
其他	157	15.2%
未回答	258	24.9%
合计	1036	100%

道德理想主义思想的形成与发展对社会主义道德信仰研究非常重要，不仅有助于深入理解、认识和把握社会主义道德理想的深刻内涵，而且有助于明确社会主义道德理想实践的环节、重点和目标。道德理想主义成为社会主义道德信仰研究的理论基础，还因社会主义道德信仰与道德理想密切关联，社会主义道德理想是社会主义道德信仰的具体落实，实现社会主义道德理想的过程也是社会主义道德信仰培育的具体实践过程。

在关于大学生"是否有明确的道德理想"这一问题的调查中，得到有效回答1036个，其中选择"有"的为778人，占总调查人数的75.1%；选择"没有"的为75人，占7.2%；选择"不清楚、没想过"的为183人，占17.7%（见表4-3-6）。我们可以看出，绝大部分人都是有自己的道德理想的，仅一小部分人没有自己的道德理想或者不清楚、没想过。

表4-3-6　大学生对"是否有明确的道德理想"的态度

是否有明确的道德理想	人数(人)	百分比
有	778	75.1%
没有	75	7.2%
不清楚、没想过	183	17.7%
合计	1036	100%

雷锋精神的核心是为人民服务。同时包含了乐于助人、谦虚待人、甘于平凡、奉献社会的精神。调查显示，大学生群体中，绝大部分人都认为有必要提倡"雷锋精神"，相反，认为此举没有必要的仅占调查总数的6.8%（见表4-3-7）。如此可见，在社会飞速发展的现代社会，"雷锋精神"一样没有过时。在社会各阶层普遍感到道德滑坡、社会冷漠的今天，"雷锋精神"仍然可以安顿一个人的精神世界，也可以成为时代性和群体性的心灵寄托。

表4-3-7　大学生对"当前有没有必要提倡'雷锋精神'"的认识

是否有必要提倡"雷锋精神"	人数(人)	百分比
有必要	637	61.4%
没有必要	70	6.8%
不清楚,没想过	71	6.9%
未回答	258	24.9%
合计	1036	100%

（二）大学生道德行为现状

人生的理想境界是"知行合一"，但"知易行难"却是人生常态，这一点在大学生群体中表现尤为明显。对大学生的道德行为现状调查，首先应从大学生的日常行为入手，然后延伸至对其他社会群体道德行为的看法。

本次调查显示，当大学生遇到街边有乞讨者时，会对其伸出援助之手的情况占总数的30.1%；不会对其伸出援助之手的情况占总数的9.5%；视情况而决定是否对其伸出援助之手的情况占总数的60.4%（见表4-3-8）。

视情况而定占大多数，具有一定合理性。调查的数据也同时说明大多数人对待乞讨者的态度具有待定性和不确定性，受环境因素和事实因素影响较大。这反映当代大学生在道德方面仍然存在缺陷，"援助"这一道德概念在不少大学生的心中变得茫然，他们对是否伸出援助之手的标准产生了困惑。答此疑解此惑也是当代大学生道德信仰培育中一个值得关注的问题。

表4-3-8　大学生对"遇到街边有乞讨者时，是否对其伸出援助之手"的态度

是否会伸出援助之手	人数（人）	百分比
会	312	30.1%
不会	98	9.5%
视情况而定	626	60.4%
合计	1036	100%

另外，大学生对自己的亲朋好友的态度，不会存在"嫌贫爱富"的倾向的情况占总数的76.4%，所占比例最多（见表4-3-9）。绝大部分大学生对亲朋好友的贫富并不关注，这说明当代大学生对"嫌贫爱富"的态度存在两种情况：一种为关注，另一种为不关注。与此相应，对方与自己的关系非常紧密，这种关系在一定程度上决定了大学生对待"嫌贫爱富"的态度不是关注就是不关注。

表4-3-9　大学生对"对于自己的亲朋好友有没有'嫌贫爱富'的倾向"的认识

是否嫌贫爱富	人数（人）	百分比
没有,会一视同仁	791	76.4%
有一点,但没那么明显	226	21.8%
有嫌贫爱富倾向	19	1.8%
合计	1036	100%

感恩是一种处世的哲学，也是生活中的大智慧。一个智慧的人，要学会感恩，为自己已有的而感恩，更为那些帮助过自己的人持感恩之心。

本次调查结果显示，对于帮助过自己的人，有89.0%的大学生抱有感恩之心；有8.3%的学生回答不确定；还有2.7%的大学生没有抱有感恩之心，他们认为奉献是别人的权利，自己没有感恩的义务（见表4-3-10）。从这组数据我们可以看出，大学生的感恩情怀整体状况良好，但仍需加强，社会主义道德信仰教育建设仍需努力。

表4-3-10　大学生对"对帮助过自己的人是否抱有感恩之心"的态度

是否抱有感恩之心	人数(人)	百分比
有,滴水之恩当涌泉相报	922	89.0%
没有,奉献是别人的权利,自己没有感恩的义务	28	2.7%
有时会有,有时没有	86	8.3%
合计	1036	100%

调查显示，在调查的1036人当中，有85%的人认为信仰的实现需要意志作为精神支柱，极少数人认为不需要、不确定或者视情况而定（见表4-3-11）。信仰作为一种心理状态，标志着人类精神意识的相对稳定和理性，人有了信仰，就可以激发主体实践活动的巨大热情。与此同时，信仰的实现也是有难度的，需要付出很多的努力，遇到很多困难，在这个过程中如果没有意志力作为精神支柱，就很容易放弃信仰，最终导致信仰无法实现。因此，绝大多数人认为信仰的实现是需要意志作为精神支柱的。

表4-3-11　大学生对"道德信仰的实现是否需要精神支柱"的态度

是否需要精神支柱	人数(人)	百分比
需要	881	85.0%
不需要	53	5.1%
视情况而定	66	6.4%
不清楚	36	3.5%
合计	1036	100%

根据调查数据显示，大部分大学生认为在社会转型时期，市场是迫切需要道德来规范的，社会主义市场经济是法治经济，但同时还要求人们在经济活动中遵循诚实守信等道德规范；有28.8%大学生认为，市场经济不太需要道德来规范人们的经济行为，但应以法律为主要手段；另外还有极少数的大学生认为，市场经济是不需要道德来规范人们的经济行为的（见表4-3-12）。

表4-3-12　大学生对"市场经济是否需要道德规范的约束"的态度

是否需要道德规范的约束	人数(人)	百分比
迫切需要,市场需要道德规范	713	68.8%
不太需要,市场经济主要靠法律来约束	298	28.8%

续　表

是否需要道德规范的约束	人数(人)	百分比
不需要	25	2.4%
合计	1036	100%

根据调查结果显示，大多数同学是反对当今社会中的"拜金主义"的，他们认为君子爱财取之有道，金钱本身没有错，渴望金钱也没有错，但是财富的积累与持有是需要我们自己动手努力获得，拜金主义有违社会主义传统价值观念；还有一小部分同学对于当今社会中的拜金主义是说不清楚的；当今社会物欲横流，对于这些不清楚的同学，很大程度上会迷失自己；极少数同学是支持这种观念的，认为人不为己，天诛地灭，这是一种极其利己的价值观，如果拜金主义横行，势必会影响各种不同追求的人出现，更多的人会为了金钱麻木地活着，社会发展就会受到阻碍（见表4-3-13）。

表4-3-13　大学生对"当今社会上存在的'拜金主义'"的看法

对"拜金主义"的看法	人数(人)	百分比
支持,因为"人不为己,天诛地灭"	114	11.0%
反对,君子爱财,取之有道	546	52.7%
说不清楚	313	30.2%
与我无关	63	6.1%
合计	1036	100%

社会主义道德信仰在社会主义道德规范层面，无疑具有双重性：一方面，社会主义道德信仰以社会主义道德规范为客体，信仰社会主义道德就是服从社会主义道德规范；另一方面，社会主义道德信仰作为社会主义道德规范的信仰，"给变幻莫测的人生寻找终结的生活意义"。社会主义道德信仰给人以明确的行为规范。在社会主义道德信仰的引领下，大学生在家帮助父母做家务或偶尔帮助父母做家务的比例高达98%，集中体现了社会主义道德信仰的普遍性（见表4-3-14）。

表4-3-14　大学生对"与父母在一起的时候是否会帮助父母分担家务"的调查

是否帮父母分担家务	人数(人)	百分比
经常帮父母分担	589	56.9%

续　表

是否帮父母分担家务	人数(人)	百分比
偶尔会帮父母分担	426	41.1%
从来没有	21	2.0%
合计	1036	100%

　　社会主义道德信仰研究，要考虑到社会主义道德的自律、他律因素，更要考虑到社会主义道德的诚信因素，社会主义道德诚信因素对社会主义道德信仰研究更加重要。诚信是社会主义道德信仰的重要指标，数据显示，答应别人的事一定会做到的占64.8%，这说明此行为标准已深入大学生的道德信仰之中（见表4-3-15）。

表4-3-15　大学生对"答应别人的事是不是一定要做到"的看法

看法	人数(人)	百分比
是,一定做到	671	64.8%
不是,做不到	66	6.4%
视情况而定	274	26.4%
不清楚	23	2.2%
未回答	2	0.2%
合计	1036	100%

　　遵守道德规范首先要从身边小事做起。结合社会公德教育，大力倡导文明礼貌、助人为乐、爱护公物、保护环境等文明理念，是我们的传统美德。在调查"看到有人乱扔垃圾你的表现时，结果发现有44.5%的大学生表示会帮忙扔进垃圾桶，有19.0%的大学生则表示不会，其他人选择视情况而定（见表4-3-16）。随着大学生素质教育的加强，国民素质也有了明显的提升，所以绝大部分人都会选择爱护环境不乱扔垃圾，选择视情况而定，也是由于想要借此来提醒他人及时改正乱扔垃圾的坏习惯。

表4-3-16　大学生对"当看到路边有人乱丢垃圾，
你会不会帮忙捡起并扔进垃圾桶"的看法

是否会捡起垃圾扔进垃圾桶	人数(人)	百分比
会	461	44.5%
不会	197	19.0%

是否会捡起垃圾扔进垃圾桶	人数（人）	百分比
视情况而定	378	36.5%
合计	1036	100%

（三）道德信仰现状

调查显示（多选题），绝大部分人认为道德信仰是道德行为选择的价值坐标，是实现社会价值和幸福的重要保障，是整体社会的行为规范，是维持社会秩序；只有7.7%和4.6%的人认为道德信仰没有作用或有其他作用（见表4-3-17）。由此可见，道德信仰的积极作用是被很多人认可的。

表4-3-17　大学生对道德信仰的看法（多选题）

对道德信仰的看法	人数（人）	百分比
价值坐标	931	89.9%
重要保障	807	77.9%
整体社会的行为规范,维持社会秩序	857	82.7%
虚无缥缈的,没有作用	80	7.7%
其他	48	4.6%

现代社会环境对大学生主观世界的影响日益复杂和突出，影响大学生自身教育道德信仰的因素也有很多。绝大多数受访者认为自身道德信仰与家庭、学校和社会的引导紧密相关。家庭教育的理念、氛围和教育方式以及社会风气的熏染均会潜移默化地影响着大学生道德信仰的形成；除此之外，学校教育更是在大学生道德信仰的形成中扮演着重要角色（见表4-3-18）。市场经济的社会变革毫无疑问地推动了学校教育的发展，也不可避免地对学校教育产生了影响。市场经济的力量使教育者、学校难以抗拒，社会上各种不正之风已经渗入校园的各个角落。学校办学过于追求经济效益、社会效应，必然会导致学校学生管理、师资建设、教学质量监控等各方面趋于短期效益化。学校日益功利化的教育行为，不仅影响了教育质量，更加严重地影响了大学生道德信仰的形成。

表4-3-18 大学生道德信仰形成的因素（多选题）

因素	人数(人)	百分比
家庭因素	947	91.4%
学校因素	881	85.0%
社会因素	886	85.5%
大众传媒因素	584	56.4%
其他	55	5.3%

在信息科技迅猛发展的今天，各种新的信息传播方式对大学生道德信仰产生潜移默化的影响。调查结果显示（多选题），家庭、社会、学校以及大众传媒已经成了影响大学生道德信仰形成的主流因素。面对当前大学生道德信仰现状，首先应该反思学校道德教育，相关机构更要规范网络秩序，发挥大众传媒的正功能，努力为大学生的思想形成创造良好的社会环境（见表4-3-19）。

表4-3-19 影响大学生道德信仰的信息传播方式（多选题）

传播方式	人数(人)	百分比
亲朋好友	648	62.5%
学校教育	812	78.4%
网络	731	70.6%
电视、报刊等大众传媒	640	61.8%
其他	43	4.2%

从调查结果可以看出，首先，道德信仰受"学校教育"的影响最大，占78.4%；除去"亲朋好友""学校教育"等传统的方式，"网络""大众传媒"等现代方式占较大比重，说明当下影响大学生道德信仰的传播方式具有多样性，复杂性。占比最高的"学校教育"表明，对于大学生来说，"学校教育"对于道德信仰有较大的影响。学校作为一种重要的社会化机制，是大学生脱离家庭后进入的重要的社会化机构。道德信仰是人的社会化中的一部分，"学校教育"的重要性不言而喻。"网络""电视、报刊等大众传媒"的影响，随着新兴科学技术的发展而日益深入大学生的日常生活，并且对大学生的道德信仰有着重要的影响。值得注意的是，这些方式传播的道德信仰无法在信息输出之前进行有效筛选，鱼龙混杂的信息正确

与否，需要大学生进行自主判断和选择，这对大学生也是一项挑战。然而，大学生作为社会上的新生群体，具有一定的好奇心理，不能完全理性判断，易受到不良价值观的影响。因此，国家政府应该有效监督网络新媒体和大众传媒，监控信息，营造健康的网络氛围。与此同时，大学生和网络运营主体也应该自觉遵守法律法规，不任意散布违法信息，传播不正确的道德信仰。"亲朋好友"是人在社会交往中的初级群体，是最亲密的交往群体，它对人的影响也应最为强烈。然而从表中我们可以看出，"亲朋好友"并不是影响最大的，这说明在现代信息社会，大学生受到初级群体的影响略有减弱。互联网信息的发展，使得大学生的"缺场"交流更易受到整个网络社会的影响，接触范围远远超出初级群体的范围。

在对当前大学生的道德状况存在问题的调查中，多数被调查者认为当前大学生道德状况存在问题，比例高达83.1%，这说明对大学生的道德教育迫在眉睫，大学生道德状况出现了令人担忧的局面（见表4-3-20）。

表4-3-20　对"当前大学生的道德状况是否存在问题"的调查

是否存在问题	人数(人)	百分比
存在问题	861	83.1%
没有问题	59	5.7%
不清楚	116	11.2%
合计	1036	100%

加强大学生道德建设的可行方案中（多选题），大学生认为需要加强自身道德修养建设的百分比高达84.6%，说明大多数人认识到基础教育的重要性，尤其是思想道德教育，更是应该从小做起，家庭、学校双管齐下；认为需要社会舆论监督和加强社会诚信道德建设，分别达到78.5%和79.7%（见表4-3-21）。所以要加强社会监督，发动群众的力量，让思想道德沦丧的行为无所遁形。同时国家应加强社会诚信道德建设，严厉打击欺骗诈骗行为，提高社会各个阶层及各个不同成员之间的信任度，有利于营造良好的社会氛围。良好的社会氛围是道德修养提高的关键。

表4-3-21　加强大学生道德建设的可行途径（多选题）

途径	人数(人)	百分比
加强法制建设,加大惩戒力度	724	69.9%
加强社会舆论监督	813	78.5%
加强自身道德修养建设	876	84.6%
加强学校道德宣传,落实道德基础教育	897	86.6%
制定见义勇为激励制度	561	54.2%
加强社会诚信道德建设	826	79.7%
其他	59	5.7%

在对目前存在的大学生道德问题的影响因素调查中，结果显示，被调查者选择社会影响这一因素的比例最高，占76.5%；其次是家庭教育和学校教育，分别占63.4%和62.1%；55.1%的被调查者认为受到大众传媒的影响；极少数人认为还有除此以外的其他因素影响大学生的道德问题（见表4-3-22）。由此可见，目前存在的大学生道德问题并不是某个因素影响的结果，而是诸多因素综合作用的产物。因此，应该加强社会管理，净化社会风气；同时，通过家庭教育和学校教育加强学生的道德修养建设，发挥学生大众传媒的积极作用；还要加强党政机关作风建设，多方协作，为大学生建立一个良好的学习生活环境，解决大学生道德问题。

表4-3-22　当代大学生存在道德问题的影响因素（多选题）

影响因素	人数(人)	百分比
社会影响	793	76.5%
家庭教育	657	63.4%
学校教育	643	62.1%
大众传媒	571	55.1%
其他	27	2.6%

以上调查表明，大学生社会主义道德信仰在道德理想方面表现较为乐观，多数大学生认同社会主义理想信念；但在道德行为方面，虽然多数大学生在日常生活中少有不道德行为，但也出现了认知和行为的脱节现象。调查还发现，大学生的社会主义道德信仰易受其他社会环境因素的影响，除了学校和家庭的作用外，整个社会大环境，尤其是社会风气和包括政府

工作作风对大学生社会主义道德信仰影响也较大。

二、大学生社会主义道德信仰的培育探索

大学生社会主义道德信仰培育的探索，涉及建立"全员化"德育机制、构建"模块化"德育模式、选择"课程化"德育路径、实施"项目化"德育工程、搭建"品牌化"德育平台、推行"体验式"德育方式。

第一，建立"全员化"德育机制。实现德育"全员化"是高校德育发展的方向，是高校推进德育"全程化"和形成"多样化"，提高大学生社会主义道德信仰培育实效性的必然要求。2004年10月，中共中央、国务院也在《关于进一步加强和改进大学生思想政治教育的意见》中强调德育要"贯穿于教育教学的全过程"，"要制定完善有关规定和政策，明确职责任务和考核办法，形成教书育人、管理育人、服务育人的良好氛围和工作格局"[①]。自此，我国高校都在探索构建"全员化"德育机制。在德育全员化体系建设中，西南科技大学"将全体教职员工作为高校德育工作的全员化主体"，将"整个高校教育阶段作为一个'全程化'的整体来进行"，将"德育工作内容的多元化和形式多样化"作为一种趋势来实践[②]。在德育全员、全程、全方位模式构建中，四川大学通过夯实"两项制度"，建立起全体教职工互动、全校各部门联动的工作机制，通过做好"四个支持"构建了"全程育人"的"三位一体"模式，通过搭建"四个平台"、推进"六项工程"，构筑起"大德育"立体空间[③]。西南科技大学和四川大学所作的探索与实践给我们提供了构建"全员化"德育机制的思路：全体教职工在教书育人、管理育人、服务育人的互动中履行各自的育人职责；各部门、各单位齐抓共管、协同育人是实现德育"全员化"的保证；学生家长、社会群体、广大学生的积极参与是全面推进德育"全员化"必不可少的条件；德育全员程度与德育的全程、全方位程度成正比关系。"全员化"德育机制包括多部门共管机制、多主体协同机制、多形式激励机制、

---

① 十六大以来重要文献选编[M].北京：中央文献出版社，2006:187.

② 谢长勇,魏飚.论高校学生德育体系的全员化、全程化和多元化——以西南科技大学德育体系建设和实践为例[J].现代教育,2012(2):76-78.

③ 王亚利,温晶晶.构建全员、全程、全方位育人的"大德育"模式[J].中国高等教育,2012(21):50-51.

多路径发展机制、多措施建设机制和多维度推进机制。

第二，构建"模块化"德育模式。进入新世纪、新阶段，我国高校学生社会主义德育信仰培育被看成是多维、多样的和系统的活动，而不是单一活动的简单结果。这就意味着大学生社会主义道德信仰培育高度依赖于高校特定的组织背景和制度安排，与此同时，"模块化"德育作为创新活动的必要形式受到普遍重视。以此为契机，"模块化"德育的构建与实施在我国高校中的工作得到广泛开展。迄今为止，我国高校相继推出多种各具特色的"模块化"德育模式。其中，"模块化"思想政治理论教学模式是以思想政治理论课教材为基础，分课程"整合若干教学模块"，依靠项目团队成员，通过分工协作，组织相应模块教学。例如，福州职业技术学院实施"毛泽东思想和中国特色社会主义理论体系概论"课程"模块化"教学的做法是，根据该课程教学内容的内在逻辑和知识的相关性，将教学内容划分为若干既有内在联系又相对独立的教学模块，发挥教学团队的优势，开展"多人一课"的教学[①]；"模块化"思想政治教育实践模式是分项目构建实践模块，再以干部、教师、学生等为主体，按照针对性的标准，遵循学生自主选择活动项目原则，增加每一位学生德育实践比例，提升高校德育质量。例如，安徽师范大学的做法是修订《安徽师范大学本科生素质拓展学分实施方案》，将学校素质拓展活动按内容分为"思想政治与道德修养""专业技能与职业导航""身心健康与文化艺术"三个模块，以学生修满每一个模块学分为激励机制，分模块推出不同活动项目，安排学生分别自主选择按时参加，以促进学生知识、素质和能力协调发展。"模块化"德育管理模式则采用德育管理"项目制"，把德育工作内容细化为相对独立的几个项目，通过各个项目的分别实施来实现德育管理。例如，江汉大学"将模块化教育模式引入新生教育实践中，逐步探索出'学习生活适应模块、归属感建立模块、理想信念引领模块和成长发展模块'等四个模块助力新生成长"，落实了"一年级工程项目化管理"[②]。德育"模块

---

① 陆芬.项目制管理 模块化教学——高职《概论》课教学模式改革探索[J].山东商业职业技术学院学报,2015,15(5):87-90.
② 王丰昌,赵学迅,谭英,等.大学新生"模块化"教育引导的实践与探索——以江汉大学"一年级工程项目化管理"为例[J].齐齐哈尔工程学院学报,2015,9(2):83.

化"是我国高校目前乃至今后强化学生社会主义道德信仰培育的重要措施，值得各高校共同去做好。

第三，选择"课程化"德育路径。随着德育"课程化"在大学生社会主义道德信仰培育中重要性的不断凸显，越来越多的高校开始加强德育"课程化"建设。由于该建设并不存在固定的模式，上述高校所作探索、实践各有特色，由此提出了不尽相同的德育"课程化"设置。例如，乐山师范学院"引入课程的理念，将第二课堂活动课程化，从组织管理、内容、教学活动和评价四个方面进行设计，为培养学生创新能力和实践能力构建新的人才培养模式"[1]；成都学院"将新生入学教育课程化，并列为公共必修课，主要内容包括专业认知教育、校史校情教育、理想信念教育……"[2]；湖南理工学院"把大学生社会实践活动纳入课程化建设范畴"[3]，通过系统的、有计划的实践活动让学生受教育、长才干、做贡献；四川中医药高等专科学校精心设置隐性课程，使显性德育课程与隐性课程有机地相结合，加强隐性德育课程在高校德育课程中的互补作用[4]。重庆科技学院在"48学时《基础》理论教学的基础上，遵循德育长期性规律实施实践教学全程化——贯穿入学到毕业的全过程"[5]。渤海船舶职业学院"将大学生日常思想政治教育设计成6个课程化模块……并形成了32个专题"[6]。回顾这些高校德育"课程化"设置过程，可以从中清晰地识别"课程化"德育实践在大学生社会主义道德信仰培育的各环节，集中表现为五点：一是选择大学生社会主义道德信仰培育的主要内容；二是注重"显性德育"兼顾"隐性德育"的培育思路；三是将显性德育和隐性德育分别设计成不同课程化模块；四是构建起不同课程化模块实施框架；五是强化各德育主体间的分工与协作，壮大当代大学生社

---

① 张科.高校第二课堂活动课程化的实践与探索[J].教育与职业,2010(24):188.

② 刘吕高,秦晶.高校新生入学教育课程化的探索与实践——以成都学院为例[J].教育与教学研究,2014,28(3):61.

③ 彭时代.地方院校大学生社会实践课程化建设研究与实践[J].云梦学刊,2006,27(3):116.

④ 符红川.对隐性德育课程在高校德育课程建设中的探索及其实践[J].成都航空职业技术学院学报,2011(1):18-20,56.

⑤ 彭晓玲.全程联动式课程化思想政治实践教学模式的实验研究[J].重庆科技学院学报(社会科学版),2012(2):163.

⑥ 马小荣.高职院校学生思想政治教育课程化探索与实践[J].船舶职业教育,2015,3(2):79-80.

会主义道德信仰培育的参与力量。

第四，实施"项目化"德育工程。大学生社会主义道德信仰培育长期以来一直保持着一种创新的生命力，从科研成果转化的角度来解释，是由于高校德育"项目化"所导致的。改革开放以来，我国高校高度重视德育"项目化"问题，先后推出了很多大学生德育实践项目。空军工程大学、青海师范大学、北方民族大学、哈尔滨师范大学、信阳师范学院、嘉应学院等均在这方面作出了贡献。空军工程大学在破解高校德育难题的基础上，推出了"红色传人培育工程"；青海师范大学将德育学分制运用于德育实践，推出了"德育提升工程"；北方民族大学坚持服务各族学生成长成才成功，推出了"铸魂"工程；哈尔滨师范大学积极探索与实践"立德树人"理论，推出了"四全育人"工程[①]；信阳师范学院以"一校、一班、一团、一刊、一库"[②]为主要载体，构建出德育"五个一"工程；嘉应学院致力于建构学生核心价值观，探索出"以生本理念为指导，核心价值作引领"[③]的大学生德育工程。高校推出的这些德育工程，既吸收了社会主义道德精神，也体现了对社会主义道德核心价值理念和核心价值理想目标的信奉，而且还在实践上避免了大学生社会主义道德信仰培育中存在的"实功虚做"问题，同时还可以回应大学生社会主义道德信仰培育"创新不足"问题，因而可以称之为新时期、新阶段高校合乎"育人为本，德育为先"教育理念的德育系统工程。

第五，搭建"品牌化"德育平台。积极搭建"品牌化"德育平台，是深化大学生社会主义道德信仰培育的有效举措。十年树木，百年树人，学校教育，育人为本，德智体美，德育为先。改革开放以后，尤其是党的十八大以来，随着立德树人这一教育根本任务的全面落实，高校"品牌化"德育平台建设也逐年加强。其成果体现在高校德育平台建设中，如中南大学的"微产品创新工作室"、安徽师范大学的"丙辉漫谈"、中央财经大学

① 付军龙."立德树人"视域下高校育人的探索与实践——哈尔滨师范大学"四全育人"工程建设的特点、经验及启示[J].黑龙江高教研究,2013(12):1-3.

② 孙宏典,张义明.地方高校思想政治理论课实践教学模式探索——以信阳师范学院构建德育"五个一"工程为例[J].信阳师范学院学报(哲学社会科学版),2013,33(3):4.

③ 李友文,刘奕涛.生本理念下的大学生核心价值观构建——基于嘉应学院学生德育实践的探索[J].嘉应学院学报(哲学社会科学版),2015,33(6):77.

的"德育示范基地"、武汉科技大学的"德育奖学金"、河北科技大学的"德育答辩"、上海交通大学的"'种子'德育工作室"、郑州旅游职业学院的"五五德育"、南阳理工学院的"马列读书会"、北京印刷学院的"青春映像"等，均在国内引起了广泛关注。还有武汉大学的"师德铭"、北京化工大学的"校园青春榜样"、南京晓庄学院的"'国旗'下讲话"、武汉大学的"校园文化活动超市"、南开大学的"人文雅舍"、同济大学的"立体阅读"、长江大学的"阳光号列车"、华东师范大学的"慈善爱心屋"、华南理工大学的"卓越工程"、嘉兴学院的"红船先锋营"、江南大学的"特称团支部"、首都经济贸易大学的"圣洁课堂公约"、浙江工业大学的"E路良师"等，都是我国高校校园文化建设优秀成果评选工作领导小组评定的全国高校校园文化建设优秀成果。这些成果的一个重要特点就是重视发挥德育平台作用，推动学校德育创新，其中又以"品牌"创建为特色。此品牌创建的重点主要集中在七个方面，即课程德育渗透、网络道德教育、师生的德育示范、思想导航、实践体验、主题教育、道德习惯的养成。值得肯定的是，目前，高校品牌化德育平台创建，无论是抓课程德育渗透，还是抓网络道德教育，如师生的德育示范、思想导航、实践体验、主题教育、道德习惯的养成等都可以从上述优秀成果中找到合适的案例借鉴。

第六，推行"体验式"德育方式。"体验式"德育已经成为大学生社会主义道德信仰培育的新路径。我国高校都意识到它在大学生社会主义道德信仰培育上的特有道德教育价值，并积极构建和实施"体验式"德育模式。例如，苏州大学开展了"生态体验教育"，北京化工大学实施了"体验式感恩教育"，郑州大学组织了"体验式培训"，西南石油大学推进了"大学生心理健康教育"体验式教学改革，江苏常州建设高等职业技术学校在其体验式德育实施方案中提出了"绿色体验式德育"。在具体的做法方面，依据既有研究成果得出的结论，包括：（1）以体验式德育项目促推动。例如，西藏大学成立了"大学生德育体验中心"，使西藏悠久的历史和灿烂的文化成为对广大学生进行马克思主义祖国观、民族观、宗教观、文化观教育的生动教材。（2）以体验式教改求质量。例如，北京理工大学坚持开展的学生讲师团"年级汇讲"，构成该校"思想道德修养与法律基础"课体验式教学改革的一个品牌。(3)以体验教育助成长。例如,延安大学围绕"珍爱生命,感恩你我"主题,以铸就"健康成长,助人自助"思想为目标,不断强化"体验式"生命教育,提升了"立德树人"实效。(4)以体验式活动提效应。例如,广东外语外贸大学将心理越野营、大学生心理剧大赛等体验式活动,分别打造成校园的品牌活动,提升了校园德育活动品牌效应。(5)以体验式拓展训练强能力。例如,郑州大学通过"知行素质拓展训练营",加强了体验式培训,在大学生综合素质的全面性发展中发挥着重要作用。上述几种做法相互交叉,互相耦合,分别围绕多种体验而展开,其中有情感体验、角色体验、表演式体验、探究体验,还有亲身体验。西南大学率先探索构建的"大学生进基层、进村子、进农户,与农民群众同吃、同住、同劳动的'三进三同'社会实践新模式"[①],即构成亲身体验的直接展现。

理顺上述探索之间的关系,可以得出以下结论:(1)建立"全员化"德育机制在大学生社会主义道德信仰培育中具有保障性;(2)建立"全员化"德育机制应当与构建"模块化"德育模式相匹配;(3)"模块化"德育模式的构建应选择"课程化"德育路径;(4)"课程化"德育路径的选择要植根于"项目化"德育工程的实施;(5)实施"项目化"德育工程与搭建"品牌化"德育平台之间存在张力;(6)必须高度重视推行"体验式"德育方式在"品牌化"德育平台建设中的作用。

三、大学生社会主义道德信仰的培育经验

大学生社会主义道德信仰培育之所以受到我国高校广泛认同,并在实践中被不断推进,一个重要的原因是它被高校不断探索、实践。改革开放以来,我国高校对学生社会主义道德信仰培育的探索、实践,不仅取得了积极成果,同时也形成了具有参考性、创新性、可借鉴的经验。这些经验对于大学生社会主义道德信仰培育的深入开展,都是一种贡献,值得我们认真归纳、提炼。我们认为,大学生社会主义道德信仰培育的经验主要体

---

① 孙楚航.创新大学生社会实践模式的一种尝试——开展大学生"三进三同"社会实践的探索与思考[J].思想理论教育导刊,2011(4):89.

现在以下六个方面。

第一，必须考虑德育序列推进。改革开放以来，我国高校学生社会主义道德信仰培育所产生的很多成功案例，是建立在高校德育的序列化的基础之上的。例如，青岛科技大学"全面实施德育系统工程，进一步加强和改进学校德育工作"，浙江大学"育人为本，德育为先，全面加强和改进大学生德育"，内江职业技术学院"多措并举为学生圆梦搭建平台"等。高校德育序列化的主要特征在于：对德育的系统性，试图避免出现德育"单一性"导致的实效性不强问题；强调多层次德育的内在逻辑联系；强调不同层次德育目标的一致性；强调对德育工作综合性实施的偏好。高校德育序列化，主要有四个面向：一是分阶段构想高校学生德育，即"依据年级的高低、学生的状况而设置相应的德育内容"[①]。例如，北京电子科技学院出台《关于〈中国普通高等学校德育大纲〉实施意见》，并将该《意见》具体化为"德育的分阶段序列化"。二是分层次构建高校德育格局，即依据德育的内容层次、不同方面而构建相应的德育格局。例如，广西民族大学把德育工作渗透于教学的各个环节，在传授知识、培养能力的同时，切实引导学生树立正确的观念，构起德育课程、社会实践、学校文化三方面的德育格局。三是分类型制订高校德育实施方案，即依据德育的各个环节、不同重点制订相应的德育实施方案。例如，海南大学就"海南文明大行动"要求制订《海南大学"文明大行动"实施方案》、辽宁大学就落实"立德树人"任务制订《辽宁大学"共产党员立德树人工程"实施方案》等。四是多举措开展学生德育系列活动。例如，徐州工程学院将徐州红色革命历史和优秀传统文化融入大学生思想政治教育之中；推进学分制改革，加大实践教学比重；扎实开展大学生素养提升"五个一"工程，以此践行立德树人的神圣使命。

第二，必须注意德育学科渗透。我国高校学生社会主义道德信仰培育的一个重要措施，就是因"科"施教。将高校德育渗透到各学科教学过程，是实现因"科"施教的保证。教学如果没有进行道德教育，只是一种没有目的的手段；道德教育如果没有教学，就是一种失去手段的目的。每

---

① 马勇明.我院德育工作分阶段序列化的构想[J].北京电子科技学院学报,1996,4(1):102.

一种学科教学反映着一种独特的教学的教育性规律，不同学科教学之间相互借鉴、吸引彼此的教育意义，正是推动高校学科教学德育渗透的绝好机遇和动力。四川大学注重发挥学科优势，系统规划，整体推进教材、教师、教学、评价、学科、保障等方面综合改革创新，把社会主义核心价值观融入教育、教学和管理服务各环节。实现了社会主义核心价值观教育与学科教学的有机融合和对接。吉林华侨外国语学院始终秉承"育人为本，德育为先"理念，将德育观念和内容转化为教育教学实践；将德育理念和内容贯穿、渗透于大学教育的全过程。但"大学四年德育教学内容和时间安排"的设计与实施，在"一年级到二年级开设国家规定的四门思想政治理论课、形势政策教育课和相关的思想政治教育选修课"，在"三年级开设心理健康教育讲座课"，在"四年级开设职业礼仪实训课"①，使学校的德育系列课程教学与各学科教学德育渗透互补，成为吉林华侨外国语学校的德育亮点。四川大学、吉林华桥外国语学院德育成效及经验表明，高校德育与学科教学并非"两张皮"，只要注重两者之间的内在联系，始终注重发挥学科教学在德育中的主渠道作用，将专业思想、职业道德、治学态度、进取精神等渗透于学科教学的各个环节、全过程，使两者相互交融，相得益彰，不仅可以避免出现德育与学科教学的"两张皮"现象，而且可借助德育与智育的整合与渗透，形成德育的"学校特色"。

第三，必须重视德育空间拓展。改革开放以来，我国高校学生社会主义道德信仰培育得到不断深化。在很大程度上，正是由于高校德育空间的不断拓展，推动了大学生社会主义道德信仰培育的日益加强。因此，我们可以说，高校德育空间的不断拓展，是我国高校学生社会主义道德信仰培育精致化的不竭源泉。依据既有研究成果和新闻媒体报道，我国高校德育空间渠道正随着高校的广泛关注与实践不断拓宽，其中有的是向第二课堂延伸，例如，四川大学"用第二课堂优势修德育智"；有的是向宿舍延伸，例如，三峡大学"注重培育寝室文化，拓展学生成长空间"；有的是向网络延伸，例如，中南大学将德育进网络，"让大学生享受虚拟世界的美好"；有的是向精品活动延伸，例如，北京理工大学将德育答辩制度落

---

① 王素珍.把德育贯穿和渗透到教育教学全过程[J].吉林华桥外国语学院学报,2008(2):9.

到实处；有的是向学生日常教育、管理、服务延伸，例如，中央财经大学"坚持以科学、精细的思路构建全员育人工作格局、设计日常思想教育内容体系、实施个性化学生管理与服务……推进德育工作精致化的实践"①；有的是向德育工程项目延伸，例如，泰山学院坚持"全面推进德育系统工程建设成效显著"；有的是向素质拓展延伸，例如，上海电力学院长期实施"大学生素质拓展计划"，探索出了做好大学生思想政治教育工作的新路子、新模式；有的是向第一课堂延伸，例如，辽宁石油化工大学积极推展思想政治理论课内容，扎实推进雷锋精神"进教材、进课堂、进头脑"，推出了"雷锋精神概论"等省级精品课程等。这些德育形式不仅有力地推动了大学生社会主义道德信仰培育工作的进展，而且许多做法为社会肯定、学校认可、学生称道，从而成为推进大学生社会主义道德信仰培育的六维空间，即"教学传习空间、管理服务空间、校园生活空间、社会适应空间、家庭成长空间、网络生存空间"②。

第四，必须强化德育制度管理。1995年11月，国家教委颁布试行的《中国普通高等学校德育大纲》，提供了我国高校改革开放后实行德育制度管理的根据。正是在这一大纲的要求下，我国各高校都制订了结合本校实际的德育实施细则和实施计划，并在主管部门悉心指导下、在学校党委坚强领导下得到落实。例如，苏州大学"建立量化考评机制，提升学生党员素质"；长沙理工大学实施综合测评办法，促进学生德智体美劳全面发展；江南大学执行德育附加分管理办法，提高学生干部综合素质；上海师大天华学院推行德育学分制，提高学校的办学质量；东北农业大学坚持奖学金评选及管理办法，引导学生特长发展；北京邮电大学落实德育实施细则，推进学生德育教育等。改革开放以来，我国高校学生社会主义道德信仰培育的德育管理理念，正是从制度管理这样一个落实德育实施方案、细则和实施计划的实践经验中发育并提炼出来的。也就是说，制订并实施德育方案、细则和实施计划，是蕴含在大学生社会主义道德信仰培育的制度安排中的。既然在大学生社会主义道德信仰培育的制度安排中，已经包含了制订并实施德育方案、细则、计划这样一个内在规定，那么，在一定意

① 谢玉进.试论高校德育精致化的空间拓展与资源整合[J].北京教育(德育),2012(12):37.
② 谢玉进.试论高校德育精致化的空间拓展与资源整合[J].北京教育(德育),2012(12):38.

义上说，所谓加强大学生社会主义道德信仰培育中的制度管理，也就必然要求制订、完善和执行德育实施方案、细则和实施计划。在大学生社会主义道德信仰培育中，坚持德育制度管理，就是坚持将德育实施方案、细则和实施计划分层次展开，即学校制订并执行实施方案，院系制订并执行实施细则，班级制订并执行实施计划。

第五，必须促进德育环境优化。高校学生社会主义道德信仰培育需要良好的物质形态、制度形态、精神形态的学校德育环境做保障，没有健全有力的德育环境保障机制，高校再好的学生社会主义道德信仰培育举措也难以落地生根。优化学校德育环境，是高校提高学生社会主义道德信仰培育实效的重要途径，各高校通行的做法是创造有利于大学生成才成人成功的学校德育环境。从实际运作看，各高校所作的实践探索已经作用于大学生健康发展的三个方面，即引导大学生扣好人生第一粒扣子、帮助大学生解决实际困难和思想困惑、促进大学生提高社会责任感和综合素质。例如，兰州理工大学将思想引领与实践体验立体交叉，通过实施"大学生思想政治教育百千万工程"，形成全面培育和践行社会主义核心价值观的"兰大模式"；华中农业大学"坚持把解决学生思想问题与实际问题相结合，着力解决学生生活、心理、就业等方面困难，使"食科—家人""一助一"等学生互助、师生结队帮扶活动成为风尚；中央财经大学以"全员育人"为理念，以学科优势和专业特色为依托，以"实现育人资源全校共享"为思路，创建并逐步完善德育示范基地制度，有力促进了学生综合素质全面提升。其他高校在此方面的探索、实践都为大学生社会主义道德信仰培育的德育环境保证提供了丰富的经验。

第六，必须注重德育榜样示范。德育榜样示范是大学生社会主义道德信仰培育中被广泛采用的行之有效的方法。理解和把握德育榜样示范的关键词有两个：一是德育榜样；二是榜样示范。德育榜样是依靠榜样来进行德育，旨在教育引导大学生思想品德发展。榜样示范也是用榜样来引领大学生思想品德发展。把握了这个立足点，德育榜样和榜样示范关系就能得到正确处理。其实，中华人民共和国成立以来，我国高校德育榜样和榜样示范的作用互融互补就一直发挥着。南通大学的"榜样在我身边"专题教育活动、安徽师范大学的"青春导航"典型引路育人项目、聊城大学的"榜样力量"典型示范引领工作、河北农业大学的德育教育经典案例之"探索雷锋精神时代价值,发挥先进典型的示范作用"等,都是进行德育榜样教育又进行榜样示范引领的成果。这种教育、示范对我国高校学生社会主义道德信仰培育的不断深入开展起到了促进作用。改革开放之后,我国高校进一步拓展了德育榜样示范的渠道,对应的直接措施主要有五种,即先进典型人物的引领、教职工的示范引领、杰出校友的引领、德育示范学校创建引领、德育示范基地建设引领。河南科技大学的先进典型培育、江南大学的"以德育德、以德育心、以德育人"专题教育、南开大学的"周恩来班"创建、山东师范大学的德育示范学校创建、吉林大学的学生德育工作创新示范基地建设等都是典型案例。一个值得注意的现象是,谋划部署推出典型、畅通渠道发现典型、创新办法培育典型、内外结合宣传典型已成为我国高校德育示范榜样的共同做法。这说明,改革开放以来,我国高校德育榜样示范教育、引领工作是富有成效的。这个现象的背后是我国高校对德育榜样示范工作的积极探索和深度实践,例如,中南大学"建设德育示范基地、推动高校德育工作迈上新台阶"、华东交通大学"选树先进典型,推进大学生思想政治教育"、扬州大学"以理想信念孕育先进典型"等。

综上,大学生社会主义道德信仰培育的经验,必须考虑德育序列推进,必须注意德育学科渗透,必须重视德育空间拓展,必须强化德育制度管理,必须促进德育环境优化,必须注重德育榜样示范。分析这些经验,可以得出以下结论:(1)考虑德育序列推进在大学生社会主义道德信仰培育中具有规划性;(2)考虑德育序列推进应充分注意德育学科的渗透;(3)重视拓展德育空间是提高德育学科渗透效果的保证;(4)重视拓展德育空间就要强化德育制度管理;(5)强化德育制度管理依赖于德育环境的优化;(6)促进德育环境优化需要德育榜样示范引领作用的充分发挥。

四、大学生社会主义道德信仰的培育转向

改革开放以来,我国高校学生社会主义道德信仰培育取得了很大成

就，但也存在创新不足等问题。面对社会转型、社会生活变迁、大学生生活方式转变等新形势，大学生社会主义道德信仰培育迫切需要创新措施。在大学生社会主义道德信仰培育中，要注意结合培育对象特点和培育政策要求"量身定制"，通过分析大学生社会主义道德信仰培育面临的机遇和挑战，从对高校学生德育发展趋势的把握中创新方法，保证大学生社会主义道德信仰培育的针对性、适应性、实践性和可复制性。可见，实现"六个转变"当为最佳选择。

第一，从"小德育"向"大德育"转变。我国高校学生社会主义道德信仰培育的方式，从"小德育"转化为"大德育"，可以说是应运而生，这个"运"就是改革开放以来我国高校德育发展。改革开放以来，我国高校学生德育出现了快速发展的契机。一是高校德育改革确立了德育的首要地位，建立了德育的科学体系，扩大了德育的社会职能，拓展了德育的工作领域①，大学生德育越来越受到社会、学校、家庭的重视。二是德育内涵的充实调整对大学生德育内涵的拓宽、外延的扩大起到促进作用，大学生德育概念被进一步拓展为思想教育、政治教育、道德教育、法纪教育和心理品德教育。大学生德育向"大德育"转化强调德育工作的首位性、德育内容的综合性、德育目标的层次性、德育方法的多样性，学校德育以德育为首，德育不限于道德的或政治的教育，目标包括多个层次，方法涉及各种措施。深圳大学的德育改革探索、广东白云学院的大德育课程体系的探索实践，黑龙江科技学院的高校德育实践体系创建等，证明目前我国高校学生德育已呈现这种趋势。从这种趋势看，高校为了增强学生社会主义道德信仰培育针对性、实效性，为了解决高校德育长期以来一直存在德育主体缺失、德育制度匮乏、德育合力不强等问题，会积极创建"大德育"实践体系，主动构建学生健康发展的"大德育"体系，建立并完善"大德育"考核评价反馈机制，不断推进高校学生德育的现代转型。黑龙江科技学院长期坚持"大德育"定位和宗旨，探索建立应用型人才培养体系，运用"大德育""大工程""大实践"机制，促进"一高一强"（思想道德素质高，工程实践能力强）人才培养特色的形成，"造就以德润才、以才明

---

① 郑永廷.高校德育改革经验与德育发展趋势[J].武汉大学学报（社会科学版），1992（2）：19-24.

德的创新人才"①，为我们今天加强高校学生社会主义道德信仰培育提供有益的启示。

第二，从"知性德育"向"生活德育"转变。大学生社会主义道德信仰培育不仅关注"知性德育"，而且关注"生活德育"。改革开放以来，我国高校一方面继承了高校德育传统对"知识性德育"的强调，注重以课堂讲授形式传授主流价值观和伦理观，体现从知性出发来强化学生德育是必要的；另一方面，德育的生活过程促使高校开始矫正"知性德育"的弊端，力求给学生生活教育，用学生生活来教育，为学生生活向前、向上的需要而教育。于是，我国高校纷纷改进"知性德育"，转向对"生活德育"的关注。这种目光向生活的方式与"知性德育"联系在一起。在此期间，我国高校为推动高校学生德育向"生活德育"转变，推出的学校层面的生活德育形式尤为重要。例如，北京中医药大学构建的"寝室文化""教室文化"和"饮食文化"三位一体的校园生活文化体系；华东理工大学成立的"京剧票友会"、《延考生》舞台剧；延安大学重构的学生军训模式；西安交通大学试行的书院制；中国地质大学开设的户外运动本科专业等，都是一种有目的的德育教育形式，将学生生活、学习的需要转化为实践，具有明显的生活德育特征。这与我国高校学生德育今后的发展方向也许是最为契合的，而且为高校德育从"知性德育"向"生活德育"转变，提供可供借鉴的范例。基于此，我国高校学生"知性德育"转向"生活德育"，一方面具有优势，通过将德育生活化和生活德育化，与生活融合，提升大学生德育的吸引力、影响力，改变目前学生德育的困境；同时也面临挑战，与推行"知性德育"相比，推行"生活德育"，高校学生德育所依据的德育理念、德育形式、德育思维等有很大差异，需要学校层面的德育理念、德育形式、德育思维等及时、有效转型。

第三，从"人际德育"向"生态德育"转变。我们所说的"人际德育"，主要指处理、把握、协调人与人、人与社会关系之道。高校"人际德育"是在高考恢复后得到不断发展的。时至今日，"人际德育"已成为我国高校传统的德育，仍在为高校促进学生与学生、学生与教师、学生与

① 于成学,赵国刚.论"大德育"语境中的高校人才培养[J].思想教育研究,2012(10):69.

社会的关系发挥作用。但面对我国社会的转型、变迁形势，尤其是面对加快推进生态文明建设新实践，高校"人际德育"亟待需要拓展德育视野。其中，实施"生态德育"是高校及时超越"人际德育"一个重要的实践方向。应当看到，改革开放以来，我国高校在"生态德育"实施方面取得一些积极的成果。例如，苏州大学所进行的"生态体验教育"实践，在对课题"生态体验：培养健康人格的德育模式研究"作系统研究基础上，结合生态德育理念，对生态德育教育的方法、机制、形式、规范等作出了大量有益的实践探索[①]。河北科技大学所开展的"野生动物保护日"系列活动，以"讲解野生动物植物的生存状况以及保护措施"为形式，兼及开展一系列与保护野生动物有关的小游戏，找寻高校德育的新的生长点。但从总的方面看，这方面广泛、普遍实践的局面还没有形成。进入21世纪，我国高校之所以越来越重视生态德育问题，固然与高校改革"人际德育"有直接关系，而现实的生态需要才是根本原因。现阶段，我国高校通过推进"生态德育"来加强大学生社会主义道德信仰培育，至少要满足三个方面的生态需要，即自然生态建设的需要、社会生态建设的需要、人文生态建设的需要。自然生态建设需要的核心问题是激发并唤醒大学生践行保护自然生态的道德义务，社会生态建设的核心问题是教育、引导大学生处理好大学生与其他人、大学生与集体、大学生与社会的关系，人文生态建设需要的核心问题则是尊重、突出大学生的德育主体地位及其道德权力。[②]

第四，从"知识德育"向"能力德育"转变。"知识德育"一直是我国高校学生社会主义道德信仰培育的模式之一。改革开放以来，随着系统的德育知识的形成，"知识德育"即德育课程化、课程知识化、知识灌输式，更被高校赋予科学世界的德育而加以传授。但是，30多年来高校"知识德育"实践，也导致了德育内容与形式、认知与情感、认知与行为的割裂[③]。当"知识德育"成为大学生社会主义道德信仰培育的主要渠道，在更深层次上与大学生道德能力发展发生复杂关联时，这种割裂便构成新形势下强化大学生社会主义道德信仰培育的挑战。改变这种状态意味着当前

① 卞海勇.生态体验教育:感动心灵[J].中国德育,2007(2):58-59.

② 朱国芬.高校生态德育思路的拓展与延伸[J].江苏高教,2015(4):107-110.

③ 成双凤,韩景云.走出知识德育的误区[J].江苏大学学报(高教研究版),2005,27(1):59.

乃至今后大学生社会主义道德信仰培育不能只是关于道德知识的传授，而需要向"能力德育"转变。例如，"学生的道德认识能力、道德判断评价能力、道德选择能力、道德实践能力、道德承载能力、道德抵抗能力"等[①]的提升，就是这种"能力德育"的主要效果。近几年的高校德育，已经充分展现出"能力德育"的多方面特征。以南开大学推行南开特色的"公能"素质教育为例，该教育旨在加强体制机制建设高校、弘扬思政教育主旋律、强化学风建设与创新能力培养、发挥校园文化育人功能，展示出高校"能力德育"四个方面的特征，揭示的是高校德育运行的体制机制变化，展示的是思想政治教育的持久性，刻画的是高校能力德育质量的学风侧面，体现的是校园文化"育人"功能的多样化。

第五，从"说教德育"向"实践德育"转变。所谓"说教德育"，简单地说，就是德育说教化，但并不排斥"德育说教"的一种德育方法和手段。"德育说教"有其短处，也有其长处。"德育说教"在过去相当长的时间内为保证大学生社会主义道德信仰培育质量发挥了特有作用，这是客观事实。例如，青海师范大学、郑州大学等推进"德育讲堂"走进校内各学院，为学生讲述道德故事、传递道德力量，让学生感受到道德课堂的特有意义。但从长远看，由于"德育说教"的方法、手段比较机械，在"德育说教"高效的同时，伴随着"说教德育"低效，这种方法、手段驱动的"说教"式培育模式是有待改进的。于是，以实践为德育目标起点和最终归宿的"实践德育"成为改革开放以来高校学生社会主义道德信仰培育的重要模式，一定程度上起到了强化大学生社会主义道德信仰培育的"加速器"的作用。突出表现是各高校在此期间的德育建设进程中，形成了各具特色的有效做法。例如，河北科技师范学院将德育寓于新农村建设；山西建筑职业技术学院利用专业课实践基地推行"双基地实践"育人模式；上海工业大学实行学生助理制强化学生"三自教育"等。可以断定，高校"实践德育"将随着高校深入探索、实践而进一步增强。高校为此采取的措施大致可分为以下四个层面，即致力于德知、德情、德行的转化，促进文本形态的德育与直接经验形态的德育的融通，增强德育过程、方法的实

---

① 洪源渤,刘玮.素质德育:知识德育与能力德育的统一[J].中国电力教育,2008(19):155.

践性，促进德育评价的方式、方法，适应评价的目标、内容的实践性①。

第六，从"经验德育"向"创新德育"转变。大学生社会主义道德信仰培育当然与经验密切相关，高校在长期的学生道德信仰培育实践中积累的经验，已成为我国高校培育学生道德信仰的优良传统，但是在中华人民共和国成立以来的高校学生社会主义道德信仰培育中，这一经验却成了一种陈规式的设定，据此，有些高校单纯依靠经验来应对学生德育信仰培育，试图"以不变应万变"，结果犯了经验主义的错误。而只有通过"创新"，才能消除"经验德育"的弊端。顺应这样的脉络，改革开放以来我国高校学生社会主义道德信仰培育模式，在这个视域里发生了有意味的变化，即由"经验德育"向"创新德育"的转变。很多高校都有创新学生德育的愿望，也努力将之转化为实践，所呈现出来的"范例"已指向五个方面：一是德育模式的创新。例如，西北工业大学"依托高品位校园文化氛围，多向集成，立德树人"，形成了"具有鲜明行业、时代特征的思想品德与综合素质培养教育体系"②。二是德育工作的创新。例如，大连理工大学试图通过与中国科学院大连化学研究所联合设立"王大珩物理科学班"，来落实教育部、中科院联合启动实施的"科教结合、协同育人行动计划"③。三是德育机制的创新。例如，北京语言大学以"对象创新为先导"，"将社会主义核心价值、中华传统文化、国家软实力三者有机结合"④，构建出多元化国际型大学的德育机制。四是德育路径的创新。例如，武汉开放大学主动落实"互联网+"行动计划，力求呈现"互联网+"时代学生德育工作路径。五是德育活动的创新。例如，山东农业大学重视道德隐性课程教育，将道德隐性课程教育"全方位地渗透到高校校园生活各个方面"⑤。

---

① 范树成.实践德育论纲[J].教育理论与实践,2006,26(7):56-60.
② 李辉,宋笔锋,宣建林.坚持德育为先　创新航空科技人才思想品德教育培养模式——以西北工业大学航空科技人才培养为例[J].中国高教研究,2009(4):19.
③ 杨木,佟西原.基于人的全面发展理论的大学生德育工作探析——以大连理工大学"王大珩物理科学班"为例[J].教育教学论坛,2015(24):28.
④ 李进,赵环宇.多元化国际型大学的德育创新研究——以北京语言大学为例[J].北京教育(高教),2010(11):41.
⑤ 车先礼,吴衍涛,李广松.基于道德隐性课程教育视角的高校德育工作创新——以山东农业大学为例[J].高等农业教育,2011(11):3.

针对上述"五个转变",今后我国高校学生社会主义道德信仰的培育主要有几个层面的问题:(1)走好"大德育"的路。通过开辟"大德育"的新路,激活大学生德育的全部能量。(2)下好"生活德育"的棋。让大学生德育通过"嵌入"生活,为大学生获得向上、向前的生活需要提供条件。(3)打好"生态德育"的牌。构建以权利义务为经纬的社会秩序,规范大学生的生态行为。(4)做好"能力德育"的事。实现"能力德育"的归位,让大学生的德育能力不断得到提高。(5)迈好"实践德育"的步。将实践思维贯穿于大学生德育的方方面面,通过"实践体验"对大学生成长的方向引领获得大学生的广泛认同。(6)出好"创新德育"的拳。通过不断提升大学生德育的理念、机制等创新质量,让大学生社会主义道德信仰培育始终保持活力状态。

第四节　大学生社会主义文化信仰培育的措施创新

培育大学生社会主义文化信仰是一个重大课题,有许多方面需要深入探索。在此背景下,构建大学生社会主义文化信仰培育的实践,成为我国高校占领文化阵地制高点的一种有力举措。在这一进程中,自改革开放以来,在社会主义文化理论引领之下,关乎大学生社会主义文化信仰培育的探索,迅速成为我国高校的积极行动。这些探索为大学生社会主义文化信仰培育的加强,提供了操作层面的经验,为深化大学生社会主义文化信仰培育,预留了有待改进的空间。

一、大学生社会主义文化信仰的现状调查

本次调查发放问卷1000份,实际回收886份,回收率为88.6%。具体到每个变量,有效率各不相同。样本结构为:从性别来看,男性406人,女性480人,分别占被调查者的45.8%和54.2%。从在读学历来看,专科生

177人，比例为20.0%；本科生601人，占67.8%；硕士研究生和博士研究生的比例相对较少，分别为12.1%和0.1%。从专业类别来看，理工类学生超过半数，占被调查者的56.8%；文史类学生290人，比例达到32.7%；艺术类学生57人，占6.4%；体育类学生36人，占4.1%。从政治面貌来看，被调查者为共青团员的占到大多数，有767人，比例达到86.6%；中共党员和中共预备党员比例为6.7%和5.0%；群众和民主党派分别占1.6%和0.1%。

（一）大学生对中国传统文化信仰的认知和态度

中国传统文化是中华民族及其祖先所创造的，为中华民族世世代代所继承发展，具有鲜明的民族特色，是历史悠久、内涵博大精深、传统优良的文化。从历史来说，没有中国传统文化信仰依托的中国特色社会主义文化信仰是根基不牢的信仰；就现实而言，没有中国传统文化信仰内涵的中国特色社会主义文化信仰是历史底蕴缺少的信仰。

调查显示，大多数被调查者不认可"中国传统文化包含着大量封建糟粕，且不符合时代需求。西方文化代表文明、民主、科学，是文化信仰的首选"这一观点。这表明绝大多数大学生对中国传统文化持认同态度。虽然有些大学生因盲目信仰西方文化而否定传统文化，但这不是高校大学生思想的主流（见表4-4-1）。

表4-4-1　大学生关于中国传统文化的观点选择

观点	人数（人）	百分比
中国的传统文化是中华文明演化而汇集成的，是一种反映民族特质和风貌的民族文化	34	3.8%
中国的传统文化虽然在某些短暂的历史时期内有所中断，但是大体上世代相传，并不断发扬光大	41	4.6%
中国传统文化有精华，更有大量的封建糟粕；西方文化代表文明、民主、科学，可以救中国文化之弊	783	88.4%
关于中国特色社会主义文化信仰的形成和发展，中国传统文化信仰是其根基	28	3.2%
合计	886	100%

在调查大学生对中国传统文化重要性的认识时,我们发现认为传统文化非常重要或比较重要的占到被调查者的96.5%,认为不太重要和很不重要共有0.7%,认为一般的占到2.8%,这表明高校大学生文化信仰危机确实存在(见表4-4-2)。

表4-4-2 大学生对中国传统文化重要性的认识

中国传统文化的重要性	人数(人)	百分比
非常重要	482	54.4%
比较重要	373	42.1%
一般	25	2.8%
不太重要	5	0.6%
很不重要	1	0.1%
合计	886	100%

在中国文化历史长河里,诸子百家思想灿若星辰,其成就与同期古希腊文明交相辉映,在对世界文明做出卓越贡献的同时,也为中国文化发展奠定了宽广的基础。其中儒家思想最为历代统治者所推崇,对中国历史发展产生的影响最为深刻。儒家思想的核心是"仁",即"仁者爱人",君子"有均无上,亦无下",所有人在仁者的眼中都是平等的,没有高下贵贱之分。如何看待儒家学说中的"仁",在一定程度上反映出大学生对儒家思想理解的深刻程度。本次调查发现,超过一半的被调查者能准确理解上述思想,但也有大学生错把"忠义"看作仁的基础,甚至有人认为"仁"是传统社会里统治阶级维护自身统治的精神鸦片,反映出大学生虽然认识到传统文化的重要性,但对传统文化还缺乏深入了解(见表4-4-3)。

表4-4-3 大学生对儒家学说中"仁"的理解

对儒家学说中"仁"的理解	人数(人)	百分比
"仁"是儒家学说的核心,"仁者爱人",仁者是充满慈爱之心、满怀爱意的人	482	54.4%
"忠、义"是仁的基础,是仁学思想体系的基本支柱之一	373	42.1%
"仁"是传统社会里统治阶级维护自身统治的精神鸦片	25	2.8%
仁爱是统治阶级内部的互爱,与阶级地位有关,非人人皆可为	5	0.6%
未回答	1	0.1%
合计	886	100%

中国传统文化中的道家哲学从天道运行的原理入手，开展了以自然义、中性义为主的"道"的哲学。例如，《周易》中的"天行健，君子以自强不息；地势坤，君子以厚德载物"的思想就为道家所推崇，成为其经典思想之一。本次调查中，有45.9%的大学生认为这一思想为道家哲学思想；但也有过半数的大学生选择的是儒家或法家代表人物的名言，与前述调查发现的问题基本吻合（见表4-4-4）。说明高校思想政治工作要把加强大学生传统文化教育工作进一步深化，这样才能帮助大学生树立牢固的中华文化信仰观。

表4-4-4　对大学生是否知道道家思想的调查

名言名句	人数（人）	百分比
仓廪实而知礼节，衣食足而知荣辱	101	11.4%
天行健，君子以自强不息；地势坤，君子以厚德载物	407	45.9%
仁远乎哉，我欲仁，斯仁至矣	116	13.1%
心外无理，心外无物；天理自在人心	262	29.6%
合计	886	100%

（二）大学生对中华各民族文化信仰的认知情况和态度

中华各民族文化是中国各民族在长期共同生产生活实践中产生和创造出来的且能够体现本民族特点的物质和精神财富总和，它反映该民族历史发展的水平。在社会主义社会里，民族文化是具有社会主义内容和民族形式的新文化。中华各民族文化信仰是中国特色社会主义文化信仰的重要维度，在形成与发展中，铸就了独有的文化精神，培育了特有的民族情怀。没有中华各民族文化信仰，中国特色社会主义文化信仰就不是完整的。"只有民族的才是世界的"，这句话同样适用于中国特色社会主义文化信仰。

在传承各民族文化的过程中，大学生了解感知各民族文化的魅力、提高理解各民族文化的自觉意识和自立能力尤为重要。在问到"对中华各民族文化了解程度"问题时，回答"非常了解"和"比较了解"的不到一半，仅占被调查者的45.0%；回答"不太了解"和"完全不了解"的比例较低；而回答"一般了解"的比例却高达45.7%（见表4-4-5）。这说明，一方面，各民族文化已根植于各民族人民的生活中，大学生不太可能完全不了解各民族文化；但另一方面，由于所谓的文化全球化浪潮的影响，对各国各民族文化的延续与生存存在威胁。在我国，这也体现为青年大学生对中华各民族固有文化态度的淡漠。

表4-4-5　大学生对中华各民族文化的了解程度

对民族文化的了解程度	人数(人)	百分比
非常了解	66	7.4%
比较了解	333	37.6%
一般了解	405	45.7%
不太了解	74	8.4%
完全不了解	8	0.9%
合计	886	100%

由于民风民俗具有多样性，所以我国56个民族的风俗习惯也各不相同。民风民俗是民族文化的重要体现，当前已进入社会转型加速期，不少民风民俗有失传的危险。在调查民风民俗保护的必要性时，绝大多数大学生认为保护民风民俗非常必要和有必要，两者相加共有95.7%；认为没有必要的仅占被调查者的0.7%，属于极少数（见表4-4-6）。

表4-4-6　大学生对民风民俗是否有保护必要的认识

保护民风民俗的必要性	人数(人)	百分比
非常必要	354	40.0%
有必要	494	55.7%
一般	32	3.6%
没有必要	6	0.7%
合计	886	100%

培育大学生的社会主义民族文化信仰，前提之一是大学生对中华各民族文化有文化自信。本调查发现，相当多的大学生对中华各民族文化未来前景持乐观态度的比例不高，仅有8.2%和33.3%的大学生回答"很乐观"和"比较乐观"；而回答"很难说"和"不太乐观"共计超过半数，占到57.6%；另外0.9%的大学生持"很悲观"的态度，可见大学生的民族文化自信还有待加强（见表4-4-7）。

表4-4-7 大学生对中华各民族文化未来前景的看法

对中华各民族文化未来前景的看法	人数(人)	百分比
很乐观	73	8.2%
比较乐观	295	33.3%
很难说	377	42.6%
不太乐观	133	15.0%
很悲观	8	0.9%
合计	886	100%

在青年大学生成长过程中，中华各民族文化发挥着潜移默化的作用。他们对各民族文化的热爱，也表现在对民族音乐、绘画、书法、舞蹈的学习和实践中。而本次调查发现，虽然大多数大学生愿意学习一项民族文化艺术，但缺乏相应的学习和实践，仅有11.6%的大学生表示有这方面的特长，且比例较低（见表4-4-8）。

表4-4-8 对大学生是否有民族文化方面的特长的调查

是否有民族文化方面的特长	人数(人)	百分比
没有,但想学习一项民族文化艺术	568	64.1%
没有,对学习民族文化艺术暂时没兴趣	215	24.3%
有	103	11.6%
合计	886	100%

（三）大学生对红色文化信仰认知情况和态度

在调查对红色文化的认知方面（多选题），大多数大学生都能指出红色文化是指"在中国共产党领导下，在中国革命和建设时期，整合、重组、吸收、优化古今中外的先进文化成果基础上形成的以马列主义为指导而生成的革命文化"。"在毛泽东思想之后，又诞生了邓小平理论、'三个代表'重要思想和科学发展观以及习近平新时代中国特色社会主义思想。无疑，红色文化具有鲜明的传承性。""中国共产党在领导中国革命的征程中形成了井冈山精神、长征精神、延安精神和西柏坡精神，是红色文化的精髓。"只有少数大学生认为"红色文化跟不上时代潮流，所起作用有限，仅有红色旅游可以为经济发展做出贡献，有一定现实意义"（见表4-4-9）。

表4-4-9　大学生对红色文化的认知态度（多选题）

对红色文化的认知	人数(人)	百分比
红色文化是在中国共产党领导下,在中国革命和建设时期,整合、重组、吸收、优化古今中外的先进文化成果基础上形成的以马列主义为指导而生成的革命文化	843	95.1%
在毛泽东思想之后,又诞生了邓小平理论、"三个代表"重要思想和科学发展观以及习近平新时代中国特色社会主义思想。红色文化具有鲜明的传承性	795	89.7%
中国共产党在领导中国革命的征程中形成了井冈山精神、长征精神、延安精神和西柏坡精神,是红色文化的精髓	807	91.1%
红色文化跟不上时代潮流,所起作用有限,仅有红色旅游可以为经济发展做出贡献	83	9.4%

在影响大学生对中华各民族文化信仰因素的调查中（多选题），网络、广播电视、报刊和书籍等媒体传播影响最大，占76.9%；其次为学校教育，占68.4%；再次是政府的宣传，占41.0%；接下来家庭影响和社会实践两种因素影响相当，分别为36.8%和36.3%；另外还有1.0%的大学生受其他因素的影响（见表4-4-10）。调查结果表明，培育大学生的民族文化信仰，要非常重视媒体等传播力量。如何通过学校教育的方式加强大学生的民族文化信仰的培育，也是一个常说常新的课题。

表4-4-10　影响大学生对中华各民族文化信仰的因素（多选题）

因素	人数(人)	百分比
网络、广播电视、报刊和书籍等媒体传播	681	76.9%
学校教育	606	68.4%
政府的宣传	363	41.0%
家庭影响	326	36.8%
社会实践	322	36.3%
其他	9	1.0%

（四）大学生对社会主义核心价值观的认知情况和态度

中国共产党第十八次代表大会提出，倡导富强、民主、文明、和谐，倡导自由、平等、公正、法治，倡导爱国、敬业、诚信、友善，积极培育和践行社会主义核心价值观。其中，富强、民主、文明、和谐是国家层面的价值目标，是我国社会主义现代化国家的建设目标，也是从价值目标层面对社会主义核心价值观基本理念的凝练，在社会主义核心价值观中居于最高层次，对其他层次的价值理念具有统领作用。自由、平等、公正、法治是社会层面的价值取向，是对美好社会的生动表述，也是从社会层面对社会主义核心价值观基本理念的凝练。爱国、敬业、诚信、友善是公民个人层面的价值准则，是公民基本道德规范，是从个人行为层面对社会主义核心价值观基本理念的凝练。大学生培育和践行社会主义核心价值观，首先要了解其中基本内容，要深刻领会社会主义核心价值观所蕴涵的价值意义。在调查"大学生是否知道社会主义核心价值观在国家层面的四个价值目标"时，回答出四个的占65.7%，回答出三个的占21.5%，回答出两个及两个以下的占12.8%（见表4-4-11）。

表4-4-11　大学生对社会主义核心价值观在国家层面的价值目标的判断情况

社会主义核心价值观国家层面的价值目标	人数（人）	百分比
富强、民主、文明、和谐	582	65.7%
富强、民主、法治、和谐	191	21.5%
爱国、民主、法治、和谐	37	4.2%
爱国、敬业、民主、法治	63	7.1%
爱国、敬业、公正、法治	13	1.5%
合计	886	100%

践行社会主义核心价值观，对大学生来说，就是要从身边小事做起。在调查"骑车时看到不远处有老人在路上跌倒，你会怎么做"时发现，只有少数大学生选择了"立即下车，上前搀扶"，占被调查者的9.4%；有32.6%的大学生选择"先看一下情况，如果实在有需要，找个路人作证一起去扶"；其余大部分大学生选择"多一事不如少一事，不去扶""坚决不去扶，因为经常看到扶人被讹的报道，怕了"（见表4-4-12）。

表4-4-12　大学生对"骑车时看到不远处有老人在路上跌倒扶与不扶"的态度

态度	人数（人）	百分比
立即下车，上前搀扶	83	9.4%
先看一下情况，如果实在有需要，再找个路人作证一起去扶	289	32.6%

态度	人数(人)	百分比
多一事不如少一事,不去扶	263	29.7%
坚决不去扶,因为经常看到扶人被讹的报道,怕了	251	28.3%
合计	886	100%

（五）大学生对社会主义文化理论的认知和态度

"中国特色社会主义文化理论是马克思主义与中国文化实践相结合的新理论创造，既是对马克思主义的继承、阐释，又是对其创新、发展。"[1]在以改革开放为特征和基本方式的建设中国特色社会主义的伟大实践中，我们走出了一条中国特色社会主义的道路，形成了中国特色社会主义的理论体系。[2]在关于社会主义文化理论的形成过程和基本内涵的调查中（多选题），结果显示多数大学生都有正确的认知，但不能忽视部分大学生在此方面存在一些模糊甚至错误认识（见表4-4-13）。

表4-4-13　大学生对社会主义文化理论的形成过程和基本内涵的说法的判断（多选题）

说法	人数(人)	百分比
中国近代文化转型有多条道路可以选择,中国特色社会主义文化与国家资本主义文化并无二致	114	12.9%
中国特色社会主义文化是毛泽东新民主主义文化理论的继承和发展,与邓小平精神文明建设理论是一致的	811	91.5%
党的十七届六中全会专门讨论通过了《中共中央关于深化文化体制改革推动社会主义文化大发展大繁荣若干重大问题的决定》,标志着中国特色社会主义文化理论的基本形成	784	88.5%
中国特色社会主义文化必须以社会主义文化理论为依据	731	82.5%

社会主义文化理论贵在实践，作为祖国未来建设者的大学生，能否坚定社会主义文化理论信仰，是中国特色社会主义文化理论和发展的关键所在。对这一重大的现实问题，调查结果却不容乐观，仅有39.8%的被调查者认为当前在校大学生能坚定社会主义文化理论信仰，其余的则持怀疑和

① 韩永进.社会主义文化理论的新发展——论中国特色社会主义文化理论[J].艺术百家,2011(6):21.
② 赵剑英.论中国特色社会主义文化理论的形成过程和基本内涵[J].哲学研究,2014(1):119-125.

否定态度，这一点应当引起全社会的高度关注（见表4-4-14）。

表4-4-14　大学生对社会主义文化理论的信仰程度

对社会主义文化理论的信仰程度	人数(人)	百分比
非常坚定,因为中国特色社会主义文化理论 可以走出一条具有中国特色的文化强国之路	211	23.8%
比较坚定,因为社会主义文化有一定的优越性	142	16.0%
说不准,现在是信仰多元化的时代	125	14.1%
不太坚定,社会主义文化跟不上时代发展的潮流	256	28.9%
很不坚定,与西方文化相较,社会主义文化理论已远远落后	152	17.2%
合计	886	100%

概而言之，多数大学生都对中国传统文化重要性有充分的认识，对传统文化有一定程度的了解，但也有人认为传统文化已经过时，不愿意学习掌握。对大学生而言，感知各民族文化的魅力、提高理解各民族文化的自觉意识和自立能力尤为重要。但调查结果却显示，许多大学生对中华各民族文化了解不深入，对中华各民族文化未来前景的看法不太乐观。虽然绝大多数大学生认为红色文化对大学生成长有指导意义，但不同年级间的大学生对这一问题的看法存在显著差异。虽然多数大学生了解社会主义核心价值观的基本内容，但同时存在着认知与行动之间的脱节，即知但不为；多数大学生对社会主义文化理论的形成过程和基本内涵有一定的认知，但社会主义文化理论信仰不够坚定。

二、大学生社会主义文化信仰的培育探索

大学生社会主义文化信仰如何培育？我国高校改革开放以来学生社会主义文化信仰所作探索，都是对这一问题的回答。分析此探索，不考虑个性差异的情况下，可以看出，高校给出的答案主要包括：创建文化品牌，优化文化环境，实施协同培育，重视课程教学的先进文化渗透，丰富学生文化生活，注重文化宣传的内外并重等。

第一，创建文化品牌，学校在其中探索培育经验，就特色活动，开展社会主义文化信仰培育。改革开放以来，我国大学文化的创新，是一个大

学文化建设过程，充满着各种文化品牌创建。在我国高校，文化品牌创建大多具有连续性，品牌创建是连续不断的，组织者有计划逐步实施。例如，山东师范大学第二批"校园文化活动品牌创建"工作的步骤，按先后顺序排列，分别是宣传发动、立项申请、评审立项、组织实施、考核论证、强化建设。与大学文化品牌创建相随的是，大学生社会主义文化信仰培育特色活动的持续开展。这些特色活动，不断形成大学文化品牌，在我国高校都以不同形式存在。例如，南昌大学理学院落实社会主义文化的育人任务，在校内持续打造"先锋领跑工程"，积极创建贯穿一个理念、打造一个品牌、抢占一个阵地、宣传一批典型文化"四个一"育人特色。中国海洋大学则根据《中国海洋大学关于实施文化引领战略的意见》，确立"海洋·人类·和谐"理念，推进海洋特色校园文化建设，从而延展了社会主义文化育人的空间。理所当然的，创建大学文化品牌与强化大学生社会主义文化信仰培育之间，也成为一个内在联系、相互协调、彼此依赖的实践过程。正是通过加强大学文化品牌创建，大学生社会主义文化信仰培育的生机得到了激发，培育的质量得到了不断提高，从而更好地服务于大学生健康成长需要。由此构成对大学生社会主义文化信仰培育的品牌驱动创新。南京信息工程大学推出的富有该校特色的"气象文化"、深圳大学创办的中国大陆高校首家品牌文化店、河海大学实施的"六大文化工程"（精神文化熔铸工程、制度文化实施工程、行为文化提升工程、环境文化建设工程、"水文化"特色品牌打造工程、文化人才队伍培养工程）、江南大学打造的"校园文化脱口秀"、陕西大学建设的"校园思辨文化"等，都是例证。伴随着校园文化品牌创建，大学生社会主义文化信仰培育得到的载体、阵地和平台越来越多。

第二，形成校内环境，在校园层面，建设健康、优美的校园文化环境。高校校园是大学生学习、生活的重要场所，大学校园文化环境是大学生社会主义文化信仰培育质量高低的重要影响源。改革开放以来，我国高校为发挥校园文化对大学生社会主义文化信仰培育的积极作用，开展了一系列建设良好校园文化环境的探索。例如，在网络文化建设方面，大都注重营造积极健康的网络文化环境，净化了网络空间。中南大学坚持弘扬

"红色的"、全面封堵"黑色的"、积极删除"黄色的",营造出健康高雅的"绿色"校园网络文化;在校园实践文化建设方面,依托第二课堂、第三课堂,形成了特色校园文化。西南大学从"支援西部"入手,从"服务农村"着手,长期坚持,培育出"支援西部,服务农村"的校园实践文化;在学生宿舍文化建设方面,普遍建立起"卫生寝室""文明寝室"评比制度,构建了文明和谐的宿舍文化。四川农业大学坚持以"整治、美观、文明、和谐"为建设目标,通过卫生寝室、文明寝室创建,发挥宿舍文化的育人功能。值得注意的是,上述三项成绩,仅仅是我国高校加强校园文化建设的三个缩影,这些成绩的取得,与同时期我国高校不断探索全面提高大学生综合素质的办学实践有着密不可分的联系。例如,河南财经政法大学注重发掘学校独特的大学精神、历史文化传统,在实践中探索将大学精神、学术文化、行为文化、制度文化、环境文化等融入大学生培养的各个环节的思路和出路,引导着校园文化健康和谐发展。北京师范大学着力建设"书香北师大"校园文化,把鉴赏阅读、开放阅读、推荐阅读、漂流阅读、数字阅读作为倡导多读书、读好书的校园风尚的具体举措,并把它纳入学生素质拓展模式之中,作为学生综合素质的提高加以探索。这种探索实际上已从"读书"的角度肯定了"书香北师大"校园文化建设成就,也确认了校园文化建设是全面提升学生综合素质的系统工程。考察这种探索的直接动因,不难发现,校园文化建设的不断加强,对于促使学生社会主义文化信仰的形成和发展产生了不可忽视的重要影响。

第三,继承和弘扬学校精神,在文化信仰培育实践中,以学校精神的渗透力,陶冶学生的社会主义文化情感。我国高校精神文化作为社会主义文化的一个组成部分,历来为我国高校继承和弘扬。中华人民共和国成立以来,尤其是改革开放以后,我国高校大都注重学校精神的凝练与诠释,重视学校精神的继承与创新,应用学校精神文化育人,积极推动学校精神文化在学生社会主义文化信仰培育中的深度融入,一方面,发展了高校的精神气质和传统,另一方面,加深了大学生对社会主义文化的感情。例如,西安文理学院针对大学文化建设需要和大学生全面发展需求,提出了"以人为本的人文精神、求真务实的科学精神、着眼未来的超越精神、自强不息的奋斗精神"四种大学精神。通过实施"文化立校"战略，塑造文理人，铸就文理魂，再用马克思主义中国化最新成果武装学生头脑，最终实现社会主义文化信仰培育目标。中国石油大学大力培育富有学校特色的名师文化，先凝练名师文化、传播名师文化、塑造名师文化、做活名师文化，最终深化社会主义核心价值观教育，落实立德树人根本任务的落实，促进大学生对社会主义文化的高度认同。显而易见，现代大学精神的继承和弘扬不仅成了改革开放以来我国高校校园文化建设取得显著成绩的重要标志，而且在大学生社会主义文化信仰培育的不断推进方面正日益发挥着不可替代的影响。近几年，通过挖掘大学文化建设与价值认同的内涵，发挥大学精神的凝聚、引领、辐射作用，提升大学文化软实力，而积累文化力量的大学生社会主义文化信仰培育进入了一个新的阶段。以上海交通大学为例，伴随着校园文化建设的不断加强，社会主义核心价值观的落细、落实，其对大学生社会主义文化信仰培育的积极效应逐渐扩大。根据相关报道，该校正让传统文化落地生根，让交大文化植根心灵，让交大文化触手可及。

第四，在课外文化活动层面，根据大学生社会主义文化信仰培育需要，探索活动方式。改革开放以来，我国高校大都致力于学生社会主义文化信仰的培育。寓文化教育于课外文化活动、丰富大学生课外文化生活是各高校采取的共同做法。我国高校的课外文化教育方式，也历经变化。从制度构架来看，以课外活动形式出现的文化教育为第一渠道，以社会实践形式出现的文化教育为第二渠道，以自我教育形式出现的文化教育为第三渠道，这一分层已经被绝大多数高校认同。从现实发展来看，高校在探索中已经拓展了第一渠道，开辟了第二渠道，打通了第三渠道，覆盖的主要内容：一是中华优秀传统文化教育。例如，西安邮电大学开展的"弘扬传统文化，润泽书香校园"主题教育系列活动、山东大学开展的"儒学文化"教育活动、中国海洋大学举办的"智承国学，文漾海大"国学活动节等。二是社会主义法治文化教育。例如，安徽理工大学组织的"以案说法，警钟长鸣"主题系列讲座、成都文理学院推进的"法律进学校"活动、信阳师范学院以"国家宪法日"为契机举办的系列法治宣传活动、西安理工大学开展了"依法治教年"系列活动等。三是大学生廉政文化教育。例如，河南大学举办的"12·9廉洁诚信周"活动、西安工程大学建立的廉政教育基地、中国地质大学建立的"廉政文化专题网"等。四是红色文化教育。例如，湘潭大学加强校园"红色文化"建设、延安大学坚持以红色文化加强大学生理想信念教育、浙江理工大学以红色文化为主题加强实践育人基地建设等。五是社会主义核心价值观教育。例如，东北大学推动社会主义核心价值观入脑入心入行、渭南师范学院用社会主义核心价值观统领学生思想教育、西安工程大学"五个着力"践行社会主义核心价值观等。覆盖的范围也从宿舍到班级，从班级到院系，从院系到学校，从学校到机关、企业，从城镇、街道扩展到农村，从本专科生扩展到研究生，已然实现了制度安排的全覆盖。与此同时，学生自我教育得到加强，例如，中国财经政法大学构建了学生自我教育、自我管理、自我服务体系，西安交通大学推动知心工程引导学生自我教育、自我管理、自我服务，西安科技大学搭建了学生自我教育、自我管理、自我服务、自我提高平台等。

第五，基于渗透式范例，在学科教育教学中积极探索先进文化教育操作实践。关于高校课堂教学的渗透式范例，可以成为解释大学生社会主义文化信仰培育相应方式的例证。这个例证之中，中国传统文化、地方红色文化、地方本土文化、社会主义先进文化等，在各学科教育教学中的渗透最能说明问题。具体而言，在高教教学改革和发展背景下，学科教育教学中文化渗透的面越大，大学生社会主义文化信仰教育的效果越好。因此，借助学科教育教学，渗透先进文化教育是进行大学生社会主义文化信仰培育的一个现实的选择。基于此，改革开放以来，我国高校对学科教育教学渗透先进文化更为关注，各高校对学科教育教学的渗透方法也探索较多。例如，宁夏医科大学开发利用回族文化资源，依托中医学院和药学院，开设与回族传统医学相关课程，并依靠其他课程教学渗透来强化大学生少数民族优秀传统文化教育；[①]湘南学院在进行思想政治理论课改革的过程中，利用湖南郴州得天独厚的红色文化资源，丰富思想政治理论课教学内

[①] 白宁,孟歆云.民族文化资源在地方高校教学改革中的开发与利用——以宁夏医科大学为例[J].才智,2012(27):303-304.

容，拓展思想政治理论课教学载体，不但推进了思想政治理论课程改革，而且增强了红色文化独特的育人功能①。这两个实例体现出的高校学科教育教学渗透式范例，极为典型地反映在高校的"学科教学改革"之中。改革开放以来，高校学科教育教学改革的实施是处于多元文化教育及相关课题研究，为满足在校学生对多元文化的需求、培育师生多元文化精神、提高学科教学质量而采取的战略选择。在如此选择之下，通过学科教育教学的先进文化渗透，我国高校取得了通过先进文化引领来实现多元文化教育目标的成效。这种成效在我国各高校都有典型表现，例如，南昌工学院的"在教学活动中渗透民俗文化"、广西民族师范学院的在教学活动中融入花山文化、湘南学院的在教学中应用红色文化等。对我国高校来说，这种文化引领学生社会主义文化信仰培育。

第六，强调在对内、对外宣传并重的基础上，基于校园宣传阵地建设的要求，探索更加有效的宣传思想文化教育形式。大学生社会主义文化信仰的培育，是我国高校在高等教育转型之后建设的系统工程，其中不仅有文化品牌活动、健康文化环境、大学精神熏陶、渗透式课程教学等的综合作用，同时还包括了新闻宣传、思想教育、文化建设等多种因素的相互影响。在这一相互影响中，新闻宣传、思想教育和文化建设以特定的形式反映校园宣传思想文化的独特内涵。在我国高校改革开放以来的学生宣传思想文化教育的实践中，无论是新闻宣传，还是思想教育，还是文化建设，集中体现在对内宣传思想文化建设和对外宣传思想文化建设两个方面。对内宣传思想文化建设是大学生宣传思想文化教育不断加强的重要措施，对外宣传思想文化建设是大学生宣传思想文化不断深入的重要手段。在此条件下，大学生宣传思想文化教育主要基于对内宣传思想文化教育和对外宣传思想文化教育相结合，正成为目前大学生社会主义文化信仰培育的重要形式。越来越多的高校开始有计划、有组织、有步骤地开展"内宣"，同时着力展开"外宣"。以安徽师范大学为例，一个重要的变化是对学校"内宣""外宣"的关注，落实为"立足学校，面向社会"的宣传思想文化教育理念。从"内宣"上看，该校宣传思想文化建设是以校内一报（安徽

---

① 张智,王芝华.地方红色文化在高校思想政治理论课教学中的运用——以湘南学院思政课程改革为例[J].中南林业科技大学学报(社会科学版),2014,8(6):309-312.

师范大学学报)、一网(安徽师范大学校园网)、一台(安徽师范大学广播台)、一栏(安徽师范大学宣传栏)为载体的意识形态领域校内阵地建设;从"外宣"上看,安徽师范大学宣传思想文化建设体现在以合作的联动、媒体的联系为机制的"内聚力量""外树形象"的主题宣传思想文化教育品牌创建。两个方面结合起来,既内在地构建了这所学校特有的"规范内容""上下联动"的校内教育体系,也外在地构成了这所学校独特的"发展外宣""点面结合"的校外教育形式。在信息快速传播、校园媒体迅速发展、现代社会快速变化的背景下,以对内宣传思想文化教育为重点,以对外宣传思想文化教育为突破口,有望探索走出一条我国高校宣传正能量、引导校园舆论、扩大宣传效应、选树先进典型、提升学校影响力的大学生宣传思想文化培育新路。

三、大学生社会主义文化信仰的培育经验

改革开放以来,高校有关学生社会主义文化信仰培育的探索,已经形成了一定的经验积累,例如,项目制、多样化、建设型、体验式、人文情、育人性等,均已成为大学生社会主义文化信仰培育独到的方法。

第一,以项目制创建社会主义文化校园品牌。这里的项目制指的是依托项目来创建社会主义文化校园品牌的制度,体现出社会主义文化校园品牌创建的项目引领。改革开放以来,我国高校几乎无一例外都实施项目制,以此满足大学生对社会主义文化校园品牌创建的项目要求。在工作中比较常见的形式是校园文化品牌立项、校园文化建设品牌评选、开展品牌性文化活动。例如,长白山大学将校园文化品牌立项纳入校园文化体系构建总体框架中进行统一规划,提出校园文化品牌项目建设的计划、目标、步骤和力度,发掘和培育具有深远影响的优秀品牌文化。南京大学自2013年启动校园文化建设品牌评选活动至今,校园文化建设品牌评选的方案不断被强调,校园文化建设品牌评选活动的开展一直在进行,并且也打造了多彩、激情、和谐的校园文化。西安理工大学在"以先进的办学理念引领大学文化建设""以鲜明的办学特色凸显大学文化建设""以科学的制度规范保障大学文化建设"的同时,十分注重开展系列精品校园文化活动,通

过"古都大讲坛""高雅艺术进校园""五月的鲜花——全国大学生'西部情怀'大型校园文艺演出直播"等活动的开展，促进了学校精品校园文化建设的层次性建设。创建社会主义文化校园品牌，最大的特点就是打造校园特色文化，进而传承和发展社会主义文化。一方面，可将学校精神加以时代性物化；另一方面，以校园文化品牌建设新载体展现、发展与时俱进的社会主义文化。以校园特色文化继承和发展社会主义文化，对大学生社会主义文化信仰培育面对的载体有限具有一定的启示意义，在一定程度上它既能满足大学生日益增长的文化需求，又能为高校培育学生社会主义文化信仰提供强大的文化动力。

第二，以多种形式落实社会主义文化育人。以多种形式落实社会主义文化育人是我国高校培育学生社会主义文化信仰的特色做法，其日趋多样、正不断地优化我国高校积极创新践行社会主义文化育人途径。社会主义文化育人形式的多样，为拓展高校文化育人渠道提供了更多的可能。例如，改革开放以来，校园文化育人作为高校发展的品牌战略和教育创举，以"文化形态的结合体"为形式形成独有的囊括各文化形态育人的育人场。北京建筑大学"十二五"期间的校园文化建设就充分利用了这种育人场，通过优良风尚文化的塑造、品牌活动文化的培育、形象文化的打造、网络文化的营造，发挥校园文化不同形态的育人功能，并将学校精神通过校风、学风等建设发扬光大，搭建起立体校园文化育人新平台。社会主义文化育人与社会主义文化信仰培育总是联系在一起，提高社会主义文化育人质量与强化社会主义文化信仰培育互生共长，相互之间存在稳定的嵌套关系。社会主义文化育人多种形式的出现，为大学生社会主义文化信仰培育提供了更多的新方法、新措施。例如，宁波市高校校园文化建设推出的宁波大学的"法律大篷车"、浙江大学宁波理工学院的"用声音叙事"、万里学院的"万里雷锋营"、宁波职业技术学院的"班集体特色项目建设"、浙江纺织服装职业技术学院的"基于创新特色项目，努力打造实践育人新平台"，分别通过"送法进千家万户""特色论坛""大型访谈""社会服务""特色项目建设""资源整合"，将原本处于校内校外的文化活动，转化为法治文化的创造、中国文化的推广、班级文化的培育、精神文化的传承、民族文化的弘扬，增进了广大学生对法治文化、中国文化、班级文化、精神文化、民族文化的情感认同。

第三，以主题教育促进社会主义文化传播。我国高校以主题教育，面向大学生，传播社会主义文化并非始自改革开放以后。作为一个主题教育过程，自中华人民共和国成立起，文化领域的主题教育便已经成为我国高校人才培养的重要措施。面向学生的主题教育，在其后至今的时段内，主题教育的开展一直在高校进行，而且被高校不断强调。时至今日，高校开展的主题教育在不断拓宽教育内容、教育形式的基础上，更多地针对一些专题性学习、实践内容展开教育，尤其是集中力量于重点教育方面，对面临的一些重大学习、教育活动进行长期开展，形成高校各自在主题教育方面的经验，体现专题教育特色。例如，浙江大学坚持开展以"重走西迁路"为核心的求是精神主题教育活动，涉及学校众多部门、院系，融合大学生社会实践、"青马工程"培训、科技成果推广应用等多个内容，组织重走西迁路，以及"精神之旅"，逐步形成以"求是精神"为核心的特色文化。湘潭大学坚持开展"孝文化"主题教育系列活动，包括"我是演说家"高校孝行演说、孝主题音乐会、寻找优秀孝行学子等多项活动，以培育和践行社会主义核心价值观为"本位"，传承孝道文化，从而形成了孝道文化教育的导向机制，得到光明日报、人民网、新华网等媒体的广泛报道。以主题教育来推行社会主义文化的传播、育人，有助于社会主义文化生动形象地得以承载和传递，可使大学生社会主义文化信仰培育的质量和效果大大提高。这从一个侧面反映了大学生社会主义文化信仰培育的新经验。

第四，以文化体验丰富大学生第二课堂。改革开放以来，高校在校园文化建设中，推出了一种新方式，即重视文化的体验。文化体验这个概念，有多种解释，这里仅指以大学生为对象的社会主义文化体验。大学生社会主义文化体验的形式是通过系列的社会主义文化体验体现的。针对社会主义的文化，从中国传统文化、各民族文化、红色文化、中国特色社会主义文化等方面，进行系列的大学生体验，使大学生在体悟过程中就接受了中华的文化。因此，我国高校大都依托第二课堂，适应文化教育规律，根据学校特点，依据活动计划，组织大学生进行文化体验，一般有中国传统文化体验、各民族文化体验、红色文化体验、中国特色社会主义文化体验之分。各高校频频发力，先后开展各具特色的文化体验活动，形成了以文化教育为主题，采取相应措施的文化体验传统，且成效显著。例如，天津大学开展的"四点半"系列文化体验活动，激发了广大师生对历史人文的关怀，对优秀传统文化的吸收与传承。广西师范大学推出的"感受壮乡魅力，弘扬民族文化"主题活动公开课，在让大学生感受快乐体验的同时，也传递了"三月三"的文化渊源，以弘扬民族传统。福建中医药大学开展的"印象·福州—闽都文化体验"活动，促进了大学生们对闽都文化的了解，也增进了大学生对中国文化的情感。安徽医科大学组织的传统文化体验系列活动，一方面，吸引大学生积极参加一系列传统文化体验活动；另一方面，使大学生对中华传统文化产生一种深切的自信和认同。文化体验围绕着社会主义文化体验而展开，不仅保持总体方向不变，而且贯穿着社会主义认识论的基本原则和中国特色社会主义的基本要求，因此是大学生社会主义文化信仰培育的重要方面。借鉴、尊重文化体验经验，强化大学生社会主义文化信仰培育，要求我们开展一系列丰富多彩的文化体验活动，使学生获得学习社会主义文化的情感体验，让学生真正感受、走进、热爱、认同、信奉社会主义文化。

第五，以人文教育保证社会主义文化深度融入。大学的人文教育，主要落实为大学一年级和二年级阶段的制度化通识教育。我国高校推行的人文教育，涉及大学本科教育的转型问题。1995年国家教育行政管理部门选择部分高校开展的"大学生文化素质教育"，1999年教育部批准建立的32个"国家大学生文化素质教育基地"，都对大学本科教育转型问题进行了积极回应。如今，大学本科教育的转型问题，受到我国高校的普遍关注，大学的人文教育也从探讨走向实践，媒体报道的实例包括上海交通大学的"抓好三大环节，探索推进大学人文教育"、郑州工业应用技术学院的"积极探索大学生素质教育新模式"、辽宁工程技术大学的"提升人文软实力，增添团建新活力"、厦门大学的"凝练'四种精神'，大力推进学校文化建设"等，采取的教育形式各有特色。其中，东南大学依托"国家大学生文化素质教育基地"，采用开设人文课程、开展系列人文讲座等办法，对学生进行人文教育。近几年来的高校加强大学生人文教育实践表明，大学的人文教育具有催生新的大学人才培养模式的可能，其兴趣最终要靠人文知识教育、人文方法教育、人文精神教育来推动。这三个教育对大学生形成和发展社会主义文化信仰十分重要，因此，能否有效地进行人文知识、人文方法、人文精神教育，关系到大学生社会主义文化信仰培育质量的高低。在推进大学生社会主义文化信仰培育的过程中，我国高校大都针对上述三种教育分别进行了改进与创新。例如，西藏民族学院医学院成立人文学会，推进临床模拟实践，举行教育宣传活动，开展义工活动，将医学人文素质教育实践活动纳入大学生创新学分。通过熟记"中国医学生誓言"、开展读书活动、举办学术讲座、模拟临床实践、落实人文素质教育实践计划等，强化了对大学生的人文知识教育、人文方法教育和人文精神教育，充分发挥了人文在强化大学生社会主义文化信仰培育方面的重要作用。可以看出，当前，我国高校的人文教育关注的并不是单一方面教育的改进，而是强调系统性教育的实施，致力人文知识教育、人文方法教育、人文精神教育之间的有机互动，将人文教育融入社会主义文化教育中去。

第六，以网络舆情监控加强社会主义文化宣传工作管理。这里的网络舆情，指的是大学生社会主义文化情感、意志、需求的体现和参照。在互联网时代，网络舆情就是校园文化载体，就是校园稳定的窗口，就是大学生网络舆情动态。因此，加强社会主义文化宣传工作管理，推进社会主义文化宣传工作向纵深发展，一个重要方面就是加强网络舆情监控，并在这种监控下建立起一道强大的社会主义文化传播网。事实上，我国高校探索网络舆情监控实践已有多年，中国共产党十六届四中全会于2006年通过的《中共中央关于加强党的执政能力建设的决定》提出"高度重视互联网等新型传媒对社会舆论的影响……形成网上正面宣传的强势"。十六年来，各高校在网络舆情监控方面的实践也在不断深入，其中，中国人民大学携手方正共建的"网络舆情监测研究基地"、长春工业大学建立的"校园网络舆情监控工作机制"、新疆财经大学搭建的"网络舆情监控平台"等，均已成为高校网络舆情监控的成功范例。综合多年来的经验，我国高校大都制定了关于加强网络舆情引导与监控的规定，例如，湖南大学就制定了《关于加强网络舆情引导与监控的暂行规定》。这一暂行规定分成两块：网络舆情引导，用于把握舆论导向，引导校园舆论；网络舆情控制，用于发现、跟踪、改变师生的舆情表达和态度呈现，通过网络舆情引导和网络舆情控制，为积极向上的主流舆论的形成导控。从中可以看出，高校网络舆情监控对于大学生社会主义文化信仰培育的价值所在，它既可以为高校文化宣传管理提供正确引导，也可以开拓社会主义文化育人的新空间。大学生社会主义文化信仰培育如能有效利用这一新空间，其价值无疑可以彰显。

第七，以文化育人提供健康校园文化环境。改革开放以来，我国高校更加清晰地认识到，中国特色社会主义文化是其最具主导性的价值取向，所以面对社会主义文化给予大学生的价值世界，一直有组织、有计划地坚持注重社会主义文化育人，并相信能够以这种路径将文化育人的德育功能、智育功能、全面发展功能、塑造功能、陶冶功能等发挥到极致。实践证明，我国高校的这一探索实践取得的成绩是明显的。例如，江西财经大学推出网络文化育人新模式，依托校园网主页，以"社会主义核心价值观""助力百年名校江财"等八大栏目为维度，使该校获得全国"网络文明进校园"主题教育活动特等奖及最佳组织奖。吉林大学构建"创新教育模式""推动重心下移""整合文化资源"等"三位一体"的文化育人模式，由策划出品原创校园青春励志话剧、策划建立学生励志网络文学教育先模基地、策划建立青春励志网络文学图书馆构成，在学生励志成才上，发挥了社会主义文化育人的功能。江南大学依靠共青团组织"政治可靠、组织广泛、活动多样、青春时尚"四重优势，精心创建了"特称团支部"，把不同时代背景的具有代表性的人物作为命名依据，挖掘、凝练、弘扬"特称团支部"蕴含的"特称文化精神"，开展文化育人工作，让"特称文化精神"融入大学生的行为和方式之中。高校推出的社会主义文化育人模式尽管不尽相同，但都是我国高校做出的社会主义文化育人的有益尝试，形成的经验对大学生社会主义文化信仰培育提出"三个必须"。首先，必须筑牢社会主义文化育人基础。中国特色社会主义文化精髓是社会主义核心价值体系。大学生社会主义文化信仰培育要做到，坚持以社会主义核心价值体系为根本，展示社会主义的文明继承与薪火相传，达到"文而化之"的目的。其次，必须丰富社会主义文化育人的内涵。变"单一"为"多样"，坚持靠红色文化、传统文化、各民族文化、先进文化等育人。再次，必须拓展社会主义文化育人平台。这个平台由一系列子平台组合而成，是社会主义文化育人的载体。强化大学生社会主义文化信仰培育，需要我们将平台搭建到寝室、教室、学校、企业、街道、社区，同时倡导、要求、组织大学生积极参加、自觉参与，二者互动，保证校园文化氛围健康、浓厚、向上、有序。

四、大学生社会主义文化信仰的培育转向

改革开放以来，我国高校大学生社会主义文化信仰培育扎实推进，收效明显，形成经验。但也应看到，在大学生社会主义文化信仰培育中，我国高校所作的探索、积累的经验仍然有限，在大学生社会主义文化信仰发展新形势下，深化大学生社会主义文化信仰培育的任务还很艰巨。还应看到，大学生社会主义文化信仰培育之所以能被不断推进，就在于大学生对社会主义文化信仰需求、高校对学生社会主义文化信仰培育计划、社会对大学生社会主义文化信仰培育要求本身不是固定不变的，更多的是不断变化的。当前乃至今后，强化大学生社会主义文化信仰培育，必须认清当今社会新形势、新情况，借鉴我国高校过去积累的经验，以七个转变创新大学生社会主义文化信仰培育措施。

第一，由"垂直型"向"交互型"转变。这里包含两个重要概念。一个是"垂直型"培育，指的是高校党委和职能部门在校内面向不同专业、不同班级、不同学生进行的相同培育。在"垂直型"培育概念下，培育方案由学校制定、院系落实，不同专业、不同学生参与其中。另一个概念是"交互型"培育。"交互型"培育借鉴了20世纪50年代出现、改革开放以来流行的"交互"理论，认为培育需要传者与受者以及受者之间的互动、互补。应用到大学生社会主义文化信仰培育方面，自然是以不同专业、不同班级、不同学生作为学校党委、职能部门、院系党团组织介入的空间，

分专业、年级为不同班级学生的社会主义文化信仰的形成和发展提供特定支持，形成多样性的交互设计培育。改革开放以来，我国高校的学生社会主义文化信仰培育大都集中在"垂直型"培育方面，侧重于主题、项目、课题式培育，学校对学生社会主义文化信仰的培育，相对集中于校级层面，用于全校学生的培育平台创建。创建的平台有中国文化体验周、校园文化体验日、中国文化遗产日、校园文化节、廉洁文化周、真人图书馆、经典研读活动周等。这些平台的创建，应该说，对加强大学生社会主义文化信仰培育也发挥了积极作用，是大学生社会主义文化信仰培育的一大特色。但随着培育的不断推进，这些平台存在的问题已逐渐显现，主要表现为校级层面设计，而没有具体到专业、年级、班级层面；平台建设实践中适用于专业、年级、班级的平台不分类，培育过程中缺少专业与专业、年级与年级、班级与班级之间的交互性培育。"垂直型"培育的这些不足，使我们看到，"交互型"培育是高校现阶段从学生社会主义文化信仰培育实践中总结、提炼出的一种现实需求。

第二，从"单向度"向"多维度"转变。我国高校学生社会主义文化信仰培育存在着"职能部门搭台、学生唱戏"的传统。即校内非职能部门、校外社会机构、人民群众、学生家庭并不直接参与大学生社会主义文化信仰的培育，大学生社会主义文化信仰培育主要靠学校职能部门单向度组织实施，这种培育模式保证了大学生社会主义文化信仰培育的持续、有序开展。应该说，这是一条成功、有效的大学生社会主义文化信仰培育的经验。大学生社会主义文化信仰培育，靠党委领导、职能部门组织、学工队伍落实，将学校有关方案、规划转化为具体培育目标，并通过既有传统将培育目标转化为大学生参与的具体任务。改革开放以来，我国高校正是借鉴了这种经验，开始强调并尝试"多维度"的大学生社会主义文化信仰培育，例如，西南大学重视校内不同部门协同，扎实推进"风尚文化、活动文化、环境文化、形象文化建设"，构成"四位一体"校园文化格局，同时将之融入大学生社会主义文化信仰培育；西安工业大学尝试运用校园文化建设成果，引领大学生社会主义文化信仰培育，分别从学科建设上推进文化建设、从实践活动上丰富校园文化建设、从创新能力上巩固文化建设成果、从促进发展上凸显文化建设成果，分别由校内外不同部门、单位协同开展，为学生社会主义文化信仰的培育起到推动作用。这不能不说是大学生社会主义文化信仰"多维度"培育的成功实践。从我国的经验看，大学生社会主义文化信仰培育正在从"单向度"走向"多维度"，以学校、社会、群众、学生家长为培育主体，通过学校职能、院系党团组织、学工干部连接学生家庭，形成树状培育体系，促进不同部门、不同主体协同共育，更有利于提高大学生社会主义文化信仰培育的质量和效果。

第三，由"运动性"向"制度性"转变。"制度性"培育不同于"运动性培育"，是指在大学生社会主义文化信仰培育过程中，学校通过制度的安排组织培育，做到培育有制度可依、有制度必依，并逐步巩固培育成果、突破培育难题的过程。"制度性"培育思维就是培育主体在不断探索培育"法治"过程中逐步积累而成的操作思路。改革开放以前，我国高校在学生社会主义文化信仰培育方面较多侧重于"运动性"培育，"自上往上""一个调"、组织活动"一阵风"、推出措施"一刀切"、利用重大节日纪念日"一窝蜂"，这很容易使大学生社会主义文化信仰培育形式大于内容。因此，要提升大学生社会主义文化信仰培育质量、水平，学校教育者应当学会运用"制度性"培育思维。鉴于此，改革开放以来，我国高校大多建立重视"制度性"培育，并为推进"制度性"培育进行了不断的实践探索。采取制定并实施校园文化建设制度，积极回应大学生社会主义文化信仰需求。目前，我国高校建立健全校园文化建设制度较多。例如，西南大学的校园文化建设管理办法、华东政法大学的2009—2020年校园文化建设方案、湖南工程学院的校园文化建设"十二五"发展规划、重庆第二学院的中长期校园文化建设规划、大连理工大学的文化建设纲要（2012—2020年）、邢台学院的校园文化建设规划、怀化学院的校园文化建设整体规划方案、大连外国语大学的关于加强和改进学院校园文化建设的实施意见等。这些制度在内容定位上力求特色，改变了我国高校校园文化建设制度安排不足的现状，也改变了我国高校学生社会主义文化信仰培育总体规划缺乏的现状。加强大学生社会主义文化信仰"制度性"培育的措施多种多样，一方面，可以建立健全培育的相关制度，通过制度的安排，实现大学生社会主义信仰培育的规范化；另一方面，还可以通过建立大学生社会主义文化信仰培育机制落实制度的方式进行，使"制度性"培育更加制度化。还要注意强化良好的制度至上观念，学校要从过去的行政主导向制度主导转变，学生要从过去的服从学校安排向服从制度安排转变，重视和提升师生的制度意识，有力保证制度安排秩序的有序，有效保障制度安排目标的实现。

第四，由"单层次"向"多层次"转变。分析我国高校大学生社会主义文化信仰培育成功案例，我们可以发现，改革开放以来，高校大学生社会主义文化信仰培育的层次发生了较大转变，从培育的"单层次"转向培育的"多层次"，具体表现就是从单一的活动转向系列的活动。例如，石家庄铁道大学搭建的大学四季育人平台就是一个很好的例证。石家庄铁道大学主办的大学生"四季校园文化科技活动"，由"校园文化艺术季""社团文化艺术季""新生文化艺术季""科技文化季"系列活动组合而成，以一年四季为节点，分别于上学期和下学期举办，内容丰富生动，形式灵活多样，层次结构分明，与校园文化的内化功能、大学生自我塑造、社会主义文化信仰培育有机结合，在河北省省属高校有一定的反响，荣获河北省高校校园文化建设优秀成果一等奖。贵州大学举办的"校园文化节"也是一个显著例证。贵州大学的"校园文化节"涉及"启航·腾飞""知荣辱·树新风·创和谐""闪亮青春·筑梦中国"等多个主题，"主题教育""创先争优""文化体育艺术活动""评比表彰"等多个类别，结合社会主义文化教育、社会主义文化信仰培育，年年开展，项目越来越丰富，层次越来越多样，社会影响也越来越大。面对大学生社会主义文化信仰培育向"多层次"转变，我国高校大都积极应对，进行必要的培育反思与层次拓展，推出系列品牌活动，精心构建丰富多彩的社会主义文化教育活动。我国高校学生社会主义文化信仰培育在层次角度的状况，清楚表明，大学生社会主义文化信仰培育的向"多层次"转变趋势正在涌现。正是这一趋势，为大学生社会主义文化信仰培育带来了诸多变化，概括言之，可以归结为多主题、多类别、多形式、多路径。

第五，由"广覆盖"向"全覆盖"转变。"广覆盖"与"全覆盖"有关联但又不是一回事。改革开放以来，大学生社会主义文化信仰培育中，对大学生参与的"面"，高校更多关注"广覆盖"向"全覆盖"趋势。在这方面值得重视的已有很多实例。例如，陕西铁路工程职业技术学院坚持开展"铁成精神"教育，该教育中对大学生参与"全覆盖"的关注，主要体现在对一年级新生、二年级学生、毕业班学生分别采取针对性教育。即针对一年级新生，侧重于"主人翁精神"和"进取精神"培养；针对二年级学生，侧重于"创新精神"和"团队精神"培养；针对毕业班学生，侧重于"敬业精神"培养。这种分年级而有力度的育人措施，为社会主义文化育人的全过程展开提供了保障，使得文化育人不仅具有本校特色，并且实现了校内所有班级的全覆盖。如此转向，乃是出于对"广覆盖"的反拨，随着全过程、全员、全方位育人机制的逐步完善，"广覆盖"培育的缺陷逐渐显现，导致的明显问题就是多数培育活动都有一些学生缺席，造成了有部分学生未能得到连续不断的培育。这就引发高校对"全覆盖"培育的关注，于是，高校做出了种种构建，例如，北京林业大学推行"文化育人网络全覆盖"、芜湖职业技术学院推行文化育人"学生全覆盖"、陕西铁路职业技术学院推出文化育人"班级全覆盖"、佛山科学技术学院推出文化育人"团建全覆盖"等。也有不少高校推出文化育人"制度全覆盖"模式。证明在"全覆盖"培育面前，高校面临多种选择，该选择具有"制度全覆盖""班级全覆盖""网络全覆盖""学生全覆盖""团建全覆盖"等多种"全覆盖"组合。从中可以总结出"全覆盖"转向规律是："制度全覆盖"是实现大学生"应培育尽培育"的保证；"班级全覆盖"是实现大学生"应培育尽培育"的基础；"网络全覆盖"是实现大学生"应培育尽培育"的手段；"学生全覆盖"是实现大学生"应培育尽培育"的前提；"团建全覆盖"是实现大学生"应培育尽培育"的条件。

第六，由"活动驱动"向"项目驱动"转变。改革开放以来，我国高校学生社会主义文化信仰培育，"活动驱动"的方式是普及的，活动的组织、思路也十分明晰。例如，四川大学在抗震救灾中弘扬志愿精神、西南财经大学在抗震救灾中弘扬大学精神、华南理工大学"清明义工活动"、延安大学红色经典艺术教育、武汉理工大学营造"研读"氛围感悟"经典魅力"等。毫无疑问，"活动驱动"是大学生社会主义文化信仰培育的应对方法。值得注意的是，当今，高校处在转型期、机遇期、发展期，学校加强大学生社会主义文化信仰培育的方式正在发生变化，"项目驱动"已成为重要的方式选择。换句话说，在依靠创新驱动的今天，高校层面开始重视大学生社会主义文化信仰培育的"项目驱动"。"项目驱动"具有一定的可预见性，这时候需要发挥项目的功能，而应对措施就是推行大学生社会主义文化信仰培育项目制，促进大学生社会主义文化信仰培育的特色发展。聚焦我国高校对"项目驱动"探索的贡献，以下三个实例行之有效，值得高校借鉴。一是内蒙古师范大学通过实施"1235工程"，将传统的"讲座"改为"校园讲坛"，推进大学生社会主义文化信仰培育。[1]二是海南大学推出"名师论坛""五个节日""实践育人"等系列工程，力求对大学生社会主义文化信仰培育进行系统培育[2]。三是长江大学推行大学生校园文化作品集出版项目，突出大学生"自我教育""自我发展"，推进了个性化文化教育体系的建设[3]。大学生社会主义文化信仰培育的"项目驱动"与"活动驱动"的区别在于前者有较为明确的目标要求、措施保障、制度设计。相比之下，"项目驱动"通常由主管部门负责管理，项目负责单位组织实施并通常使用项目经费激励、项目立项确认、项目结项验收，对大学生社会主义文化信仰培育通常更加积极、主动，不仅操作规范、规划有据、监督有效，而且操作形式与"活动驱动"有机衔接。基于上述分析，从这一角度，我们认为，今后关于大学生社会主义文化信仰的培育应更加关注"项目驱动"。

---

[1] 王永明.新公共管理视角下的高校校园文化建设研究——以内蒙古师范大学为例[J].前沿,2013(9):176-179.

[2] 符成彦,林琛,吴昊.构建特色校园文化育人载体,促进创新人才培养——以海南大学以学术科技活动为核心的特色校园文化建设为例[J].科技信息(学术研究),2008(14):33-34.

[3] 关辉.高校个性化教育实践路径浅论——以长江大学大学生校园文化作品集出版项目为例[J].长江大学学报(社会科学版),2012,35(12):148-149.

主要参考文献

一、中文著作类

［1］十七大报告辅导读本［M］.北京：人民出版社,2007.

［2］程燎原.从法制到法治［M］.北京：法律出版社,1999.

［3］邓小平文选(第二卷)［M］.北京：人民出版社,1983.

［4］邓小平文选(第三卷)［M］.北京：人民出版社,1993.

［5］冯天策.信仰导论［M］.南宁：广西人民出版社,1992.

［6］范愉.非诉讼纠纷解决机制研究［M］.北京：中国人民大学出版社,2000.

［7］胡锦涛.坚定不移沿着中国特色社会主义道路前进 为全面建成小康社会而奋斗——在中国共产党第十八次全国代表大会上的报告［M］.北京：人民出版社,2012.

［8］贺麟.文化与人生［M］.北京：商务印书馆,1988.

［9］黄明理.社会主义道德信仰研究［M］.北京：人民出版社,2006.

［10］韩延明.红色文化与社会主义核心价值体系建设研究［M］.北京：人民出版社,2013.

［11］黄炎培.八十年来［M］.北京：文史资料出版社,1982.

［12］江泽民文选(第二卷)［M］.北京：人民出版社,2006.

［13］荆学民.人类信仰论［M］.上海：上海文化出版社,1992.

［14］荆学民.社会转型与信仰重建［M］.太原:山西教育出版社,1999.

［15］荆学民.当代中国社会信仰论［M］.北京:人民出版社,2008.

［16］李德顺.价值学大辞典［M］.北京:中国人民大学出版社,1995.

［17］刘海年,等.人权与宪政——中国—瑞士宪法国际研讨会文集［M］.北京:中国法制出版社,1999.

［18］刘建军,等.信仰的呼唤——社会主义市场经济条件下的信仰问题研究［M］.北京:人民出版社,2011.

［19］刘小枫.现代性社会理论绪论——现代性与现代中国［M］.上海:上海三联书店,1998.

［20］毛寿龙.政治社会学［M］.北京:中国社会科学出版社,2001.

［21］毛泽东书信选集［M］.北京:人民出版社,1983.

［22］毛泽东选集(第二卷)［M］.北京:人民出版社,1991.

［23］毛泽东选集(第三卷)［M］.北京:人民出版社,1991.

［24］乔克裕.法理学教程［M］.北京:法律出版社,1997.

［25］社会主义法治的理念教育读本［M］.北京:中国长安出版社,2006.

［26］十六大以来重要文献选编(中)［M］.北京:中央文献出版社,2006.

［27］十五大以来重要文献选编(上)［M］.北京:人民出版社,2000.

［28］十一届三中全会以来党和国家重要文献选编(一九七八年十二月——二〇〇七年十月)［M］.北京:中共中央党校出版社,2008.

［29］檀传宝.信仰教育与道德教育［M］.北京:教育科学出版社,1999.

［30］陶行知.陶行知全集(第四卷)［M］.成都:四川教育出版社,1991.

［31］魏长领,刘学民,刘晓靖.道德信仰与社会和谐［M］.武汉:武汉大学出版社,2013.

［32］吴大英,杨海蛟.政治意识论［M］.太原:山西教育出版社,2001.

［33］王惠岩.当代政治学基本理论［M］.北京:高等教育出版社,2001.

［34］王玉梁.理想信念信仰与价值观［M］.西安:陕西人民出版社,2001.

［35］魏英敏.新伦理学教程［M］.北京:北京大学出版社,1993.

［36］王哲.西方政治法律学说史［M］.北京:北京大学出版社,1988.

［37］谢晖.法律信仰的理念与基础［M］.济南:山东人民出版社.1997.

[38]习近平谈治国理政[M].北京:外文出版社,2014.

[39]许章润,等.法律信仰:中国语境及其意义[M].桂林:广西师范大学出版社,2003.

[40]杨海坤,章志远.行政诉讼法专题研究述评[M].北京:中国民主法制出版社,2006.

[41]张爱芹,王以第.红色文化与道德建设研究[M].青岛:中国海洋大学出版社,2008.

[42]张保生.法律推理的理论与方法[M].北京:中国政法大学出版社,2000.

[43]张荣明.权力的谎言——中国传统的政治宗教[M].杭州:浙江人民出版社,2000.

[44]张锡金.人生哲语:信仰说[M].合肥:安徽人民出版社,1992.

[45]郑忠梅.文化视野中的思想政治教育研究[M].长春:吉林人民出版社,2006.

二、外文著作类

[1]保罗·库尔茨.保卫世俗人道主义[M].余灵灵,杜丽燕,尹立,等译.北京:东方出版社,1996.

[2]柏拉图.世界法学名著译丛法律篇[M].张智仁,何勤华,译.上海:上海人民出版社,2001.

[3]川岛武宜.现代化与法[M].申政武,王志安,渠涛,等译.北京:中国政法大学出版社,1994.

[4]丹尼尔·贝尔.社群主义及其批评者[M].李琨,译.北京:生活·读书·新知三联书店,2002.

[5]大卫·杰弗里·史密斯.全球化与后现代教育学[M].郭洋生,译.北京:教育科学出版社,2000.

[6]戴维·M.沃克.牛津法律大辞典[M].北京社会与科技发展研究所,译.北京:光明日报出版社,1988.

[7]戴维·伊斯顿.政治生活的系统分析[M].王浦劬,等译.北京:华夏出版社,1989.

[8]E.博登海默.法理学:法律哲学与法律方法[M].邓正来,译.北京:中国政法大学出版社,2004.

[9]恩格斯.反杜林论[M].吴黎平,译.北京:人民出版社,1956.

[10]E.希尔斯.论传统[M].傅铿,吕乐,译.上海:上海人民出版社,1991.

[11]哈贝马斯.交往与社会进化[M].张博树,译.重庆:重庆出版社,1989.

[12]黑格尔.精神现象学(下卷)[M].贺麟,王玖兴,译.北京:商务印书馆,1979.

[13]哈罗德·J.伯尔曼.法律与宗教[M].梁治平,译.北京:生活·读书·新知三联书店,1991.

[14]康德.逻辑学讲义[M].许景行,译.北京:商务印书馆,1991.

[15]康德.实践理性批判[M].韩水法,译.北京:商务印书馆,1999.

[16]康德.单纯理性限度内的宗教[M].李秋零,译.北京:中国人民大学出版社,2003.

[17]科恩.论民主[M].聂崇信,朱秀贤,译.北京:商务印书馆,1988.

[18]克莱德·克鲁克洪,等.文化与个人[M].何维凌,高佳,何红,译.杭州:浙江人民出版社,1986.

[19]罗伯特·达尔.论民主[M].李柏光,林猛,译.北京:商务印书馆,1999.

[20]列宁全集(第五十九卷)[M].北京:人民出版社,1990.

[21]列宁选集(第四卷)[M].北京:人民出版社,2012.

[22]马克思恩格斯全集(第一卷)[M].北京:人民出版社,1956.

[23]马克思恩格斯全集(第二卷)[M].北京:人民出版社,1957.

[24]马克思恩格斯文集(第一卷)[M].北京:人民出版社,2009.

[25]马克思恩格斯选集(第一卷)[M].北京:人民出版社,1995.

[26]马克思恩格斯选集(第三卷)[M].北京:人民出版社,1995.

[27]马克思恩格斯选集(第四卷)[M].北京:人民出版社,2012.

[28]马克斯·韦伯.论经济与社会中的法律[M].张乃根,译.北京:中国大百科全书出版社,1998.

[29]让-马克·夸克.合法性与政治[M].佟心平,王远飞,译.北京:中央编译出版社,2002.

[30]托克维尔.论美国的民主(全两卷)[M].董果良,译.北京:商务印书馆,1988.

[31]汤因比.历史研究[M].曹未风,等译.上海:上海人民出版社,1966.

[32]维尔纳·弗卢梅.法律行为论[M].迟颖,译.北京:法律出版社,2013.

[33]亚里士多德.政治学[M].吴寿彭,译.北京:商务印书馆,1983.

三、论文类

[1]艾四林.哈贝马斯思想评析[J].清华大学学报(哲学社会科学版),2001(3).

[2]卞海勇.生态体验教育:感动心灵[J].中国德育,2007(2).

[3]常桂祥.法律信仰:法治国家之灵魂[J].齐鲁学刊,2005(2).

[4]陈文通.深化对中国特色社会主义道路的理论认识[J].中国特色社会主义研究,2008(1).

[5]杜健荣.法律合法性理论的现代走向——以卢曼/哈贝马斯之争为线索[J].云南大学学报(法学版),2012(5).

[6]董立山.论以人为本法律价值观的基本内涵及其在我国法治建设中的作用[J].马克思主义与现实,2008(3).

[7]符红川.对隐性德育课程在高校德育课程建设中的探索及其实践[J].成都航空职业技术学院学报,2011,27(1).

[8]费孝通.反思·对话·文化自觉[J].北京大学学报(哲学社会科学版),1997(3).

[9]葛晨光.当代大学生政治信仰状况的调查与思考[J].河南社会科

学,2003,11(6).

[10]葛洪义.试论法律论证的源流与旨趣[J].法律科学(西北政法大学学报),2004,22(5).

[11]甘阳.大学人文教育的理念、目标与模式[J].北京大学教育评论,2006,4(3).

[12]韩东屏.道德准则、道德范畴、道德原则——论道德规范系统的层级结构[J].河南师范大学学报(哲学社会科学版),2011(3).

[13]胡锦涛.高举中国特色社会主义伟大旗帜 为夺取全面建设小康社会新胜利而奋斗——在中国共产党第十七次全国代表大会上的报告[J].中国人大,2007(20).

[14]黄明理,李德友.论道德信仰及其意义[J].教学与研究,2004(8).

[15]洪源渤,刘玮.素质德育:知识德育与能力德育的统一[J].中国电力教育,2008(19).

[16]韩永进.十六大以来社会主义先进文化理论的新发展[J].红旗文稿,2005(7).

[17]韩永进.社会主义文化理论的新发展——论中国特色社会主义文化理论[J].艺术百家,2011(6).

[18]焦宝乾.法律论证理论的兴起及其思想背景[J].河南省政法管理干部学院学报,2004,19(4).

[19]江必新,王红霞.法治社会建设论纲[J].中国社会科学,2014(1).

[20]焦国成.论中国特色社会主义道德体系研究[J].江西师范大学学报(哲学社会科学版),2015(1).

[21]金可溪.从道德的阶级本质观到全人类本质观[J].青海社会科学,1992(6).

[22]蒋乾麟.谱写中国特色社会主义文化大发展大繁荣的时代篇章[J].马克思主义研究,2012(1).

[23]荆学民.论实用信仰与道德信仰[J].中州学刊,1998(4).

[24]荆学民.道德信仰及其当代意义[J].求是学刊,2007,34(1).

[25]江泽民.在学习《邓小平文选》第三卷报告会上的讲话[J].求是,

- 288 -

1993(22).

[26]孔德永.当代中国社会政治认同问题研究刍议[J].中国石油大学学报(社会科学版),2007(2).

[27]刘爱龙.全民守法是法治中国的基石[J].苏州大学学报(哲学社会科学版),2015(1).

[28]罗超.文化结构与中国文化本体[J].殷都学刊,2004(2).

[29]李德顺."信仰危机"与信仰的升华[J].河北学刊,2002(5).

[30]李吉.中国特色社会主义信仰结构论[J].毛泽东思想论坛,1997(2).

[31]罗晶.家校合作:大学生思想政治教育的新途径——以湖南科技学院为例[J].湖南科技学院学报,2010,31(9).

[32]李佳国.论中国特色社会主义文化的现代性[J].西南民族大学学报(人文社科版),2008(11).

[33]李稼蓬.关于社会主义文化建设的几个问题[J].理论建设,2006(2).

[34]刘平海.重构文化信仰:促进文化大发展的首要诉求[J].文学教育(中),2012(9).

[35]李蓉蓉.试论政治信仰[J].理论探索,2004(4).

[36]卢书欣.社会转型中的大学生道德信仰危机与重建[J].黑龙江高教研究,2011(9).

[37]刘向晖.对西方理想主义政治观的理性思考[J].华北电力大学学报(社会科学版),2002(1).

[38]李祥永.儒学终极关怀思想与信仰重建[J].中共山西省直机关党校学报,2011(5).

[39]马多秀,王妙玲.道德信仰与道德教育[J].现代教育论丛,2010(5).

[40]苗金春.法律实用主义的进路及其贡献——司法能动主义的理论渊源[J].学术界,2008(4).

[41]米新桥.论青年政治利益的表达[J].青年研究,1992(12).

[42]马小荣.高职院校学生思想政治教育课程化探索与实践[J].船舶职业教育,2015,3(2).

[43]宁先圣.社会主义先进文化的特征及重大意义[J].理论观察,2011(6).

[44]彭时代.地方院校大学生社会实践课程化建设研究与实践[J].云梦学刊,2006,27(3).

[45]彭晓玲.全程联动式课程化思想政治实践教学模式的实验研究[J].重庆科技学院学报(社会科学版),2012(2).

[46]曲慧敏.关于中国特色社会主义文化特征的思考[J].科学社会主义,2012(1).

[47]钱雪梅.文化民族主义刍论[J].世界民族,2000(4).

[48]秦亚青.现实主义理论的发展及其批判[J].国际政治科学,2005(2).

[49]秦正为.国家利益与意识形态:中国特色社会主义文化的发展道路[J].内蒙古社会科学(汉文版),2012,33(3).

[50]邱钰斌,林伯海.我国当代大学生政治信仰研究综述[J].中华文化论坛,2011,3(3).

[51]任媛.论道德信仰的特点及形成机制[J].山西煤炭管理干部学院学报,2010,23(1).

[52]沈丹.论中国特色社会主义的文化生产力建设[J].改革与开放,2011(2).

[53]沈慧芳.现代性反思与当代道德理想主义重构[J].东南学术,2010(6).

[54]石梁人.试论道德的阶级性和继承性[J].哲学研究,1963(6).

[55]沈赏,李店标.高校法律人才培养模式的实践探索[J].大庆社会科学,2013(4).

[56]孙文恺.中国语境下"法律信仰"的内涵——从伯尔曼的《法律与宗教》谈起[J].内蒙古大学学报(哲学社会科学版),2009,41(3).

[57]孙绪兵.法律价值体验:培育公民法律信仰的必要途径[J].湖北经济学院学报(人文社会科学版),2012,9(8).

[58]沈远新.政治社会化与政治信仰重建[J].重庆社会科学,2000(6).

[59]孙正聿.终极存在、终极解释和终极价值——作为终极关怀的本体论[J].社会科学战线,1991(4).

[60]沈宗灵.法律推理与法律适用[J].法学,1988(5).

[61]田旭明,沈其新.马克思文化结构思想的理论意蕴与当代中国现实

观照[J].中州学刊,2012(1).

[62]田玉芬.大学生政治信仰建构[J].辽东学院学报(社会科学版),2012(1).

[63]谭竺雯.文化信仰与文化自觉刍议[J].人民论坛,2012(29).

[64]魏长领.道德信仰简论[J].伦理学研究,2003(4).

[65]魏长领.论道德信仰及其功能[J].道德与文明,2003(6).

[66]魏长领.试论道德信仰的发生机制[J].郑州大学学报(哲学社会科学版),2004,37(5).

[67]王芳,邢亮.开放式教育:大学生思想政治教育的新理念[J].教育探索,2011(3).

[68]王宏强.从合法性信仰到政治信仰——马克斯·韦伯与戴维·伊斯顿合法性信仰理论比较[J].理论与现代化,2006(5).

[69]王宏强.政治信仰:概念、结构和过程[J].学术探索,2006(3).

[70]王剑."文化全球化"解读[J].理论学刊,2004(7).

[71]万俊人.信仰危机的"现代性"根源及其文化解释[J].清华大学学报(哲学社会科学版),2001(1).

[72]王进鑫.培养大学生道德信仰的理论与实践研究[J].中国青年研究,2007(9).

[73]王素.简议社会转型期大学生法律信仰危机及对策[J].双语学习,2007(4).

[74]武树臣.爱国主义与以人为本——"国家·个人本位"法律价值观的现代诠释[J].河北法学,2012,30(7).

[75]王素珍.把德育贯穿和渗透到教育教学全过程[J].吉林华桥外国语学院学报,2008(2).

[76]王晓朝.金规则是一种道德信仰[J].学术月刊,2003(4).

[77]王亚利,温晶晶.构建全员、全程、全方位育人的"大德育"模式[J].中国高等教育,2012(21).

[78]吴自斌.略论高校政治文明建设[J].江苏高教,2004(2).

[79]王朝闻.旧话重提——民族性和民族化琐见[J].复印报刊资料(文

艺理论),1983(3).

[80]谢晖.法律信仰概念及其意义探析[J].宁夏大学学报(社会科学版),1996(3).

[81]谢晖.法律信仰:历史、对象及主观条件[J].学习与探索,1996(2).

[82]萧俊明.文化的语境与渊源——文化概念解读之一[J].国外社会科学,1999(3).

[83]萧俊明.文化与符号——当代符号性研究探析[J].国外社会科学,2000(4).

[84]徐阳.开放式大学生思想政治教育模式实践探索——以上海工程技术大学"知行大课堂"为例[J].思想理论教育,2014(3).

[85]尹城.文化的实质和结构[J].解放军外国语学院学报,2003,26(5).

[86]叶传星.法律信仰的内在悖论[J].国家检察官学院学报,2004,12(3).

[87]于成学,赵国刚.论"大德育"语境中的高校人才培养[J].思想教育研究,2012(10).

[88]虞晖.试论完善新时期思想政治教育管理机制的三个环节[J].前沿,2005(2).

[89]姚建宗.信仰:法治的精神意蕴[J].吉林大学社会科学学报,1997(2).

[90]姚建宗.法律传统论纲[J].吉林大学社会科学学报,2008,48(5).

[91]姚建宗.中国特色社会主义法的价值论[J].辽宁大学学报(哲学社会科学版),2013,41(2).

[92]杨奎,辇大吉.论中国特色社会主义文化的"先进性"与"和谐性"的统一[J].理论学刊,2008(4).

[93]杨仁厚.中国社会主义民主政治理论的历史特色探讨[J].贵州社会科学,2009(9).

[94]俞思念.中国特色社会主义文化论纲[J].学习论坛,2003(6).

[95]张保生.法律推理活动和学说的历史考察[J].烟台大学学报(哲学社会科学版),1999(2).

[96]张岱年.中国哲学关于终极关怀的思考[J].社会科学战线,1993(1).

[97]张分田.统治思想视野的中国传统理想政治模式理论[J].天津师

范大学学报,2010(2).

[98]朱国芬.高校生态德育思路的拓展与延伸[J].江苏高教,2015(4).

[99]郑敬斌,周向军.中国特色社会主义文化认同:一个亟待深入研究的重要问题[J].兰州学刊,2013(8).

[100]周建超,杨梁玮.十六大以来中国特色社会主义文化研究评述[J].扬州大学学报(人文社会科学版),2012,16(6).

[101]郑敬高,顾豪.政治合理性及其限度[J].中共青岛市委党校青岛行政学院学报,2010(1).

[102]赵剑英.论中国特色社会主义文化理论的形成过程和基本内涵[J].哲学研究,2014(1).

[103]张科.高校第二课堂活动课程化的实践与探索[J].教育与职业,2010(24).

[104]赵蓉晖.洛特曼及其文化符号学理论[J].国外社会科学,2006(1).

[105]周少来.政治合理性研究的两种范式比较[J].探索,2005(1).

[106]张文江.大学治理的回归与超越——兼论大学行政化的"去"与"取"[J].高教探索,2012(4).

[107]张文喜.历史唯物主义视境与"科学的"政治观[J].江西社会科学,2005(7).

[108]张云.苏格拉底的法律信仰对我们的启示——从苏格拉底之死说起[J].云南大学学报(法学版),2004,17(4).

[109]周永坤.论法律的强制性与正当性[J].法学,1998(7).

四、报纸

[1]刘奇葆.在全社会大力培育和践行社会主义核心价值观[N].人民日报,2014-03-05(6).

[2]任仲平.文化"为人民"的历史跨越——从延安文艺座谈会到十七届六中全会[N].人民日报,2012-05-22(1).

[3]王岐山.坚持党的领导 依规管党治党 为全面推进依法治国提供根

本保证[N].人民日报,2014-11-03(3).

[4]谢春潮,范晓春.不断吸收人类文明共同成果的社会主义[N].学习时报,2008-12-15(3).

[5]习近平.青年要自觉践行社会主义核心价值观——在北京大学师生座谈会上的讲话(2014年5月4日)[N].人民日报,2014-05-05(2).

[6]辛鸣."软实力"背后的"硬要求"——关于文化发展中三个基本问题的思考[N].学习时报,2011-10-24(3).

后　记

我们之所以做此课题研究，是因为兴趣。长期以来，我们倾心于大学生思想政治教育工作，致力于大学生社会主义信仰培育，越到后来越意识到，只有对大学生社会主义信仰进行"多极"培育，才能将大学生社会主义信仰培育做实、做细、做出成效。这就是研究这个课题欲罢不能的动因所在。

改革开放以来，我国学界高度重视大学生社会主义信仰培育问题，推出的论著数量逐年增加。研究先后涉及大学生社会主义政治信仰培育、法律信仰培育、道德信仰培育和文化信仰培育，道出了大学生社会主义信仰培育正在走向"多极"培育的事实。然而，既有研究均为单一研究，只能反映大学生社会主义信仰培育的一个侧面，尚未形成整体，且多处于同质化程度较高的状态，其适用范围非常有限。因此，必须推动既有研究的合并重组，使其从"单极"研究走向"多极"研究。

我们认为，关于大学生社会主义信仰培育研究，立足于我国高校学生社会主义信仰培育的现实境况，我国高校学生社会主义信仰培育也应将大学生社会主义信仰培育的研究成果转化为实践。所谓"一手抓理论研究，一手抓理论应用，两手抓，两不误"。这就需要我们厘清很多问题，例如，大学生社会主义信仰如何划分？大学生社会主义信仰培育如何划分？大学生社会主义政治信仰培育、法律信仰培育、道德信仰培育、文化信仰培育相互之间有什么区别和联系？大学生社会主义政治信仰培育、法律信仰培育、道德信仰培育、文化信仰培育"四位一体"如何架构？等等。有志于破解这些难题,我们于2012年以"当代大学生社会主义信仰培育研究"为题,申报国家社科规划课题并获批。

我们在成功申报国家社科基金项目"当代大学生社会主义信仰培育研究"之后,经过多次讨论、反复思考,确立了大学生社会主义信仰培育研究的基本策略。概括地说,以我国学界展开的大学生社会主义政治信仰培育、法律信仰培育、道德信仰培育、文化信仰培育研究为脉络,照顾大学生社会主义政治信仰培育、法律信仰培育、道德信仰培育、文化信仰培育的系统性,确定大学生社会主义信仰培育必须有所侧重的几个维度,包括社会主义政治信仰培育、法律信仰培育、道德信仰培育和文化信仰培育,并将之作为大学生社会主义信仰培育的脉络,探讨大学生社会主义信仰培育的依据、思路、机制、措施等。

认真落实上述策略,在本课题研究中,我们以社会主义信仰培育为主线,从四个方面,分四章展开研究;每章之下,根据大学生社会主义政治信仰培育、法律信仰培育、道德信仰培育和文化信仰培育分类。每章讨论的问题通过社会主义政治信仰培育、法律信仰培育、道德信仰培育、文化信仰培育分层反映。做如此尝试和实践,旨在有效开展大学生社会主义政治信仰培育、法律信仰培育、道德信仰培育、文化信仰培育的交叉渗透的综合性研究,以拓宽大学生社会主义信仰培育的研究领域。

本课题由陈孔祥主持完成,参加本课题的成员有:李廷宪、胡安全、宋标、高文娟、陈亚力、安广虎。历史与社会学院社会学专业研究生朱郎平、陶然、张越、伍均天、汪婷、洪睿等在导师的指导下也参与了课题研究。

本课题研究最终呈现出两大特征:一是注重在社会主义信仰培育的框架下思考培育问题,并将重点放在社会主义政治信仰培育、社会主义法律信仰培育、社会主义道德信仰培育、社会主义文化信仰培育对社会主义信仰培育的作用上;二是注重从社会主义政治信仰培育、法律信仰培育、道德信仰培育、文化信仰培育对社会主义信仰培育"四位一体"这一视角来探究社会主义信仰培育问题,具体体现在不同章节对"四位一体"框架相应的构建上。我们相信,本课题研究的深入开展,可以建立起大学生社会主义信仰培育的分析工具，可以为大学生社会主义信仰培育提供出新思路、新方法、新措施。

　　但是，由于社会主义信仰的构成没有彻底厘清，由于注重既有研究的四个侧面而忽略了社会主义信仰培育的其他方面，以及社会主义政治信仰培育、社会主义法律信仰培育、社会主义道德信仰培育、社会主义文化信仰培育的边界有待全面划清，使得本课题研究还存在一些问题。例如，把社会主义信仰培育的分类理解并概括为社会主义政治信仰培育、社会主义法律信仰培育、社会主义道德信仰培育、社会主义文化信仰培育，这意味着把社会主义信仰培育具体化为"四个维度"，却将其他可能有的维度排除在外。又如，强调既有研究的成果依据，以社会主义政治信仰、法律信仰、道德信仰和文化信仰作为社会主义信仰的构成，导致社会主义信仰的构成是什么，为什么，这两个根本问题没有彻底解决。这样的反思也适于说明，社会主义信仰培育研究有待突破前沿性问题。

　　社会主义信仰培育的前沿性问题如何破解，对于大学生社会主义信仰培育的研究，或许可以起抛砖引玉的作用。可以预见，大学生社会主义信仰培育研究仍然有相当大的空间。既有研究的难度和存疑，提示学界关注在大学生社会主义信仰培育研究中所面临的前沿性问题；破解大学生社会主义信仰培育的前沿性问题将是学界相关研究的重要目标；强调厘清从"理论研究"到"成果转化"所需要的所有思路、机制、方法、理念，都有理论诉求和现实需要。